Caro aluno, seja bem-vindo à plataforma educamos.sm

A partir de agora, você tem à sua disposição uma plataforma que reúne, em um só lugar, recursos educacionais digitais que complementam seus livros impressos e são desenvolvidos especialmente para auxiliar seus estudos. Veja como é fácil e rápido acessar os recursos deste projeto.

1. Faça a ativação dos códigos dos seus livros.

Quero fazer a ativação e ainda NÃO tenho cadastro:

- Para acessar os recursos digitais, você precisa estar cadastrado na **plataforma educamos.sm**. Em seu computador, acesse o endereço <br.educamos.sm>.
- No canto superior direito, clique em "Não é usuário? Registre-se!". Para iniciar o cadastro, insira o código indicado abaixo.

DW88C-VQ6BR-ADALP

- Depois de incluir todos os códigos, clique em "Fazer meu cadastro" e, em seguida, preencha o formulário para concluir esta etapa.

Quero fazer a ativação e JÁ tenho cadastro:

- Em seu computador, acesse a plataforma e faça o *login* no canto superior direito.
- Em seguida, você visualizará os livros que já estão ativados em seu perfil. Clique no botão "Incluir livro" e insira o código acima.

2. Acesse os recursos.

Usando um computador

Acesse o endereço <br.educamos.sm> e faça o *login* no canto superior direito. Nesta página, você visualizará todos os seus livros cadastrados. Para acessar o livro desejado, basta clicar na sua capa.

Usando um dispositivo móvel

Instale o aplicativo educamos.sm, que está disponível gratuitamente na loja de aplicativos do dispositivo. Utilize o mesmo *login* e a mesma senha da plataforma para acessar o aplicativo.

Importante! Não se esqueça de sempre cadastrar seus livros da SM em seu perfil. Assim, você garante a visualização dos seus conteúdos, seja no computador, seja no dispositivo móvel. Em caso de dúvida, entre em contato com nosso **Atendimento** pelo telefone **0800 72 54876** ou pelo *e-mail* **atendimento@grupo-sm.com**.

GERAÇÃO ALPHA

Biologia

Organizadora: Edições SM
Obra coletiva concebida, desenvolvida e produzida por Edições SM.

1ª edição, São Paulo, 2017

Geração Alpha Ciências – Biologia
© Edições SM Ltda.
Todos os direitos reservados

Direção editorial	M. Esther Nejm
Gerência editorial	Cláudia Carvalho Neves
Gerência de *design* e produção	André Monteiro
Edição executiva	Lia Monguilhott Bezerra

Colaboração técnico-pedagógica: Carolina Mancini Vall Bastos, Luciana Valéria Nogueira, Nathália Fernandes de Azevedo, Tatiana Novaes Vetillo

Edição: André Henrique Zamboni, Juliana R. F. de Souza, Marcelo Viktor Gilge, Carolina Mancini Vall Bastos, Dino Santesso Gabrielli, Tatiana Novaes Vetillo, Lilian Morato de Carvalho Martinelli

Coordenação de controle editorial Camila Cunha

Suporte editorial: Alzira Bertholim, Fernanda D'Angelo, Fernanda Fortunato, Giselle Marangon, Mônica Rocha, Silvana Siqueira, Talita Vieira

Coordenação de preparação e revisão Cláudia Rodrigues do Espírito Santo

Preparação: Eliane Santoro, Maíra Cammarano, Maria Angélica Lau P. Soares, Rosinei Aparecida Rodrigues Araujo

Revisão: Beatriz Nascimento, Berenice Baeder, Camila Durães Torres, Eliane Santoro, Eliana Vila Nova de Souza, Fátima Pasculli, Fernanda Oliveira Souza, Márcio Medrado, Mariana Masotti, Rosinei Aparecida Rodrigues Araújo

Coordenação de *design* Rafael Vianna Leal

Design: Juliana Medeiros de Albuquerque, Tiago Stéfano

Coordenação de arte Ulisses Pires

Edição de arte: Rafael Gentile, Vivian Dumelle

Assitência de arte: Bruna Fava

Coordenação de iconografia Josiane Laurentino

Pesquisa iconográfica: Beatriz Fonseca Micsik, Susan Eiko

Tratamento de imagem: Marcelo Casaro

Capa Fernanda Fencz

Ilustração de capa: Estevan Silveira

Projeto gráfico Rafael Vianna Leal, Juliana Medeiros de Albuquerque, Victor Malta (Interação)

Editoração eletrônica Setup Bureau Editoração Eletrônica

Ilustrações Alexandre Affonso, Amj Studio, Cris Alencar, Dawidson França, Fabio Eugenio, Leandro Lassmar, Luis Moura, Marcos Farrel, Nelson Provazi

Infografia William H. Taciro, Mauro César Brosso, Diego Rezende, Alan Dainovskas Dourado, Wagner Nogueira

Cartografia João Miguel A. Moreira

Fabricação Alexander Maeda

Impressão Intergraf Ind. Gráfica Eireli

Dados Internacionais de Catalogação na Publicação (CIP)
(Câmara Brasileira do Livro, SP, Brasil)

Geração Alpha : ciências da natureza : biologia /
    organizadora Edições SM ; obra coletiva
concebida, desenvolvida e produzida por Edições
SM ; editora responsável Lia Monguilhott
Bezerra. — 1. ed. — São Paulo : Edições SM,
2017.

   Suplementado pelo manual do professor.
   Bibliografia.
   ISBN 978-85-418-1775-2 (aluno)
   ISBN 978-85-418-1776-9 (professor)

   1. Biologia (Ensino fundamental) 2. Ciências
(Ensino fundamental) I. Bezerra, Lia Monguilhott.

17-04070	CDD-372.357

Índices para catálogo sistemático:
1. Biologia : Ensino fundamental   372.357
2. Ciências : Ensino fundamental   372.35

1ª edição, 2017

Edições SM Ltda.
Rua Tenente Lycurgo Lopes da Cruz, 55
Água Branca 05036-120 São Paulo SP Brasil
Tel. 11 2111-7400
edicoessm@grupo-sm.com
www.edicoessm.com.br

Apresentação

Caro aluno,

Ser jovem no século XXI significa estar em contato constante com múltiplas formas de linguagem, uma imensa quantidade de informações e inúmeras ferramentas tecnológicas. Isso ocorre em um cenário mundial que apresenta grandes desafios sociais, econômicos e ambientais.

Diante dessa realidade, esta coleção foi cuidadosamente pensada tendo como principal objetivo ajudar você a enfrentar esses desafios com autonomia e espírito crítico.

Atendendo a esse propósito, os textos, as imagens e as atividades nela propostos oferecem oportunidades para que você reflita sobre o que aprende, expresse suas ideias e desenvolva habilidades de comunicação para as mais diversas situações de interação em sociedade.

Vinculados aos conhecimentos próprios de cada disciplina, são apresentados, em situações e atividades reflexivas, aspectos sobre valores universais como justiça, respeito, solidariedade, responsabilidade, honestidade e criatividade. Esperamos, assim, contribuir para que você compartilhe dos conhecimentos construídos pelas **Ciências da Natureza** e os utilize para fazer escolhas de forma consciente em sua vida.

Desejamos, também, que esta coleção contribua para que você se torne um jovem atuante da sociedade do século XXI, que seja capaz de questionar o mundo à sua volta e de buscar respostas e soluções para os desafios presentes e para os que estão por vir.

Equipe editorial

Nelson Provazi/ID/BR

Conheça seu livro

ABERTURA DE UNIDADE

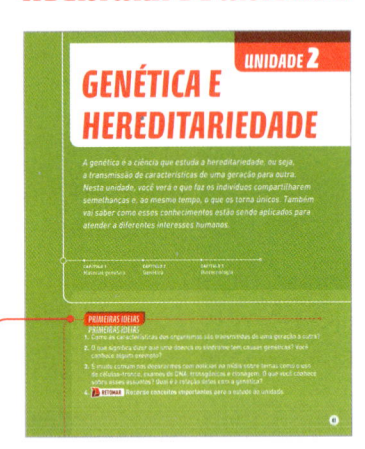

Uma imagem vai instigar sua curiosidade.

Leitura da imagem
As questões orientam a leitura da imagem e permitem estabelecer relações entre o que é mostrado e o que você conhece do assunto.

No início de cada unidade, você é apresentado ao tema que vai estudar.

Primeiras ideias
Algumas questões vão estimular você a contar o que sabe sobre o assunto.

Geração Alpha Digital
O livro digital oferece diversos recursos e atividades interativas para desenvolver habilidades e aprofundar os conteúdos.

Questão de valor
Uma questão para refletir sobre valores como justiça, respeito, criatividade e responsabilidade.

CAPÍTULOS

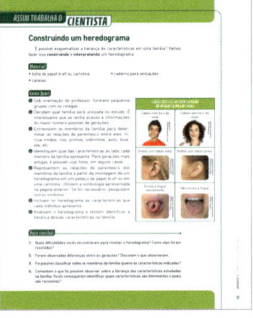

Abertura de capítulo
Logo abaixo do título, um pequeno texto resume o tema tratado no capítulo. Textos, imagens e esquemas apresentam o conteúdo a ser estudado.

Assim trabalha o cientista
Nessa seção, você vai realizar pesquisas, atividades práticas, levantar hipóteses, elaborar conclusões, entre outras atividades, aproximando-se do que faz um cientista.

Atividades
As atividades vão ajudá-lo a desenvolver diferentes habilidades e competências. Elas estão agrupadas em dois conjuntos: *Retomar e compreender* e *Aplicar*.

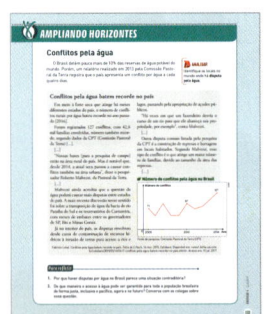

Ampliando horizontes
Essa seção consta no final de alguns capítulos e, com base em temas relacionados à unidade, convida você a refletir sobre como nossos valores influenciam nossa vida.

Ciência dinâmica
Também ao final de alguns capítulos, essa seção explora controvérsias e mudanças conceituais, próprias da natureza da ciência, bem como a contribuição de diversos estudiosos.

Boxes

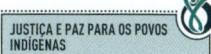

JUSTIÇA E PAZ PARA OS POVOS INDÍGENAS

A ocupação de territórios por empreendimentos comerciais e agropecuários tem gerado grandes conflitos com os povos indígenas. A perda de seus territórios implica,

MOSQUITOS GENETICAMENTE MODIFICADOS

No Brasil, mosquitos *Aedes aegypti* geneticamente modificados estão sendo testados para combater a dengue, a zika e a chikungunya, doenças transmitidas por essa espécie. Por manipulação genética,

LIVRO ABERTO

DNA: o segredo da vida, de James D. Watson. São Paulo: Companhia das Letras, 2005.
O livro conta a história da descoberta da estrutura do DNA e o desenvolvimento da biotecnologia.

espécie exótica: espécie que se encontra fora de sua área de distribuição natural.

Valor
Apresenta alguns temas e questões relacionados a valores humanos para você refletir e se posicionar.

Ampliação
Alguns quadros complementam e ampliam o assunto exposto.

Indicação
Livro aberto, Passaporte digital e **Sétima arte** oferecem indicações de livros, *sites* e filmes relacionados ao assunto.

Glossário
Expressões e palavras que talvez você não conheça são explicadas nesses quadros.

FECHAMENTO DE UNIDADE

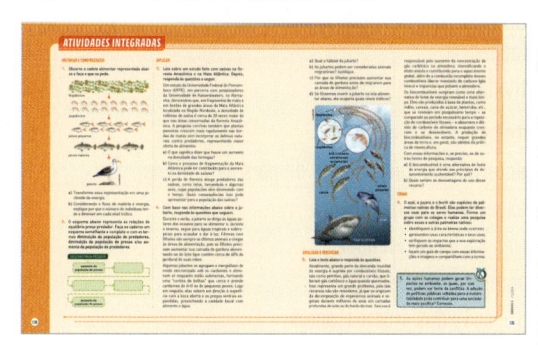

Atividades integradas
Essas atividades integram os assuntos da unidade e estão organizadas de acordo com as habilidades que desenvolvem. Além de *Retomar e compreender* e *Aplicar*, são propostas atividades de *Analisar e verificar* e *Criar*. Para finalizar, uma **questão de valor** para que você reflita e se posicione.

Em resumo
Apresenta uma síntese das ideias principais da unidade, organizadas em tópicos de acordo com o capítulo.

NO FINAL DO LIVRO VOCÊ TAMBÉM VAI ENCONTRAR:

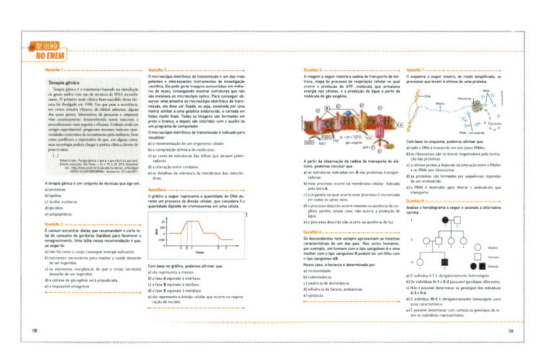

De olho no Enem
Dois blocos de questões com formato semelhante ao do Enem para você testar seus conhecimentos.

GERAÇÃO ALPHA DIGITAL

O livro digital oferece uma série de recursos para interação e aprendizagem. São imagens, atividades interativas, áudios, animações, vídeos, entre outros. Eles estão classificados de acordo com a habilidade que você vai desenvolver. Sempre que aparecer uma chamada como estas, acesse o recurso e faça a atividade que se pede.

 **RETOMAR**  **COMPREENDER**  **APLICAR**  **ANALISAR**  **VERIFICAR**  **CRIAR**

Sumário

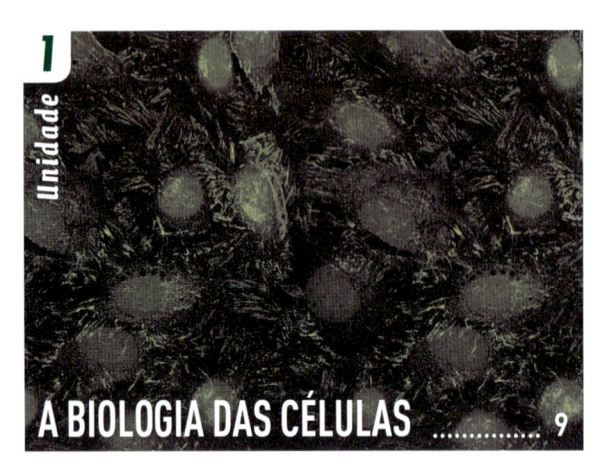
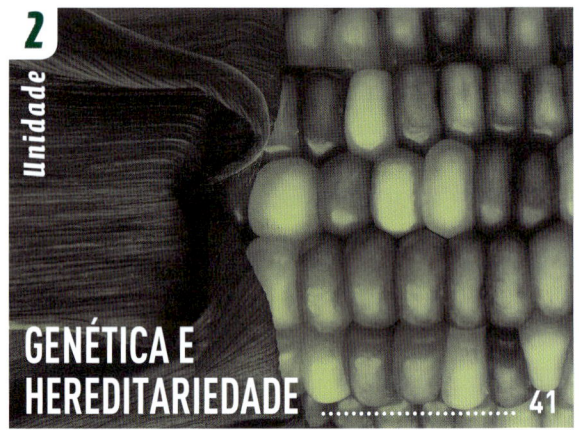

3 Unidade

EVOLUÇÃO 73

4 Unidade

ECOLOGIA 105

A BIOLOGIA DAS CÉLULAS

A citologia é a área da Biologia dedicada ao estudo das células. Nesta unidade, você vai conhecer as principais características das células animais e vegetais, bem como a função das organelas e como acontece a divisão celular.

CAPÍTULO 1
Moléculas da vida

CAPÍTULO 2
Células

CAPÍTULO 3
Divisão celular

PRIMEIRAS IDEIAS

1. Que alimentos contêm carboidratos? E proteínas?
2. Cite uma diferença entre uma célula vegetal e uma célula animal.
3. Qual é a importância da divisão celular para o ser humano?
4. **RETOMAR** Recorde **conceitos importantes** para o estudo da unidade.

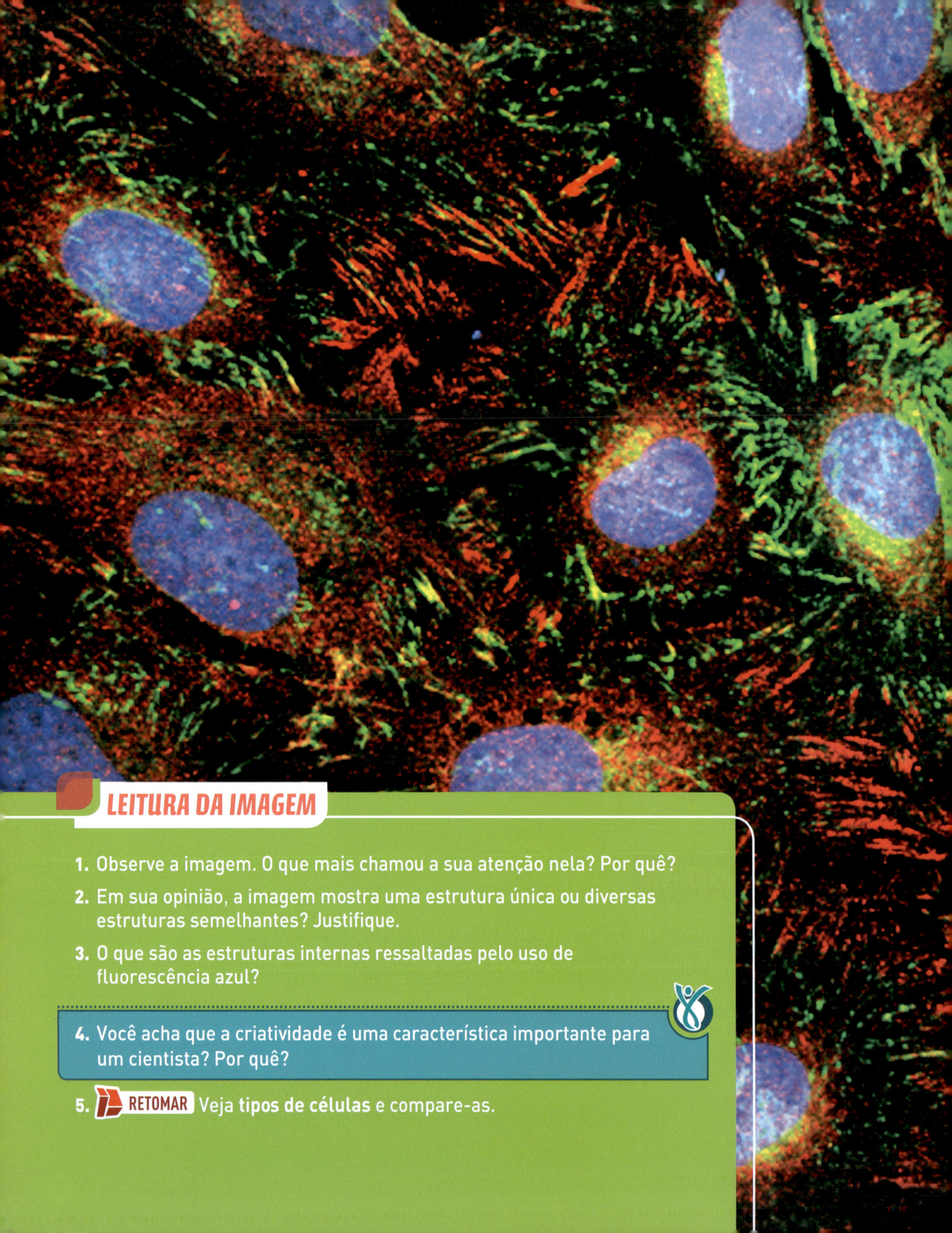

LEITURA DA IMAGEM

1. Observe a imagem. O que mais chamou a sua atenção nela? Por quê?

2. Em sua opinião, a imagem mostra uma estrutura única ou diversas estruturas semelhantes? Justifique.

3. O que são as estruturas internas ressaltadas pelo uso de fluorescência azul?

4. Você acha que a criatividade é uma característica importante para um cientista? Por quê?

5. **RETOMAR** Veja **tipos de células** e compare-as.

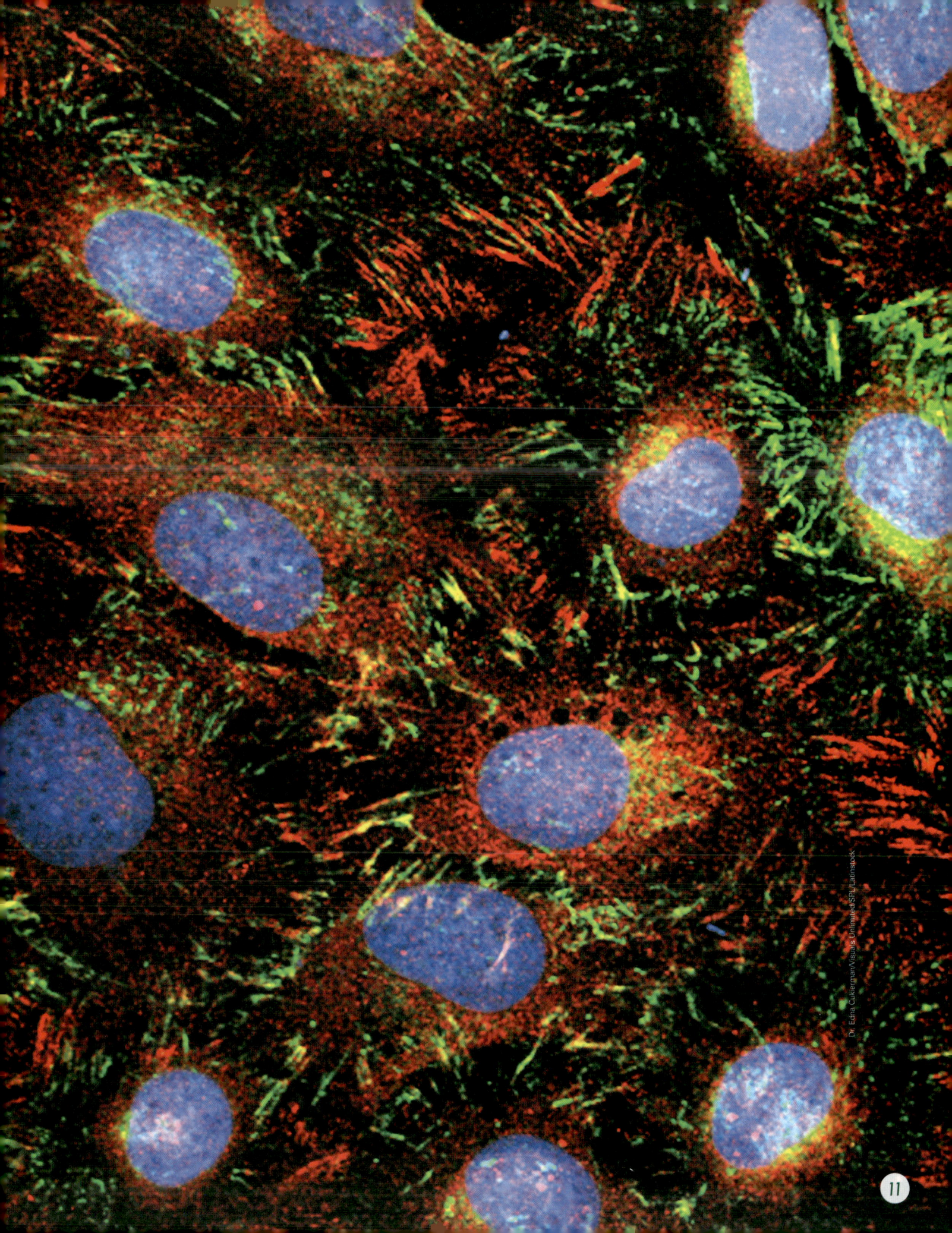

MOLÉCULAS DA VIDA

Os seres vivos possuem composição química semelhante. Esses compostos químicos podem ser divididos em substâncias orgânicas e substâncias inorgânicas. Cada um desses compostos têm um papel nos seres vivos.

AS SUBSTÂNCIAS NOS SERES VIVOS

As **substâncias orgânicas** são moléculas formadas por longas cadeias de átomos de carbono e outros elementos. São substâncias orgânicas presentes nos seres vivos os carboidratos, os lipídios, as proteínas e as vitaminas.

As **substâncias inorgânicas** são, geralmente, moléculas pequenas formadas pela combinação de poucos átomos. Além da água, os sais minerais são substâncias inorgânicas presentes nos seres vivos.

ÁGUA

A água é a substância mais abundante nos seres vivos. A quantidade de água presente nos organismos pode variar consideravelmente, dependendo da espécie, do sexo e do estágio de vida em que o organismo se encontra. Veja no esquema a seguir.

↓ Representação da proporção de água em diferentes seres vivos. (Representação sem proporção de tamanho; cores-fantasia.)

Quantidade de água nos seres humanos

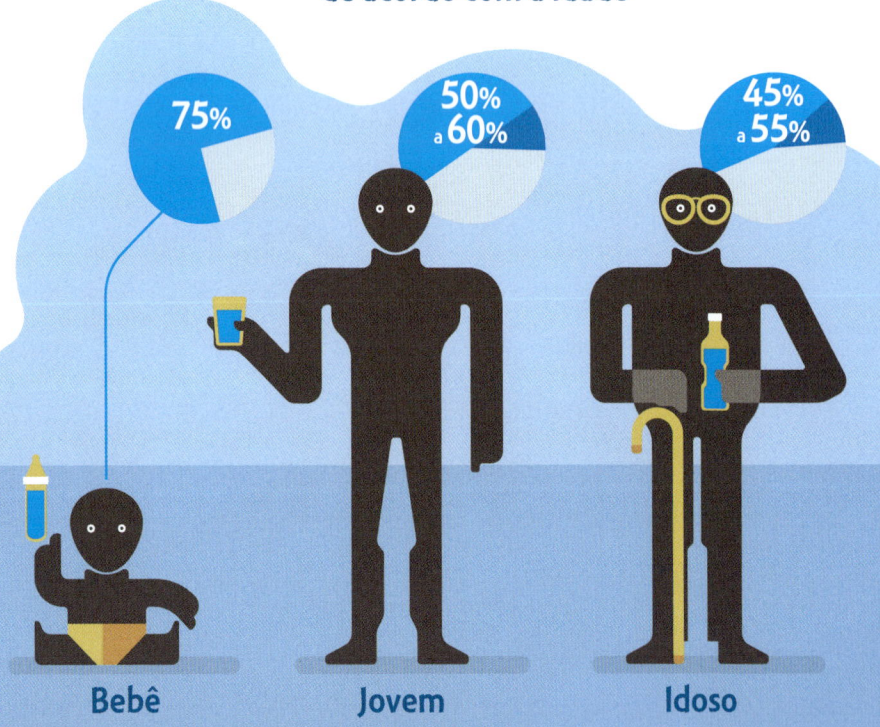

75% Cérebro

86% Pulmão

86% Fígado

90% Sangue

75% Pele

22% Osso

Quantidade de água nos ser humano de acordo com a idade

75%

50% a 60%

45% a 55%

Bebê

Jovem

Idoso

CARACTERÍSTICAS DA ÁGUA

A água está envolvida na maior parte das reações químicas que ocorrem nas células. O que torna a água essencial para a vida são suas propriedades.

A água é uma **molécula polar**, ou seja, ela possui carga desigual. Isso porque o átomo de oxigênio fica com carga negativa enquanto os átomos de hidrogênio ficam com carga positiva. E é por causa dessa polaridade que as moléculas de água interagem entre si e com outras moléculas polares.

A interação entre as moléculas de água é muito forte, por isso é necessária uma grande quantidade de energia para desfazê-la. Essa característica faz da água um bom **isolante térmico**, porque ela é capaz de absorver uma grande quantidade de energia térmica sem alterar seu estado físico. Dessa forma, a água impede grandes variações de temperatura nos seres vivos. Essa propriedade é fundamental para a existência das diversas espécies existentes no planeta.

A polaridade da água é tão forte que, ao entrar em contato com ela, outras moléculas polares se dissociam, ou seja, seus átomos se separam, formando íons, que interagem com as moléculas de água. Por isso, ela é considerada um **solvente universal**, o que a torna capaz de realizar grande parte do transporte de substâncias nos seres vivos.

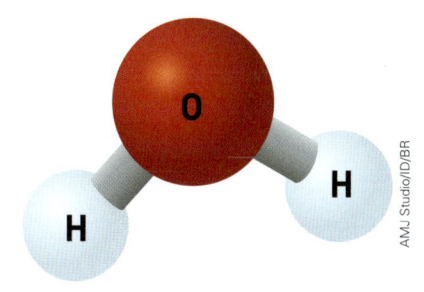

AMJ Studio/ID/BR

↑ Estrutura da molécula de água. (Representação sem proporção de tamanho e distância; cores-fantasia.)

Animais em geral entre **60%** e **90%**

Plantas em geral **75%** a **90%** de água

94% Alface
93% Tomate
92% Melão

Medusa **95%**

Peixes **80%**

Alexandre Affonso/ID/BR

SAIS MINERAIS

O que comumente chamamos de **sais minerais** são substâncias polares que se dissociam em íons quando entram em contato com o meio aquoso. Esses íons desempenham importantes funções regulatórias e estruturais nos seres vivos.

PRINCIPAIS ÍONS E SUAS FUNÇÕES NOS SERES VIVOS		
Íon	**Função**	**Fonte**
Cálcio	Participa da formação de ossos, dentes e tecidos. Atua na coagulação do sangue e na contração muscular.	leite e derivados, castanhas e verduras
Ferro	Faz parte da hemoglobina, proteína que participa do transporte de gases no organismo.	carne vermelha, gema de ovo, leguminosas e verduras
Magnésio	Importante na composição da molécula de clorofila, responsável pela fotossíntese nos vegetais.	frutas cítricas, leguminosas, gema de ovo, hortaliças e mel
Fosfato	Importante para a formação dos ossos, dentes, ácidos nucleicos e proteínas.	carnes, ovo, leguminosas, queijo e cereais integrais

Fonte de pesquisa: Gerard J. Tortora; Sandra R. Grabowski. *Corpo humano*: fundamentos de anatomia e fisiologia. 8. ed. Porto Alegre: Artmed, 2012.

CARBOIDRATOS

Carboidratos são compostos orgânicos formados por átomos de carbono, hidrogênio e oxigênio. Conhecidos como açúcares, são as moléculas orgânicas mais abundantes da natureza e a principal fonte de energia para os seres vivos. Os carboidratos são classificados em:

- **Monossacarídeos** – carboidratos mais simples. Entre os mais importantes estão a glicose, a frutose e a galactose. Esses carboidratos possuem 6 carbonos, e sua fórmula geral é $C_6H_{12}O_6$. A glicose é a principal fonte de energia das células animais.
- **Oligossacarídeos** – são os carboidratos formados pela união de até dez monossacarídeos. Os oligossacarídeos mais importantes são os dissacarídeos, formados pela união de dois monossacarídeos, como a sacarose, a lactose e a maltose.

DISSACARÍDEOS

sacarose	lactose	maltose
glicose + frutose	glicose + galactose	glicose + glicose

Fonte de pesquisa: Gerard J. Tortora; Sandra R. Grabowski. *Corpo humano*: fundamentos de anatomia e fisiologia. 8. ed. Porto Alegre: Artmed, 2012.

bit24/Shutterstock.com/ID/BR

↑ Os carboidratos são a principal fonte de energia para o nosso organismo e devem fazer parte de uma dieta saudável. Eles são encontrados em diversos alimentos, como pães, macarrão, bolachas e cereais.

INTOLERÂNCIA À LACTOSE

Provavelmente você já ouviu falar de alguém que é intolerante à lactose, mas você sabe o que isso significa?

A lactose é o açúcar do leite, um dissacarídeo formado por uma molécula de glicose e uma de galactose. Quando ingerimos leite ou um alimento que tenha leite, a lactose é digerida por uma enzima chamada lactase.

As pessoas intolerantes à lactose não possuem essa enzima, sendo incapazes de digerir a lactose, o que provoca uma série de sintomas desagradáveis, como inchaço abdominal, gases e diarreia.

Os intolerantes à lactose devem evitar alimentos com lactose ou usar suplementos com a enzima lactase quando forem ingerir leite ou derivados de leite.

- **Polissacarídeos** – são formados pela união de mais de dez monossacarídeos. Possuem função de reserva de energia (amido e glicogênio) e estrutural (celulose).

O amido é o polissacarídeo de reserva de energia das plantas. Formado pela ligação de centenas a milhares de moléculas de glicose, ele é armazenado no caule e nas raízes das plantas. O glicogênio é o polissacarídeo de reserva dos animais. Assim como o amido, é formado pela ligação de milhares de moléculas de glicose e é armazenado no fígado e nos músculos. A celulose é um polissacarídeo com função estrutural encontrado na parede celular das células vegetais.

LIPÍDIOS

Os **lipídios** são compostos orgânicos com estrutura bastante variada, são pouco solúveis em água e desempenham uma série de funções biológicas, como componentes de membrana de células e organelas, isolantes térmicos e reserva de energia. Em geral, as moléculas de lipídios possuem uma porção **polar** (solúvel em água) e uma porção **apolar** (insolúvel em água). Os lipídios são classificados em:

- **Ácidos graxos** – esse tipo de molécula é formado por uma longa cadeia de átomos de carbono e hidrogênio (porção apolar) e, em uma das pontas, um grupo de átomos de oxigênio (porção polar). Nos organismos, os ácidos graxos são encontrados ligados a outras moléculas, como o glicerol, que se liga a três moléculas de ácidos graxos formando o triacilglicerol.

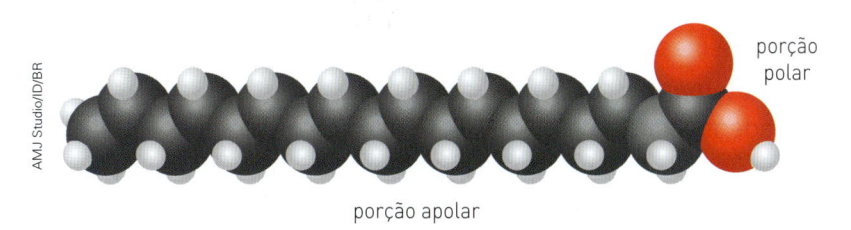

porção polar

porção apolar

← Molécula de ácido graxo. A cauda apolar é formada por uma longa cadeia de átomos de carbono (em preto) e hidrogênio (em cinza), e a cabeça polar é formada por dois átomos de oxigênio (em vermelho) e um átomo de hidrogênio (em cinza). (Representação sem proporção de tamanho e distância; cores-fantasia.)

- **Triacilgliceróis** – são os derivados de ácidos graxos mais abundantes na natureza. Pouco solúveis em água, são a principal forma de armazenamento de lipídios nos organismos (reserva energética). As gorduras animais e os óleos vegetais são misturas de triacilgliceróis. As gorduras são armazenadas nas células do tecido adiposo, e os óleos são armazenados nas sementes dos vegetais.

- **Fosfolipídios** – são moléculas derivadas de ácidos graxos que possuem um grupo com o elemento fósforo em sua estrutura. São os lipídios mais abundantes das membranas biológicas.

- **Esteroides** – lipídios estruturalmente complexos. O esteroide mais abundante nos tecidos animais é o colesterol. O colesterol é uma molécula extremamente importante para os animais, pois serve como precursor para a síntese de todos os outros esteroides, que incluem os hormônios sexuais (testosterona, estrógeno e progesterona), sais biliares e a vitamina D.

↑ As sementes de milho são ricas em óleo.

PROTEÍNAS

As **proteínas** são as moléculas orgânicas estruturalmente mais complexas e funcionalmente mais diversificadas.

A função de uma proteína depende da sua sequência de **aminoácidos**. Os aminoácidos são moléculas orgânicas capazes de se ligar entre si por meio de ligações químicas chamadas de **ligações peptídicas**, formando longas cadeias. As proteínas, portanto, são cadeias polipeptídicas que se estruturam de uma maneira específica.

Existem 20 tipos diferentes de aminoácidos no corpo humano que podem ser combinados das mais diversas formas e, por isso, as proteínas possuem tantas funções distintas. Os aminoácidos que devem ser obtidos por meio da alimentação são chamados de **aminoácidos essenciais**, enquanto os aminoácidos que são produzidos pelas células animais são os **aminoácidos naturais**. A ingestão de alimentos proteicos é importante para fornecer os aminoácidos essenciais ao organismo.

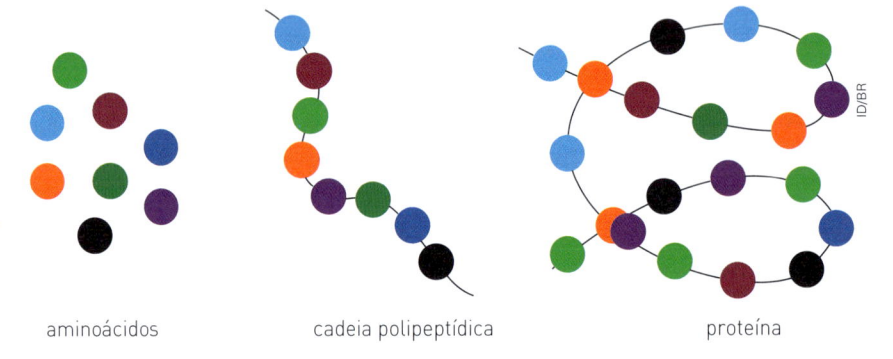

A combinação de diferentes aminoácidos, ligados em uma cadeia e arranjados em um formato tridimensional, caracteriza uma proteína. (Representação sem proporção de tamanho; cores-fantasia.)

aminoácidos   cadeia polipeptídica   proteína

ID/BR

As proteínas são classificadas de acordo com suas funções:

- **Proteínas estruturais** – fazem parte de estruturas ósseas, cartilagens, unhas, pelos e das membranas celulares. A queratina e o colágeno, encontrados no cabelo e na pele, são exemplos.
- **Proteínas reguladoras** – participam da regulação de processos fisiológicos e metabólicos do organismo, como a insulina e o glucagon, que atuam no controle dos níveis de açúcar no sangue.
- **Proteínas de defesa** – são os anticorpos, que atuam no reconhecimento de <u>antígenos</u>.
- **Enzimas** – proteínas que atuam como catalisadores biológicos, aumentando a velocidade das reações químicas do organismo. A amilase e a tripsina, que atuam na digestão dos alimentos, são exemplos.

A grande diversidade de proteínas permite que sua ação seja altamente específica. Assim, uma enzima que atua na reação de quebra da sacarose não irá atuar na quebra de nenhuma outra molécula. Da mesma forma, a proteína que transporta glicose para dentro das células não irá transportar nenhuma outra molécula.

A especificidade das proteínas depende da sua sequência de aminoácidos. Assim, qualquer alteração dessa sequência pode causar a perda de função da proteína.

<u>antígeno</u>: substância ou molécula que, introduzida no organismo, provoca a formação de anticorpos.

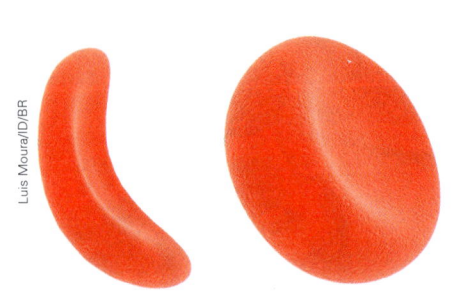

Luis Moura/ID/BR

⬆ A hemoglobina é a proteína que transporta oxigênio nas hemácias. Quando, por um erro genético, ocorre a troca de um determinado aminoácido na cadeia polipeptídica que forma a hemoglobina, ela perde a capacidade de se ligar ao oxigênio e, portanto, de transportar essa molécula. A hemácia mais fina possui a hemoglobina alterada, incapaz de transportar oxigênio.

ÁCIDOS NUCLEICOS

Uma das principais características dos seres vivos é a capacidade de armazenar, traduzir e transmitir a informação genética. As moléculas responsáveis por esses processos são os **ácidos nucleicos**: o ácido desoxirribonucleico (DNA) e o ácido ribonucleico (RNA).

Os ácidos nucleicos são longas cadeias de nucleotídeos. Cada nucleotídeo é formado por três componentes: uma molécula de açúcar com cinco carbonos (pentose), um grupo fosfato e uma base nitrogenada. O DNA recebe esse nome por causa do açúcar presente em seus nucleotídeos, a **desoxirribose**. No RNA, o açúcar é a **ribose**.

São quatro tipos de bases nitrogenadas no DNA: a citosina (C), a guanina (G), a adenina (A) e a timina (T).

As cadeias de DNA são unidas por meio da ligação específica entre bases nitrogenadas: a citosina se liga à guanina (C-G), e a adenina se liga à timina (A-T). A ligação entre os nucleotídeos garante a conformação característica em dupla-hélice do DNA.

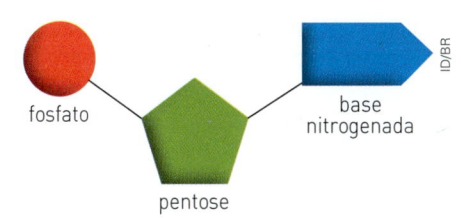

↑ Estrutura geral de um nucleotídeo. As moléculas de DNA e RNA diferem em relação ao tipo de pentose: os nucleotídeos de DNA são formados por desoxirribose e os de RNA são formados por ribose. (Representação sem proporção de tamanho; cores-fantasia.)

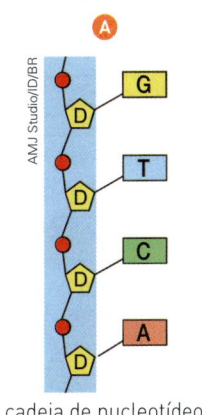

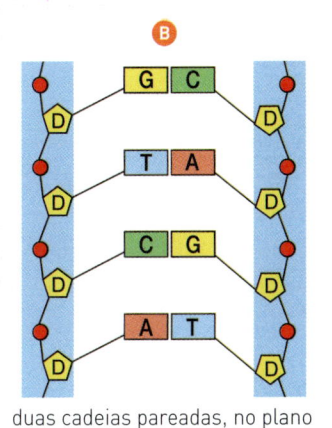

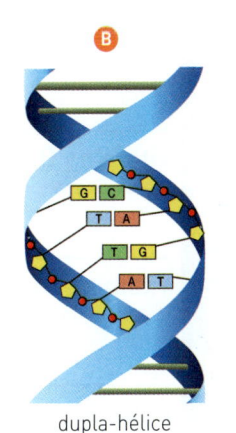

cadeia de nucleotídeos · duas cadeias pareadas, no plano · dupla-hélice

← Esquema da estrutura do DNA. Os nucleotídeos se ligam formando uma cadeia polinucleotídica (A). A união de duas cadeias polinucleotídicas ocorre por meio da ligação pareada entre as bases nitrogenadas (B). A posição das duas cadeias determina a conformação em dupla-hélice da molécula de DNA (C). (Representação sem proporção de tamanho; cores-fantasia.)

Fonte de pesquisa: Jane B. Reece e outros. *Biologia de Campbell*. 8 ed. Porto Alegre: Artmed, 2010.

As principais funções do DNA são o armazenamento e a duplicação da informação genética.

A molécula de RNA é formada por uma única cadeia de nucleotídeos.

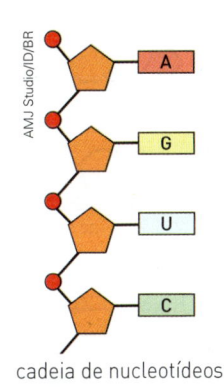

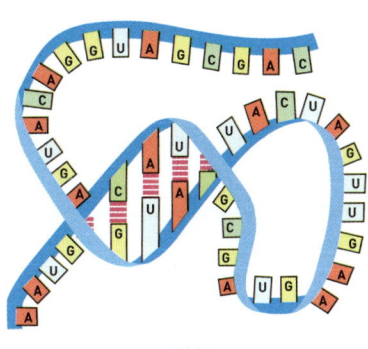

cadeia de nucleotídeos · RNA

← Esquema da estrutura do RNA. (Representação sem proporção de tamanho; cores-fantasia.)

Fonte de pesquisa: Jane B. Reece e outros. *Biologia de Campbell*. 8 ed. Porto Alegre: Artmed, 2010.

As bases nitrogenadas do RNA são: a citosina, a guanina, a adenina e a uracila (U). A ligação pareada entre os nucleotídeos ocorre entre citosina e guanina (C-G) e entre adenina e uracila (A-U).

O RNA possui diversas funções na célula, desde participar da tradução da informação genética até a regulação da <u>expressão gênica</u>.

expressão gênica: processo pelo qual a informação genética contida no DNA é processada em um produto funcional, como um RNA ou proteína.

cofator: substância necessária ao funcionamento de uma enzima.

VITAMINAS

As vitaminas são moléculas orgânicas que, em geral, atuam como cofatores de enzimas e, portanto, são essenciais para o correto funcionamento do organismo.

As vitaminas são classificadas em **hidrossolúveis** (solúveis em água) e **lipossolúveis** (solúveis em lipídios).

A falta de vitaminas pode provocar doenças conhecidas como **avitaminoses**. Veja algumas funções das vitaminas e as avitaminoses a seguir.

ÍNDIA DESENVOLVE MILHO COM MAIS VITAMINA A

A deficiência de nutrientes, principalmente de ferro, zinco e vitamina A, tornou-se um dos maiores problemas de saúde pública nos países em desenvolvimento. De acordo com a Organização Mundial da Saúde, a carência de vitamina A, por exemplo, pode causar cegueira e é responsável pela morte de milhões de mulheres e crianças, majoritariamente na África e no sudeste asiático. A biofortificação (obtenção de alimentos mais nutritivos por meio de melhoramento genético) tem se mostrado uma estratégia eficiente e sustentável para enfrentar esse problema, já que oferece alimentos ricos em compostos importantes para a saúde humana em sua forma natural.

[...]

Índia desenvolve milho com mais vitamina A. Conselho de Informações sobre Biotecnologia, 15 dez. 2014. Disponível em: <http://cib.org.br/india-desenvolve-milho-com-mais-vitamina-a/>. Acesso em: 3 jul. 2017.

1. Em sua opinião, a biofortificação pode ser considerada uma estratégia criativa no combate à desnutrição? Justifique.
2. Segundo o texto, os cientistas estão buscando soluções para o problema da desnutrição. Você conhece outro exemplo de um problema que foi resolvido com o auxílio de pesquisas científicas? Explique qual foi o problema e como os pesquisadores o resolveram.

Representação sem proporção de tamanho; cores-fantasia. →

Fonte de pesquisa: Jane B. Reece e outros. *Biologia de Campbell*. 8. ed. Porto Alegre: Artmed, 2010.

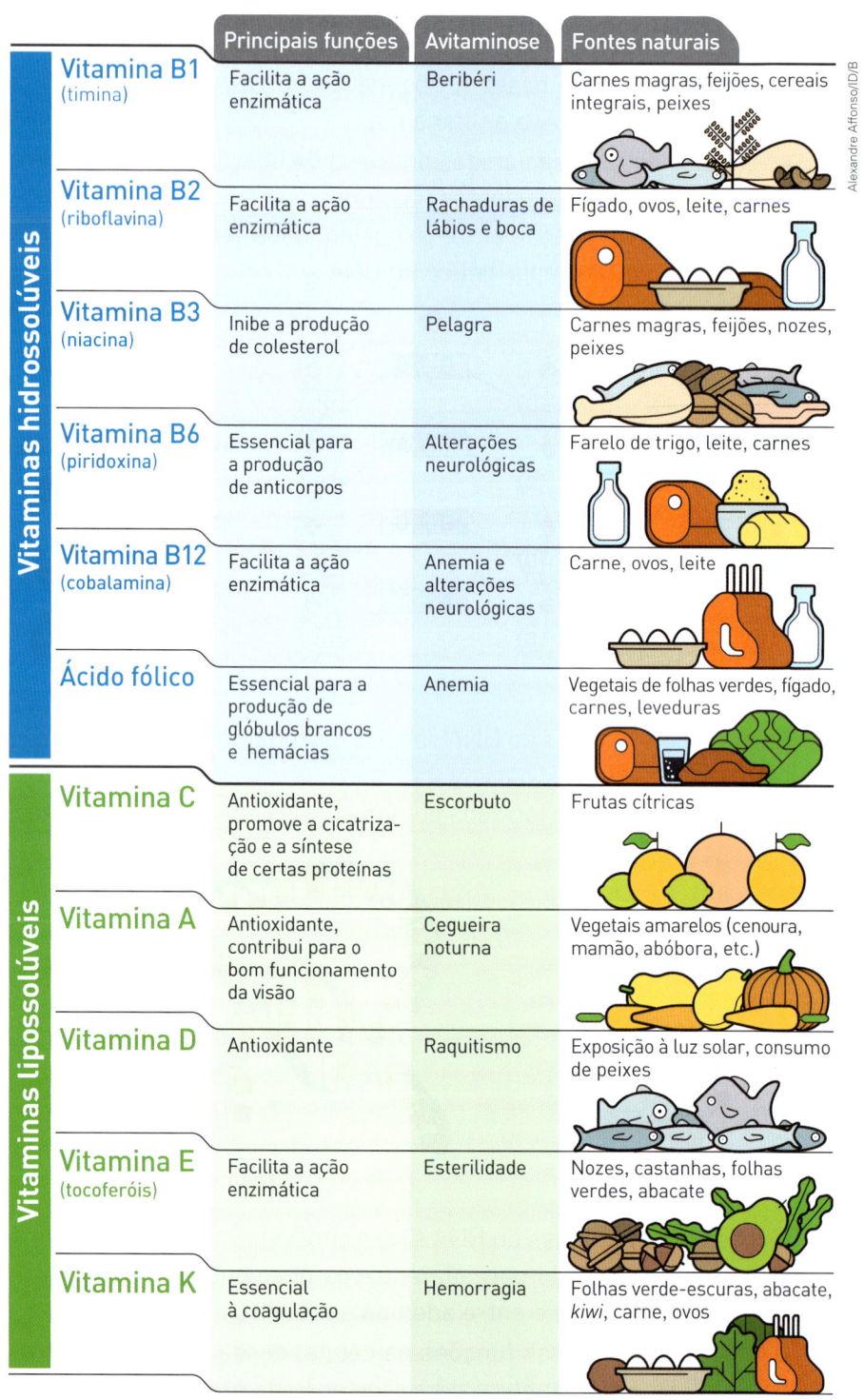

		Principais funções	Avitaminose	Fontes naturais
Vitaminas hidrossolúveis	**Vitamina B1** (timina)	Facilita a ação enzimática	Beribéri	Carnes magras, feijões, cereais integrais, peixes
	Vitamina B2 (riboflavina)	Facilita a ação enzimática	Rachaduras de lábios e boca	Fígado, ovos, leite, carnes
	Vitamina B3 (niacina)	Inibe a produção de colesterol	Pelagra	Carnes magras, feijões, nozes, peixes
	Vitamina B6 (piridoxina)	Essencial para a produção de anticorpos	Alterações neurológicas	Farelo de trigo, leite, carnes
	Vitamina B12 (cobalamina)	Facilita a ação enzimática	Anemia e alterações neurológicas	Carne, ovos, leite
	Ácido fólico	Essencial para a produção de glóbulos brancos e hemácias	Anemia	Vegetais de folhas verdes, fígado, carnes, leveduras
Vitaminas lipossolúveis	**Vitamina C**	Antioxidante, promove a cicatrização e a síntese de certas proteínas	Escorbuto	Frutas cítricas
	Vitamina A	Antioxidante, contribui para o bom funcionamento da visão	Cegueira noturna	Vegetais amarelos (cenoura, mamão, abóbora, etc.)
	Vitamina D	Antioxidante	Raquitismo	Exposição à luz solar, consumo de peixes
	Vitamina E (tocoferóis)	Facilita a ação enzimática	Esterilidade	Nozes, castanhas, folhas verdes, abacate
	Vitamina K	Essencial à coagulação	Hemorragia	Folhas verde-escuras, abacate, *kiwi*, carne, ovos

Alexandre Affonso/ID/B

RETOMAR E COMPREENDER

1. No caderno, classifique os compostos listados a seguir em substâncias orgânicas (**O**) e substâncias inorgânicas (**I**).

I. Colesterol

II. Magnésio

III. Insulina

IV. Vitamina B12

V. Cálcio

VI. Glicose

2. As moléculas polares costumam ser muito solúveis em água, e as moléculas apolares não.

- Explique por que isso ocorre.

3. Leia o texto a seguir.

> [...]
>
> Alimentos "brancos" ou refinados: São os conhecidos carboidratos simples por ter sua estrutura molecular mais simples. São absorvidos rapidamente e liberam energia imediata ao corpo, ou seja, assim que são ingeridos, os níveis de glicose na corrente sanguínea rapidamente se elevam. [...]
>
> Alimentos integrais: São os carboidratos complexos. A estrutura desse alimento não foi alterada pelo processo de industrialização e tem sua estrutura molecular mais complexa [...]. São ricos em fibras e possuem índice glicêmico baixo (o que significa a liberação lenta de açúcar e em menor quantidade no sangue). [...]
>
> Jeniffer Manfrini. Cinco benefícios de se consumir alimentos integrais. 15 ago. 2014. Treino Mestre. Disponível em: <http://www.treinomestre.com.br/5-beneficios-de-se-consumir-alimentos-integrais/>. Acesso em: 22 maio 2017.

a) Indique um carboidrato simples, um monossacarídeo.

b) Indique um carboidrato complexo, um polissacarídeo.

c) Durante o processo de digestão, ocorre a quebra dos açúcares até que restem somente monossacarídeos. Explique por que carboidratos complexos demoram mais tempo para liberar glicose ao organismo do que carboidratos simples.

4. Copie o esquema abaixo em seu caderno e complete com as informações corretas.

	ÁCIDOS NUCLEICOS	
	DNA	RNA
Estrutura da molécula		
Tipo de açúcar do nucleotídeo		
Bases nitrogenadas		

5. O que são os aminoácidos naturais?

6. A molécula indicada abaixo é de DNA ou de RNA? Justifique.

A C T C G A T T C A G A T C

APLICAR

7. Explique por que uma dieta pobre em ferro causa anemia.

8. Leia o texto a seguir e faça o que se pede.

Mulheres que praticam atividade física intensa, ingerem poucas calorias e possuem porcentagem de gordura corporal abaixo de 10% podem sofrer com a ausência da menstruação.

- Sabendo que os hormônios femininos são esteroides, explique a relação entre a baixa quantidade de gordura corporal e a ausência de menstruação.

9. A sequência de aminoácidos de uma importante enzima digestiva é a seguinte:

Uma pessoa apresenta intolerância a um determinado alimento. A análise de suas enzimas digestivas revelou que ela possui uma alteração na sequência de aminoácidos da enzima:

- Explique por que essa alteração na sequência de aminoácidos pode ser a causa da intolerância alimentar dessa pessoa.

A alimentação e os interesses econômicos: qual a relação?

A gordura saturada sempre foi considerada a grande culpada pelo desenvolvimento de doenças cardiovasculares. Durante anos, médicos e órgãos de saúde recomendavam uma dieta pobre em gorduras como forma de prevenir doenças, como infarto, derrame e hipertensão.

Porém, recentemente surgiram evidências de que a gordura talvez não seja a única responsável pelo número cada vez maior de mortes causadas por doenças cardiovasculares. Um grupo de pesquisadores publicou um estudo em 2016 revelando como a indústria do açúcar manipulou e escondeu dados que associavam a ingestão de açúcar ao desenvolvimento de doenças cardiovasculares.

Como a indústria do açúcar empurrou a culpa para a gordura

A indústria do açúcar dos EUA pagou cientistas nos anos 60 para que minimizassem a conexão entre o açúcar e doenças cardíacas, e para que promovesse a gordura saturada como responsável pelo problema, mostram documentos históricos que acabam de ser divulgados.

Documentos internos da indústria do açúcar, descobertos recentemente por uma pesquisadora na Universidade da Califórnia em São Francisco [...], sugerem que cinco décadas de pesquisa sobre o papel da nutrição nas doenças cardíacas, o que inclui muitas recomendações dietéticas que continuam a ser seguidas ainda hoje, podem ter sido orientadas basicamente pelas prioridades do setor de açúcar.

[...]

Os documentos demonstram que uma associação setorial chamada Fundação da Pesquisa do Açúcar, hoje conhecida como Associação do Açúcar, pagou a três cientistas da Universidade de Harvard o equivalente a cerca de US$ 50 mil em dólares atuais para que publicassem uma revisão das pesquisas sobre açúcar, gordura e doenças cardíacas, em 1967. Os estudos usados para a revisão foram selecionados cuidadosamente pela associação do setor de açúcar, e o artigo [...] minimizava a conexão entre o consumo de açúcar e a saúde cardíaca, e atribuía muitos efeitos nocivos à gordura saturada.

[...]

Os documentos demonstram que, em 1964, John Hickson, importante executivo da indústria do açúcar, discutiu com outras pessoas do setor um plano para influenciar a opinião pública "por meio de nossas pesquisas, informação e programas legislativos".

Na época, estudos haviam começado a apontar para uma correlação entre dietas com alto teor de açúcar e a elevada incidência de doenças cardíacas nos Estados Unidos. Ao mesmo tempo, outros cientistas [...] estavam investigando uma teoria rival, de que a gordura saturada e a presença de colesterol na dieta é que acarretavam maior risco de doença cardíaca.

[...]

Depois que a revisão foi publicada, o debate quanto ao papel do açúcar nas doenças cardíacas morreu, enquanto dietas com baixo teor de gordura conquistaram o endosso de muitas autoridades de saúde [...].

[...]

Anahad O'Connor. Como a indústria do açúcar empurrou a culpa para a gordura. *Folha de S.Paulo*, 16 set. 2016. Disponível em: <http://www1.folha.uol.com.br/equilibrioesaude/2016/09/1813919-como-a-industria-do-acucar-empurrou-a-culpa-para-a-gordura.shtml>. Acesso em: 3 jul. 2017.

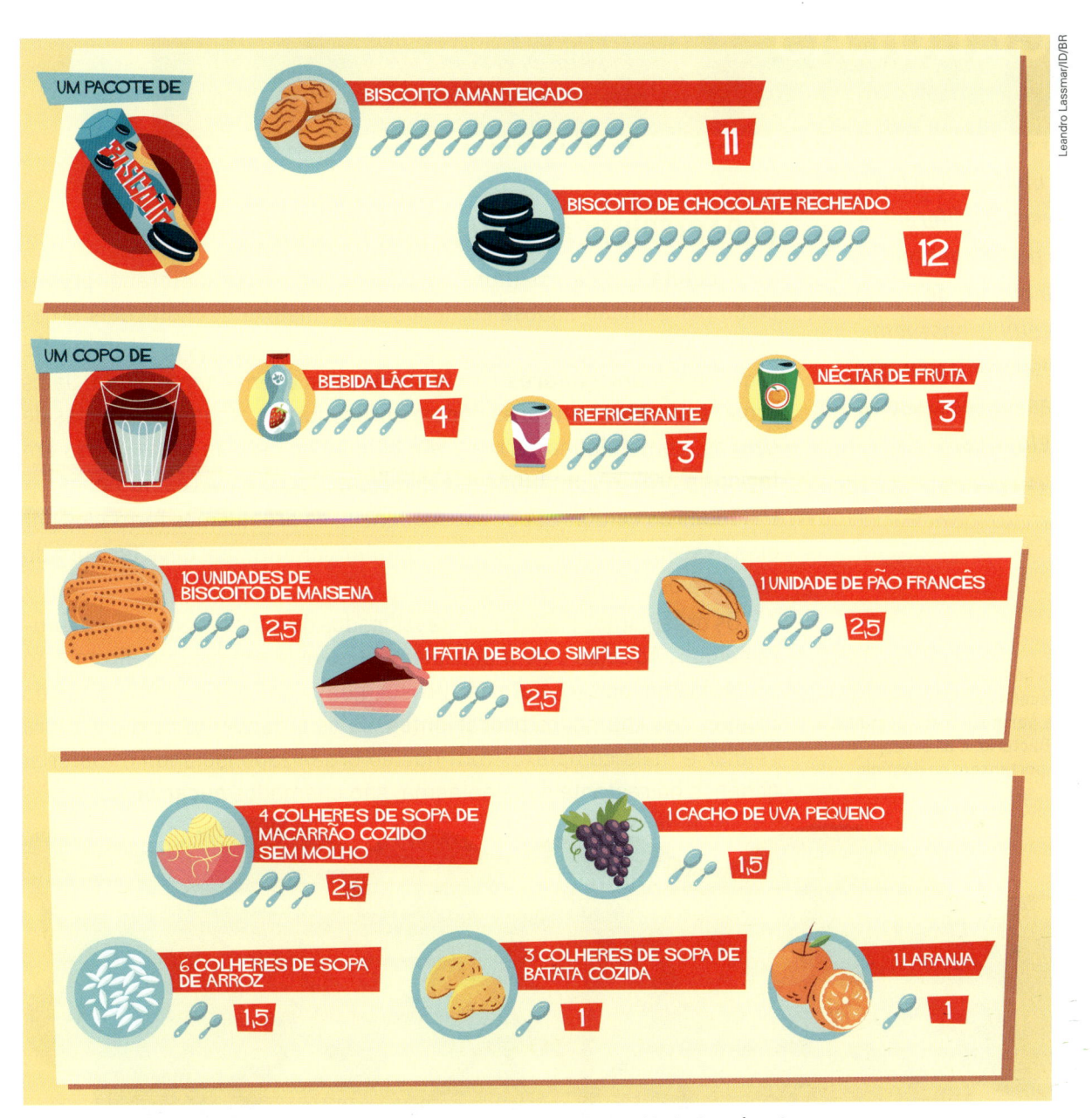

↑ Observe que alimentos como arroz, batata e frutas apresentam quantidade de açúcar bem menor do que a existente em alguns produtos ultraprocessados, como biscoitos recheados e refrigerantes. No entanto, a indústria do açúcar promoveu a ideia de que esses altos teores de açúcar não oferecia riscos cardiovasculares. (Representação sem proporção de tamanho; cores-fantasia.)

Fonte de pesquisa: Ambulatório de Nutrição da Divisão de Nutrição e Dietética da Faculdade de Medicina da Universidade de São Paulo.

Em discussão

1. Em sua opinião, o que motivou a indústria de açúcar a manipular os dados científicos sobre a relação entre o açúcar e as doenças cardiovasculares?

2. Você acha que nos dias atuais ainda podem existir pesquisas científicas distorcidas por interesses econômicos? Justifique sua resposta.

A célula é a unidade funcional dos seres vivos. Os diferentes organismos podem possuir desde uma a bilhões de células. As células possuem estruturas especializadas nas mais diversas funções: são as organelas celulares.

↓ Na classificação proposta por Carl Woese, na década de 1970, os seres procariontes pertencem aos domínios Archaea ou Bacteria, e os seres eucariontes pertencem ao domínio Eukaryota.

CARACTERÍSTICAS GERAIS DAS CÉLULAS

A **célula** é uma estrutura delimitada por uma membrana, preenchida por solução aquosa contendo uma mistura de moléculas orgânicas e inorgânicas. Todos os seres vivos são formados por células. Os organismos **unicelulares** são formados por apenas uma célula. Já os organismos **pluricelulares** podem apresentar de algumas centenas de células, como alguns vermes, até bilhões de células organizadas em tecidos e órgãos com funções específicas, como os seres humanos.

Todas as células e, por consequência, os organismos formados por elas descendem de um ancestral celular comum, que deve ter surgido há cerca de 3,5 bilhões de anos.

Os organismos podem ser classificados de acordo com sua estrutura celular. Aqueles cujo material genético está em contato direto com o citoplasma, pois a célula não possui membrana que delimita o núcleo celular, são chamados **procariontes**. Já os organismos cuja estrutura celular é mais complexa, com núcleo organizado isolando o material genético do restante do citoplasma, são chamados **eucariontes**.

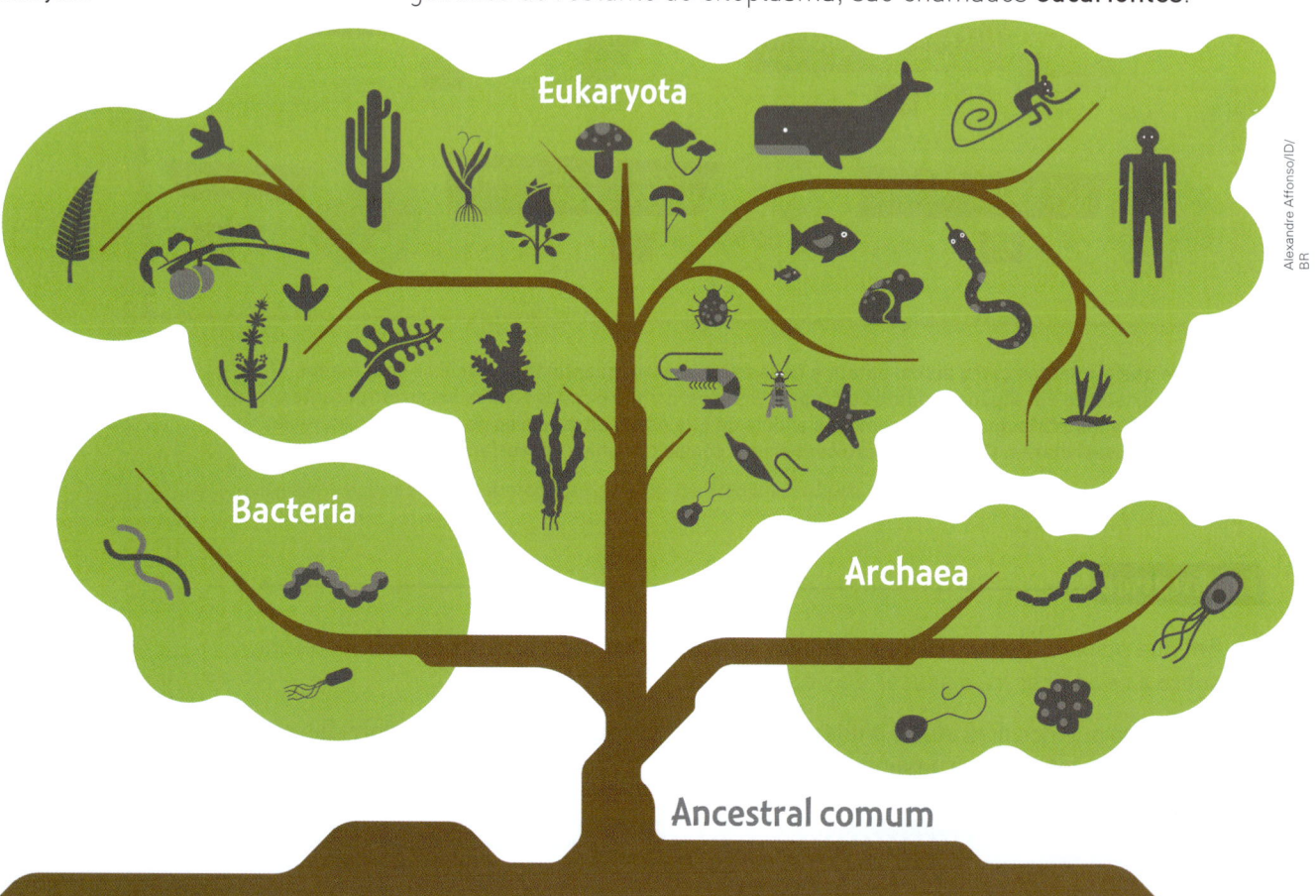

Eukaryota

Bacteria

Archaea

Ancestral comum

Alexandre Affonso/ID/BR

O MICROSCÓPIO

Em geral, as células são pequenas e complexas, o que torna difícil seu estudo. Uma célula animal possui cerca de 10 μm a 20 μm, o que é aproximadamente cinco vezes menor que a menor partícula visível a olho nu.

O surgimento do microscópio no final do século XVI permitiu aos naturalistas visualizarem pela primeira vez microrganismos e as estruturas que mais tarde receberiam o nome de células.

Além de microscópicas, as células são também incolores e translúcidas. Assim, a descoberta de suas principais características internas dependeu do desenvolvimento, a partir do final do século XIX, de uma variedade de corantes capazes de marcar e evidenciar essas estruturas.

Os microscópios atuais podem ser classificados em dois grupos principais: os microscópios de luz e os microscópios eletrônicos.

O **microscópio de luz** é formado por três sistemas de lentes: o condensador, a objetiva e a ocular. O condensador concentra a luz e projeta um feixe luminoso sobre o objeto de estudo. A lente objetiva projeta uma imagem aumentada do objeto em direção à lente ocular, que novamente amplia a imagem e a projeta sobre o olho de quem está operando o microscópio.

O **microscópio eletrônico de transmissão** possui um poder de resolução muito superior ao do microscópio de luz, pois em vez da luz é emitido um feixe de elétrons. Os elétrons atravessam um sistema de lentes eletromagnéticas que direcionam esse feixe contra o objeto a ser visualizado. As estruturas que desviam os elétrons aparecem escuras na imagem. Como a capacidade de desviar os elétrons depende do número atômico, costuma-se utilizar metais pesados para aumentar o contraste e obter uma imagem nítida e visível.

O fator mais significativo para uma boa imagem é a resolução, que é a menor distância para que duas partículas apareçam como objetos separados. Atualmente, existem diversas variações de microscópios desses dois grupos que permitem visualizar as células de diferentes maneiras.

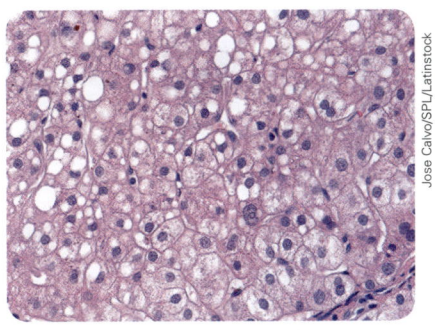

↑ Células do fígado (hepatócitos) marcadas com a coloração dupla hematoxilina-eosina vista em microscópio de luz. A hematoxilina cora em azul-arroxeado os ácidos nucleicos do núcleo, e a eosina cora em rosa o citoplasma e as mitocôndrias. Aumento de 200 vezes.

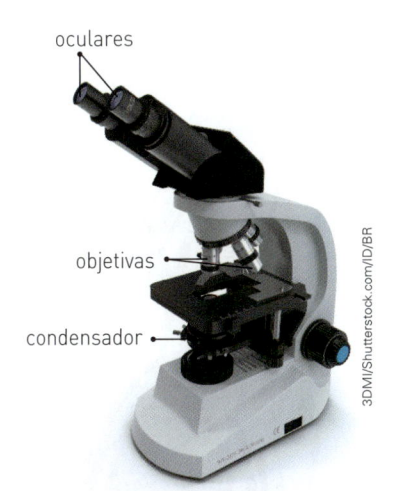

oculares
objetivas
condensador

↑ Microscópio de luz. A ampliação total fornecida pelo microscópio é igual ao aumento da lente objetiva multiplicado pelo aumento da lente ocular.

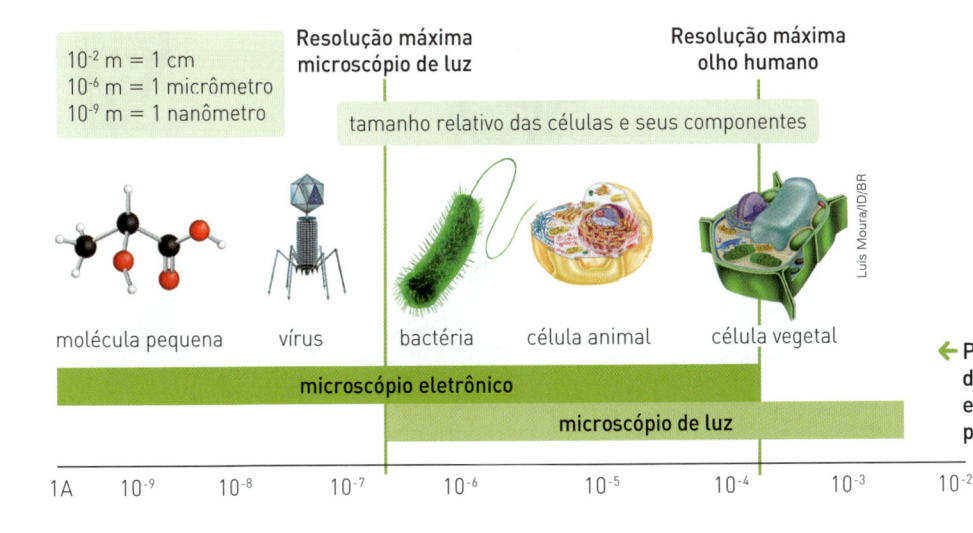

10^{-2} m = 1 cm
10^{-6} m = 1 micrômetro
10^{-9} m = 1 nanômetro

Resolução máxima microscópio de luz

Resolução máxima olho humano

tamanho relativo das células e seus componentes

molécula pequena | vírus | bactéria | célula animal | célula vegetal

microscópio eletrônico

microscópio de luz

1A | 10^{-9} | 10^{-8} | 10^{-7} | 10^{-6} | 10^{-5} | 10^{-4} | 10^{-3} | 10^{-2}

← Poder de resolução dos microscópios de luz em relação aos microscópios eletrônicos. (Representação sem proporção de tamanho; cores-fantasia.)

CÉLULA PROCARIÓTICA

A **célula procariótica** é basicamente formada por uma membrana plasmática que delimita um único compartimento no qual se encontra o material genético, ribossomos, proteínas e pequenas moléculas solúveis. Em muitas espécies procariontes, a proteção da célula é feita por uma camada externa extremamente resistente, a parede celular.

(A) Ilustração esquemática de uma ➘ célula procariótica. (Representação sem proporção de tamanho; cores-fantasia.) **(B)** *Mycobacterium tuberculosis*, bactéria causadora da tuberculose. As regiões mais claras no interior das células bacterianas correspondem ao material genético. Foto ao microscópio eletrônico, imagem colorizada, aumento de 8 600 vezes.

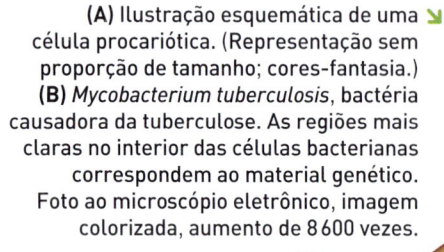
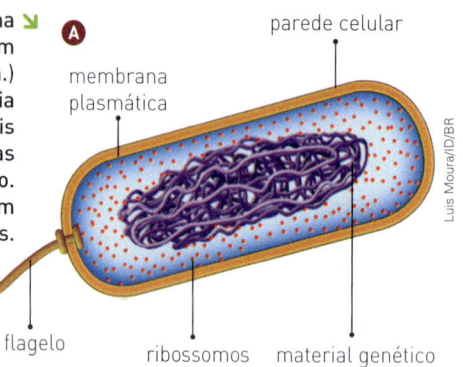
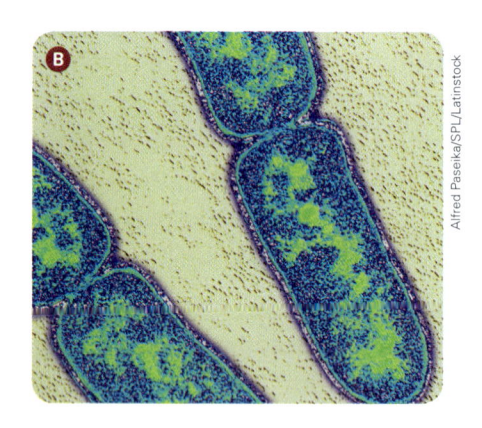

A
membrana plasmática
parede celular
flagelo
ribossomos
material genético

Luis Moura/ID/BR

Alfred Paseika/SPL/Latinstock

CÉLULA EUCARIÓTICA

Nas **células eucarióticas** a maior parte do material genético é envolto em uma membrana, a membrana nuclear, e mantido em um compartimento separado dos outros componentes celulares, o núcleo celular.

O citoplasma de uma célula eucariótica apresenta **organelas**, estruturas celulares envoltas por membranas que possuem funções diversas. As células animal e vegetal são exemplos de células eucarióticas.

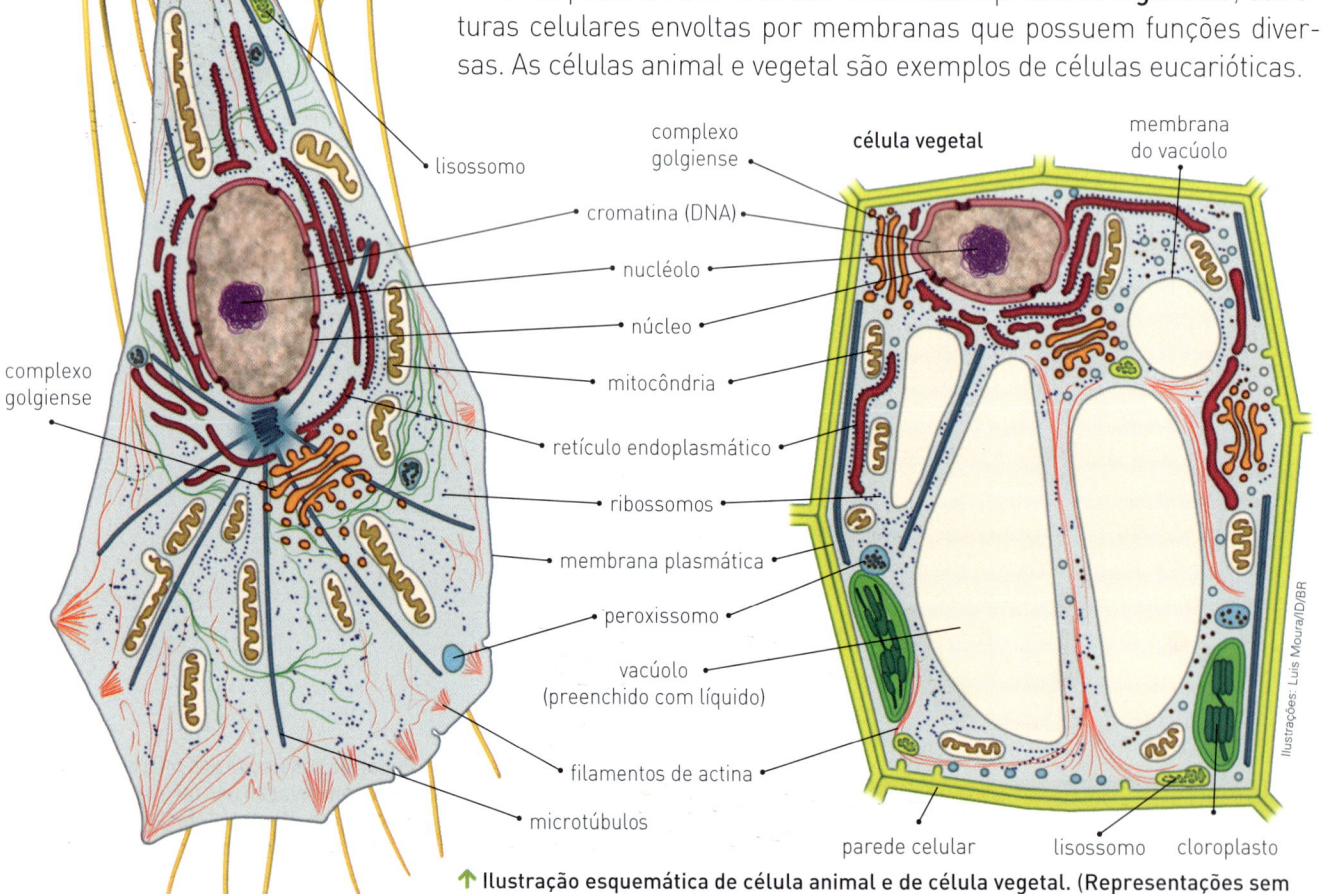

célula animal

célula vegetal

complexo golgiense
cromatina (DNA)
nucléolo
núcleo
mitocôndria
retículo endoplasmático
ribossomos
membrana plasmática
peroxissomo
vacúolo (preenchido com líquido)
filamentos de actina
microtúbulos

lisossomo
complexo golgiense

membrana do vacúolo

parede celular
lisossomo
cloroplasto

Ilustrações: Luis Moura/ID/BR

⬆ Ilustração esquemática de célula animal e de célula vegetal. (Representações sem proporção de tamanho; cores-fantasia)

MEMBRANAS CELULARES

A **membrana plasmática** é uma estrutura comum a todas as células, procarióticas e eucarióticas. Ela envolve a célula, define seus limites e mantém um isolamento entre o meio intracelular e o meio extracelular. O núcleo e as organelas das células eucarióticas também são envoltos por membranas celulares. Todas as membranas celulares apresentam uma estrutura geral comum: são formadas por uma fina camada de moléculas de lipídios, proteínas e carboidratos.

Os lipídios que formam a membrana plasmática são os **fosfolipídios**, que possuem uma cabeça hidrofílica (que tem afinidade com água) e duas caudas hidrofóbicas (que não têm afinidade com água).

Entremeadas aos fosfolipídios da membrana, encontram-se diversas proteínas, que podem ser **proteínas transmembranas** (atravessam a bicamada lipídica) ou **proteínas periféricas** (localizadas em apenas um dos lados, interno ou externo, da membrana plasmática).

Nas membranas também são encontrados carboidratos que podem estar associados aos lipídios (glicolipídios) ou às proteínas (glicoproteínas) da membrana. Esses carboidratos formam uma identificação da célula, pois sua composição varia entre os tipos celulares. Por causa dessa identificação, o sistema imune consegue reconhecer e atacar células de um organismo estranho, por exemplo.

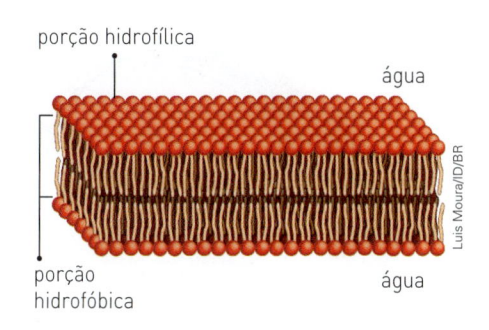

porção hidrofílica

água

porção hidrofóbica

água

Luis Moura/ID/BR

↑ Quando estão em meio aquoso, os fosfolipídios tendem a se organizar de forma que as caudas hidrofóbicas fiquem protegidas da água, formando bicamadas. (Representação sem proporção de tamanho; cores-fantasia.)

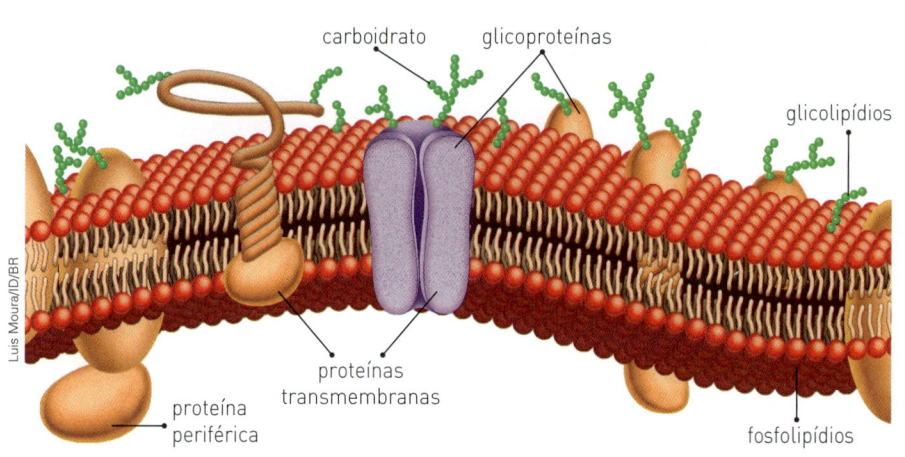

carboidrato   glicoproteínas

glicolipídios

Luis Moura/ID/BR

proteína periférica

proteínas transmembranas

fosfolipídios

← Representação da membrana plasmática. As proteínas transmembranas possuem uma região hidrofílica, que fica em contato com o meio externo ou interno da célula, e uma região hidrofóbica, que fica em contato com as caudas dos fosfolipídios. (Representação sem proporção de tamanho; cores-fantasia.)

Entre as principais funções da membrana plasmática estão:

- **Reconhecimento de substâncias** – a membrana plasmática possui proteínas que reconhecem determinadas substâncias liberadas no meio extracelular. Essas substâncias, chamadas de mensageiros, se ligam a proteínas receptoras e provocam alterações no funcionamento celular.

- **Transporte de substâncias** – a membrana plasmática apresenta **permeabilidade seletiva**, ou seja, apenas algumas substâncias conseguem atravessar livremente a membrana. Por isso existem **proteínas transportadoras**, cujo papel é transportar moléculas entre os meios intracelular e extracelular. Quando ocorre com gasto de energia, o transporte é chamado de **transporte ativo**; quando ocorre sem gasto de energia, é chamado de **transporte passivo**.

🔘 **PASSAPORTE DIGITAL**

Célula, oficina da vida

Consulte esse *site* para visualizar uma representação da célula eucariótica e relembrar a função das estruturas contidas no interior dela.

Disponível em: <http://linkte.me/szc30>. Acesso em: 16 jul. 2017.

CITOPLASMA, ORGANELAS E NÚCLEO

Cada célula eucariótica apresenta diversos componentes com funções específicas. Conheça melhor cada um deles.

⬇ **Esquema de uma célula animal. (Representação sem proporção de tamanho; cores-fantasia.)**

1 Núcleo
O núcleo celular abriga o material genético da célula, formado por DNA, RNA e proteínas, e é delimitado por uma membrana dupla, chamada de carioteca. A carioteca se comunica com o citoplasma através de poros, por onde ocorre a entrada e a saída de moléculas de proteína e RNA. A membrana externa da carioteca está conectada ao retículo endoplasmático.

2 Cromatina
Conjunto de filamentos formados por uma molécula de DNA enrolada a proteínas chamadas histonas. Durante a divisão celular, a cromatina se condensa, tornando-se visível na forma de cromossomos individualizados.

COMPREENDER

Identifique as **organelas** vistas ao microscópio.

3 Nucléolo
O nucléolo é uma região do núcleo não delimitada por membrana que está envolvida na produção de ribossomos. Essa região aparece fortemente corada quando vista ao microscópio.

4 Mitocôndrias
As mitocôndrias estão presentes em grande quantidade no citoplasma, principalmente em células com alto gasto energético. Possuem duas membranas que, juntas, definem dois compartimentos distintos: o espaço entre as membranas externa e interna da mitocôndria, chamado de espaço intermembranas, e a matriz mitocondrial, localizada no interior da membrana interna. A principal função da mitocôndria é a produção de energia para a célula por meio do processo de respiração celular. As mitocôndrias possuem material genético próprio e são capazes de se dividir.

5 Ribossomos
Formados por duas subunidades proteicas, uma maior e outra menor. Cada subunidade possui uma molécula de RNAr (RNA ribossômico). Participam do processo de síntese de proteínas e podem ser encontrados livres no citoplasma ou aderidos à membrana do retículo endoplasmático granuloso.

6 Lisossomos
Vesículas originadas do complexo golgiense que possuem diversas enzimas digestivas. São responsáveis pelo processo de digestão intracelular. Os lisossomos deixam o complexo golgiense e se fundem às vesículas de fagocitose, formando os vacúolos digestivos. Após o processo de digestão, os resíduos que não podem ser aproveitados pela célula são eliminados por exocitose.

7 Vacúolos

Vacúolos são vesículas delimitadas por membrana. Estão presentes nas células de plantas, animais e protozoários. Nas células de animais, os vacúolos estão relacionados ao processo de digestão intracelular. Nas células de plantas, os vacúolos podem conter água e íons ou armazenar proteínas e outras substâncias orgânicas, como óleos, pigmentos e amido.

8 Complexo golgiense

Organela membranosa formada por um conjunto de bolsas achatadas e levemente curvadas. Participa do processo de transporte e secreção de proteínas. Após deixar o retículo endoplasmático granuloso, as proteínas migram em direção ao complexo golgiense, onde podem sofrer modificações estruturais. Essas proteínas deixam o complexo golgiense em vesículas secretoras **A** até atingirem a membrana plasmática, sendo então liberadas para fora da célula **B**.

9 Retículo endoplasmático

Rede de tubos que se estende a partir da membrana do núcleo celular. Possui duas regiões distintas: o retículo endoplasmático granuloso e o retículo endoplasmático não granuloso. O retículo endoplasmático granuloso apresenta ribossomos aderidos a sua superfície. Sua principal função é a síntese de proteínas de secreção, como hormônios, de proteínas da membrana plasmática e das enzimas dos lisossomos. Atua em conjunto com o complexo golgiense. O retículo endoplasmático não granuloso apresenta diversas funções, como síntese de lipídios, reserva de íons cálcio, reserva de glicogênio nas células hepáticas e de desintoxicação.

10 Citosol

O citosol é um líquido gelatinoso que preenche o interior de todas as células. Nele estão presentes íons, proteínas, organelas, moléculas de RNA e substâncias de reserva energética, como carboidratos, óleos e gorduras. O conjunto formado pelo citosol e as estruturas presentes no interior da célula formam o citoplasma.

11 Centríolos

São formados por nove conjuntos de três microtúbulos. Cada célula apresenta um par de centríolos dispostos perpendicularmente um ao outro. Estão presentes nas células animais, mas muitas células eucarióticas não apresentam essa estrutura. Participam da divisão celular, orientando a formação do fuso mitótico.

12 Citoesqueleto

O citoesqueleto é uma rede de filamentos formados por proteínas que se espalha por todo o citoplasma, estruturando a célula. As organelas celulares estão ancoradas nesses filamentos. São três tipos de filamentos encontrados nas células: microfilamentos, filamentos intermediários e microtúbulos.

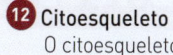

microfilamento

microtúbulo

filamento intermediário

Luis Moura/ID/BR

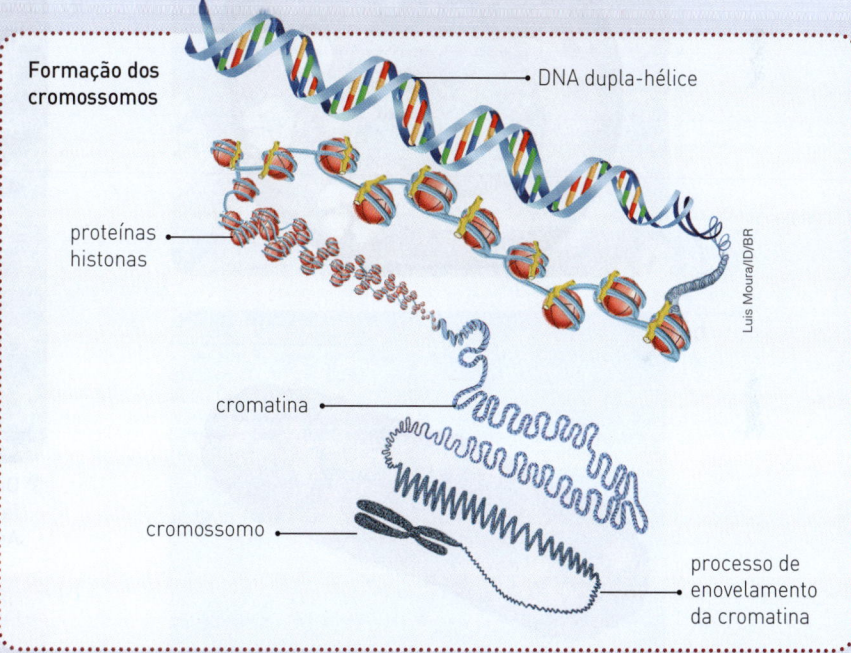

Formação dos cromossomos

DNA dupla-hélice

proteínas histonas

cromatina

cromossomo

processo de enovelamento da cromatina

Luis Moura/ID/BR

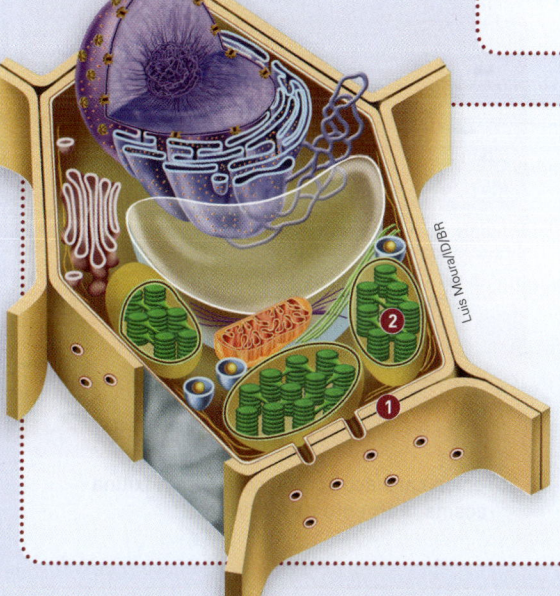

Luis Moura/ID/BR

Célula vegetal

Diferentemente das células animais, a maioria das células vegetais não possui centríolos, apresenta um vacúolo que ocupa grande parte do citoplasma, uma parede celular ao redor da membrana plasmática e cloroplastos.

1 A **parede celular** é formada principalmente de celulose, um tipo de carboidrato, por isso é chamada de parede celulósica. Sua estrutura rígida protege e mantém o formato da célula, impede a perda excessiva de água e contribui com a sustentação da planta.

2 O **cloroplasto** é uma organela formada por duas camadas de membrana, semelhante à mitocôndria, porém sua membrana interna apresenta o formato de bolsas ocas e achatadas, os tilacoides. Na membrana dos tilacoides está a clorofila, pigmento relacionado ao processo de fotossíntese, principal função dos cloroplastos. O cloroplasto, assim como a mitocôndria, possui material genético próprio.

ATIVIDADES

RETOMAR E COMPREENDER

1. A vida surgiu no planeta há cerca de 3,5 bilhões de anos na forma de uma célula que provavelmente era semelhante às bactérias atuais.

   • No caderno, faça um desenho dessa célula ancestral e outro de uma célula eucariótica animal com suas principais organelas.

2. Diferencie a célula vegetal da célula animal.

3. Classifique as células a seguir em: célula procariótica (**P**), célula animal (**A**) e célula vegetal (**V**).

   a)

   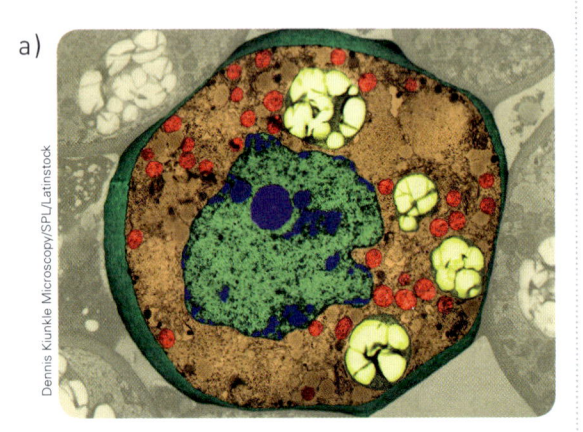

   Dennis Kunkle Microscopy/SPL/Latinstock

   b)

   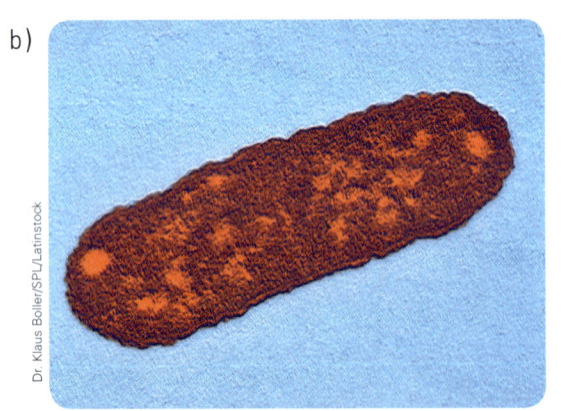

   Dr. Klaus Boller/SPL/Latinstock

   c)

   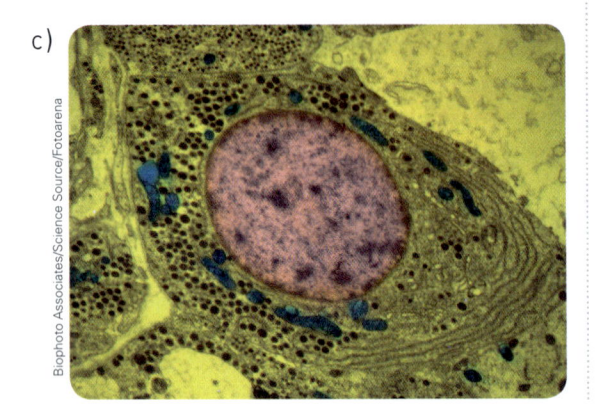

   Biophoto Associates/Science Source/Fotoarena

4. Indique as funções da membrana celular.

5. Leia o texto e responda à questão a seguir.

   Em uma aula prática de observação de protozoários, os alunos têm à disposição um microscópio de luz. O aparelho tem lente ocular com aumento de 10× e 3 lentes objetivas com aumentos de 4×, 10× e 40×.

   • Qual o aumento máximo com que os alunos podem observar o material da aula?

6. Relacione os tipos de microscópios à imagem formada e justifique sua resposta.

   • Microscópio de luz.

   • Microscópio eletrônico de transmissão.

   a)

   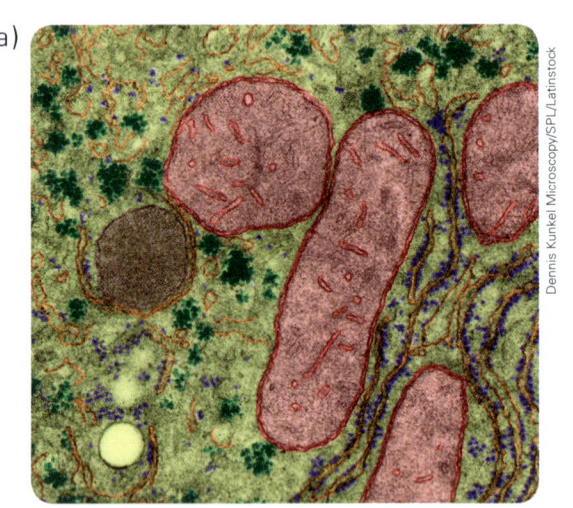

   Dennis Kunkel Microscopy/SPL/Latinstock

   ↑ Organelas celulares. Este microscópio utiliza feixe de elétrons na geração de imagens. Aumento de 29 mil vezes.

   b)

   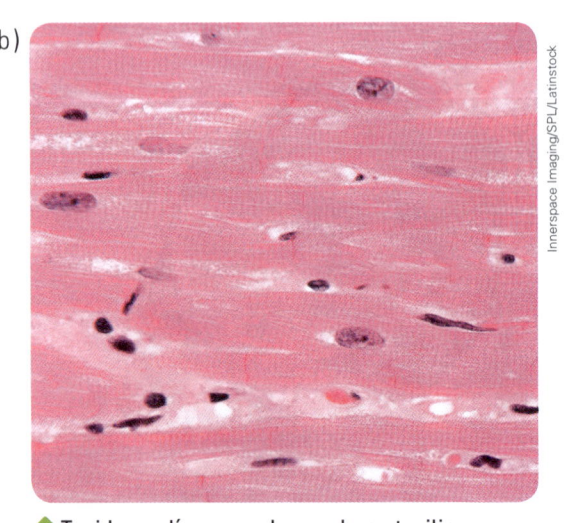

   Innerspace Imaging/SPL/Latinstock

   ↑ Tecido cardíaco corado com hematoxilina--eosina. Aumento de 400 vezes.

7. Observe o esquema abaixo e responda às questões.

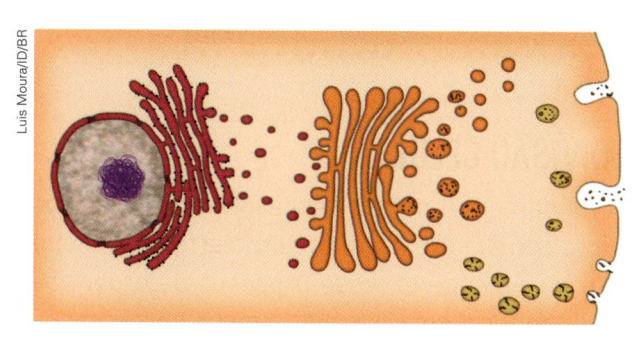

a) Qual processo está representado nesse esquema?

b) Quais organelas estão envolvidas nesse processo?

APLICAR

8. O esquema a seguir mostra um microscópio de luz. Observe-o e faça o que se pede.

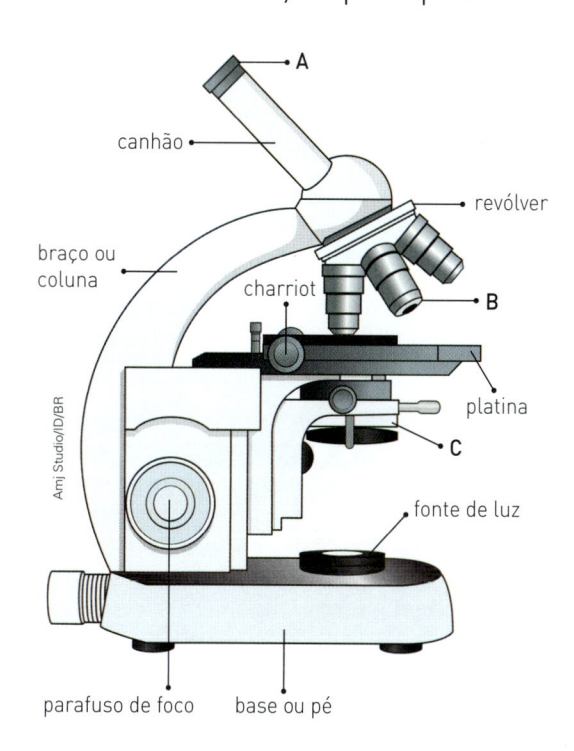

a) Copie o esquema no caderno.

b) Identifique as partes indicadas pelas letras **A**, **B** e **C** e elenque suas funções.

c) Indique o caminho percorrido pela luz até chegar aos olhos do observador.

9. O esquema a seguir representa um importante mecanismo celular ativado pela ação do hormônio insulina.

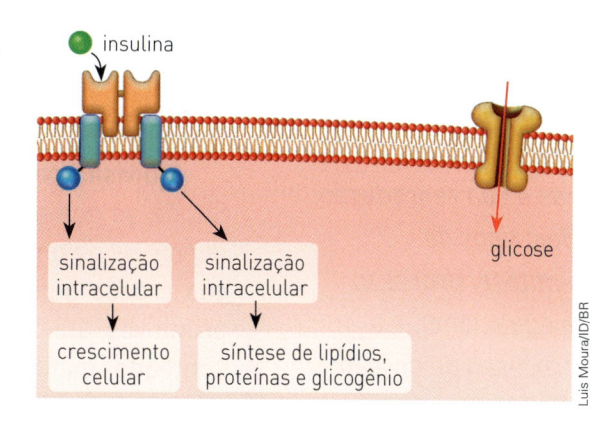

a) Qual função da membrana plasmática está representada no esquema acima?

b) Quais organelas estão relacionadas à produção de proteínas de membrana?

10. Observe o diagrama sobre a síntese de proteínas. Depois, faça o que se pede.

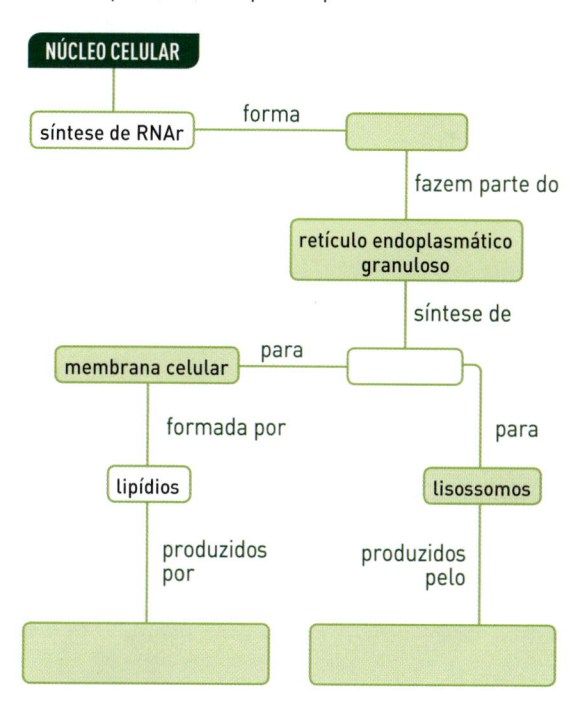

a) No caderno, complete corretamente os elementos faltantes no esquema.

b) Organize um diagrama relacionando outras organelas celulares e suas funções, similar ao feito nesta atividade.

O processo de divisão celular é muito importante para a manutenção dos organismos e sua reprodução. Existem dois tipos de divisão: a mitose, processo de divisão equacional, e a meiose, processo de divisão reducional.

A IMPORTÂNCIA DA DIVISÃO CELULAR

A **divisão celular** foi fundamental para o desenvolvimento da vida. Supõe-se que as primeiras células cresciam até um certo tamanho e depois se desorganizavam por completo. Esse processo de organização e desorganização celular teria sido o mais comum nos oceanos primitivos, até que surgiram algumas células capazes de duplicar seu conteúdo, incluindo o material genético, e se dividir, formando duas células-filhas idênticas à célula-mãe. Essas células duplicadoras ganharam os oceanos e deram origem a todas as formas de vida que vieram depois.

O processo de duplicação do conteúdo celular seguido da divisão celular é chamado de **ciclo celular**.

O ciclo celular é o processo fundamental de reprodução em todos os seres vivos. Nos organismos unicelulares, como bactérias e leveduras, cada divisão celular produz um novo organismo. Nos organismos multicelulares, o ciclo celular é responsável pelo desenvolvimento embrionário, crescimento, reparação dos tecidos e reprodução.

↓ Células de raiz de cebola em vários estágios de mitose. Foto ao microscópio de luz, imagem colorizada, aumento de 40 vezes.

Alan John Lander Phillips/ Getty Images

CICLO CELULAR

O ciclo celular pode ser dividido em duas etapas: a **interface** e a **divisão celular propriamente dita**.

O período mais longo do ciclo é a interface, que se inicia no fim de uma divisão celular e dura até o início da divisão seguinte.

A interface é o período de maior atividade metabólica da célula. É nessa fase que ocorrem o aumento do tamanho celular, a duplicação de organelas, uma intensa síntese de proteínas e componentes de membrana celular e a duplicação do DNA.

O ciclo celular pode durar cerca de 12 horas em tecidos de rápido crescimento em mamíferos, mas esse tempo pode ser muito maior. Em uma célula do fígado humano, por exemplo, o ciclo celular pode durar meses.

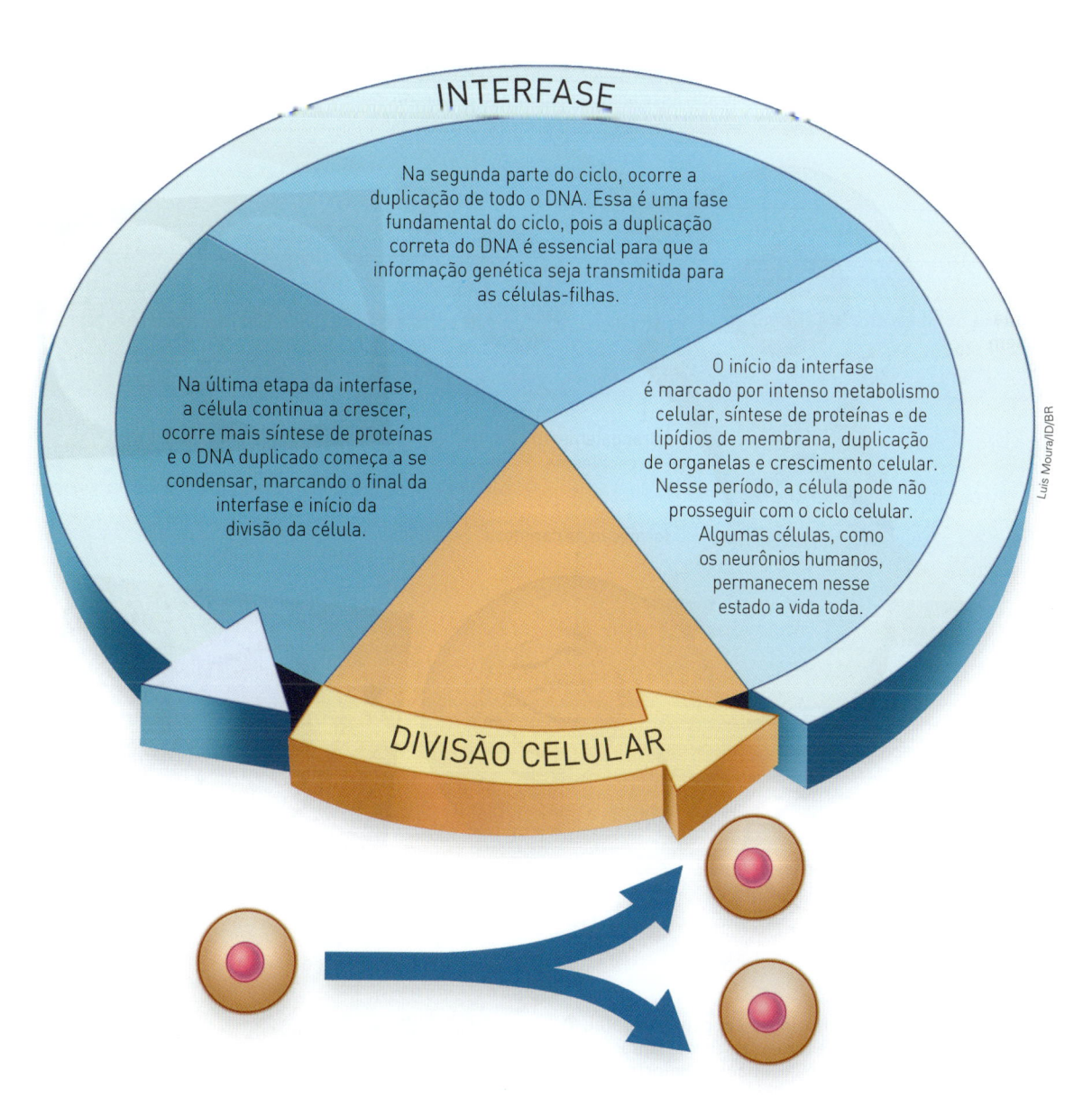

Na segunda parte do ciclo, ocorre a duplicação de todo o DNA. Essa é uma fase fundamental do ciclo, pois a duplicação correta do DNA é essencial para que a informação genética seja transmitida para as células-filhas.

Na última etapa da interfase, a célula continua a crescer, ocorre mais síntese de proteínas e o DNA duplicado começa a se condensar, marcando o final da interfase e início da divisão da célula.

O início da interfase é marcado por intenso metabolismo celular, síntese de proteínas e de lipídios de membrana, duplicação de organelas e crescimento celular. Nesse período, a célula pode não prosseguir com o ciclo celular. Algumas células, como os neurônios humanos, permanecem nesse estado a vida toda.

Luís Moura/ID/BR

⬆ Esquema das etapas do ciclo celular. (Cores-fantasia.)

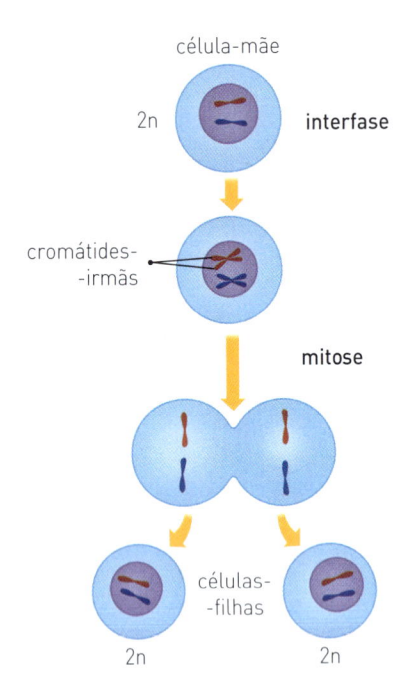

célula-mãe

2n interface

cromátides-
-irmãs

mitose

células-
-filhas

2n 2n

↑ Durante a interfase, ocorre a duplicação dos cromossomos. Cada cromossomo duplicado é formado por duas **cromátides**. As cromátides são separadas durante a mitose, formando duas células-filhas com a mesma quantidade de cromossomos que a célula--mãe. (Representação sem proporção de tamanho; cores-fantasia.)

cromátides: os braços de um cromossomo duplicado; as cromátides-irmãs se referem aos braços de um mesmo cromossomo duplicado.

MITOSE

Mitose é o processo de divisão celular no qual uma célula, chamada de célula-mãe, se divide formando duas células-filhas com o mesmo número de cromossomos da célula-mãe. Por isso, a mitose é chamada de **divisão equacional**.

A mitose ocorre nas células embrionárias, durante o desenvolvimento do embrião, ao longo do crescimento do organismo, em tecidos que necessitam de reparação e na reprodução de organismos unicelulares.

O processo de divisão celular por mitose é dividido em duas etapas: a primeira, em que ocorrem as fases de **prófase**, **metáfase**, **anáfase** e **telófase**, e a segunda, chamada de **citocinese**.

Citocinese
A citocinese é o processo de separação do conteúdo citoplasmático em partes iguais e de formação de duas células-filhas. Na célula animal, a citocinese ocorre por meio da ação de microfilamentos de proteínas contráteis que se localizam no centro da célula, formando um anel contrátil. Esse anel, à medida que se contrai, promove a separação do citoplasma e a formação das células-filhas.

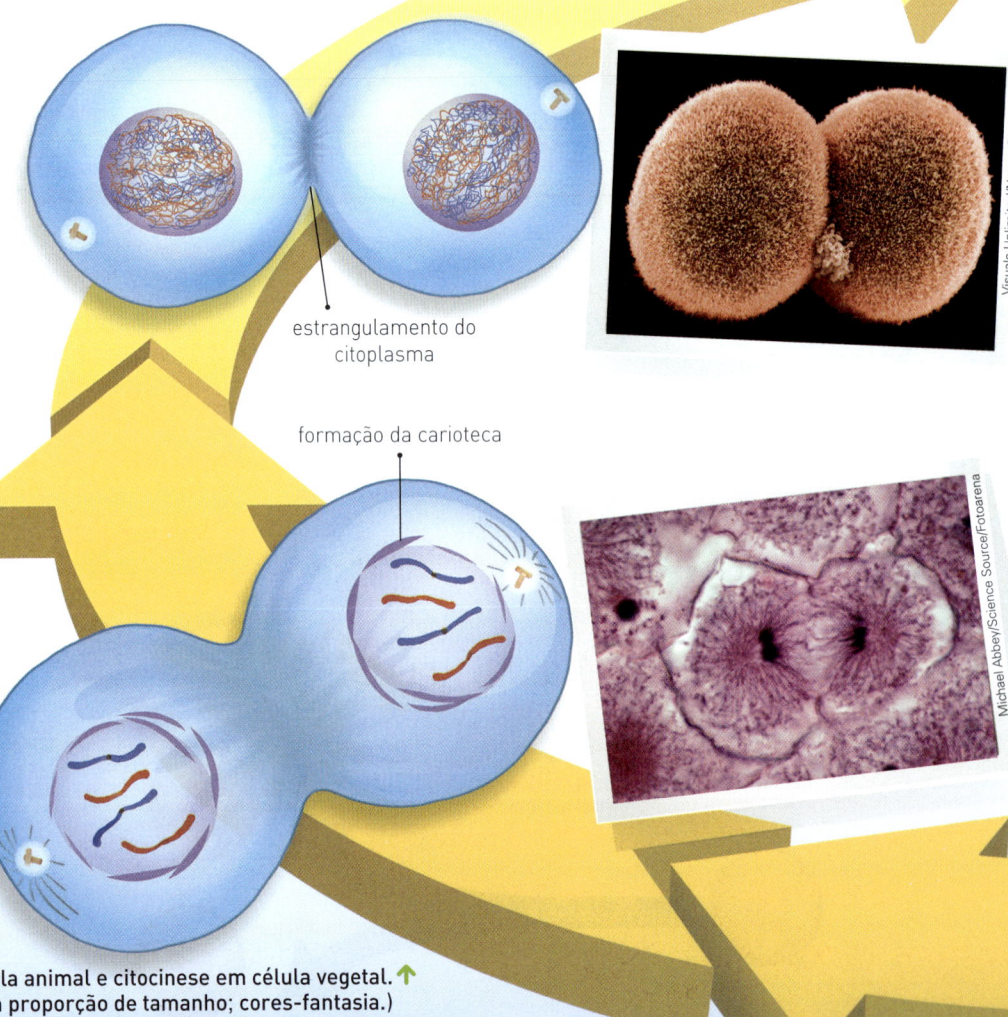

estrangulamento do citoplasma

formação da carioteca

Visuals Unlimited/Nature PL/Fotoarena

Michael Abbey/Science Source/Fotoarena

Telófase
A última fase da mitose se caracteriza pela descondensação dos cromossomos e pela reorganização da carioteca. A carioteca é formada ao redor da cromatina a partir da fusão das membranas que envolvem o retículo endoplasmático.

Representação da mitose em célula animal e citocinese em célula vegetal. ↑
(Representações sem proporção de tamanho; cores-fantasia.)
Fotos ao microscópio eletrônico, imagens colorizadas.
Aumentos: células em citocinese: 3 000 vezes; em prófase: 450 vezes; em metáfase: 450 vezes; em anáfase: 450 vezes; em telófase: 450 vezes.

Fonte de pesquisa: Jane B. Reece e outros. *Biologia de Campbell*. 8 ed. Porto Alegre: Artmed, 2010.

Prófase

A prófase é a fase inicial da mitose e se caracteriza pela condensação dos cromossomos, migração dos centríolos para os polos opostos da célula, formação do fuso mitótico e desintegração da carioteca.

Durante toda a interfase os cromossomos permanecem na forma de cromatina, até serem completamente duplicados. Os cromossomos duplicados são formados por duas cromátides. Durante a prófase ocorre o processo de condensação dos cromossomos, que se tornam visíveis ao microscópio de luz. Os centríolos orientam a formação do fuso mitótico na célula animal. Cada célula possui um par de centríolos que é duplicado durante a interfase, migra para os polos opostos da célula e, conforme se afastam, ocorre a formação do fuso mitótico.

O final da prófase é marcado pela desintegração da carioteca, e os cromossomos ficam dispersos no citoplasma.

Citocinese em célula vegetal

Na célula vegetal, o processo de citocinese é diferente por causa da rigidez da parede celular. Em vez de um movimento de estrangulamento, ocorre a formação da lamela média no centro da célula. A placa celular é formada pela fusão de vesículas do complexo golgiense.

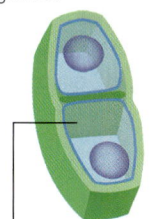

- vesículas derivadas do complexo de Golgi
- vesículas fundem-se
- reconstrução das paredes celulares

Na citocinese da célula vegetal, ocorre a formação de uma placa celular no centro da célula. A placa celular contém substâncias que formam a lamela média, que dará origem à parede celular nas células-filhas.

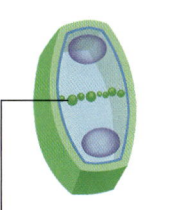

carioteca   centríolos

cromossomos duplicados

Metáfase

Na metáfase os cromossomos se organizam na região central da célula. Cada cromátide está presa a uma fibra do fuso, que se liga ao centrômero.

- cromátides-irmãs
- fibras de fuso mitótico
- fragmentos de carioteca
- cromossomos condensados alinhados no equador (região central da célula)

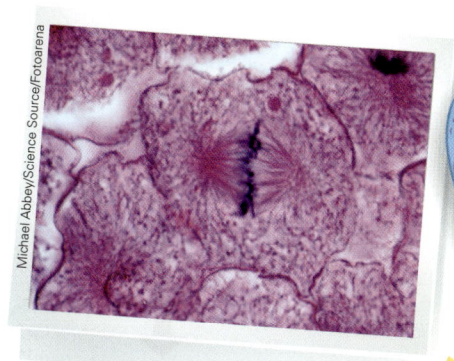

Michael Abbey/Science Source/Fotoarena

cromátides-irmãs migrando para polos opostos

Anáfase

Durante a anáfase, as cromátides-irmãs se separam e migram para polos opostos da célula. O processo de separação das cromátides ocorre por meio do encurtamento das fibras do fuso. No final da anáfase, as cromátides se localizam nos polos da célula.

encurtamento das fibras unidas aos cromossomos

Ilustrações: Fabio Eugenio/ID/BR

MEIOSE

A meiose é uma **divisão reducional** na qual a célula-mãe, ao se dividir, gera quatro células-filhas, cada uma com metade do número original de cromossomos.

De forma geral, o processo apresenta semelhanças com a mitose, porém na meiose ocorrem duas divisões celulares consecutivas, a meiose I e a meiose II.

A interfase é semelhante à que antecede a mitose, com aumento do tamanho celular e duplicação das organelas citoplasmáticas e do DNA.

MEIOSE I

A **meiose I** é a etapa reducional da meiose, na qual ocorre a separação dos cromossomos homólogos.

Toda célula diploide possui dois conjuntos cromossômicos, um herdado da mãe e outro do pai na hora da fecundação, portanto todos os cromossomos estão aos pares.

COMPREENDER

Por que é importante que a **meiose** dê origem a células com metade do material genético?

↓ Esquema da meiose I em célula animal. (Representação sem proporção de tamanho; cores-fantasia.)

1 Prófase I
Na prófase I, os cromossomos formam pares com seus homólogos. Essa proximidade física entre os cromossomos favorece a ocorrência da **permutação**, que é a troca de pedaços entre as cromátides de cromossomos homólogos. Os centríolos migram para os polos opostos da célula e orientam a formação das fibras do fuso. Ocorre a desintegração da carioteca. É possível visualizar os quiasmas, regiões de contato nos locais de permutação entre as cromátides.

2 Metáfase I
Os cromossomos atingem grau máximo de condensação e se organizam na região central da célula. Os cromossomos homólogos estão ligados às fibras do fuso pelos centrômeros.

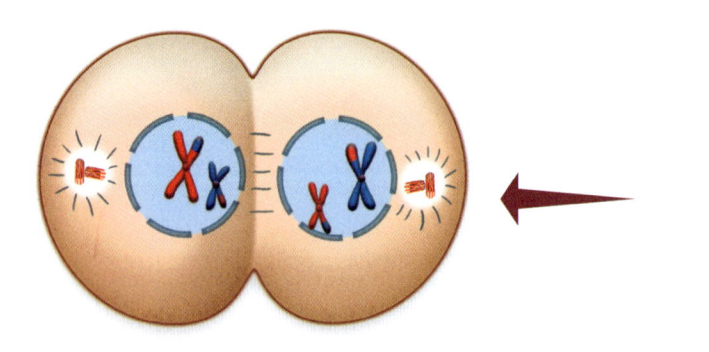

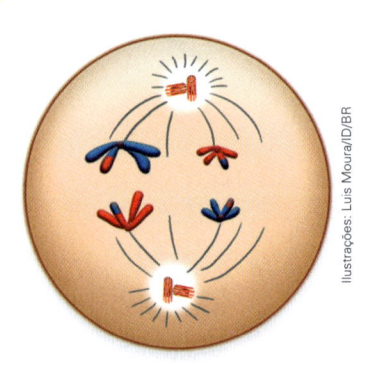

Ilustrações: Luis Moura/ID/BR

4 Telófase I
Ocorre a reorganização da carioteca e o fuso mitótico desaparece. Os cromossomos continuam duplicados. Cada núcleo formado possui um conjunto cromossômico.

3 Anáfase I
Na anáfase I, os cromossomos homólogos migram para os polos opostos da célula, separando-se.

MEIOSE II

A **meiose II** ocorre simultaneamente nas duas células formadas na meiose I e segue os mesmos passos já descritos para a mitose.

Acompanhe no esquema a seguir.

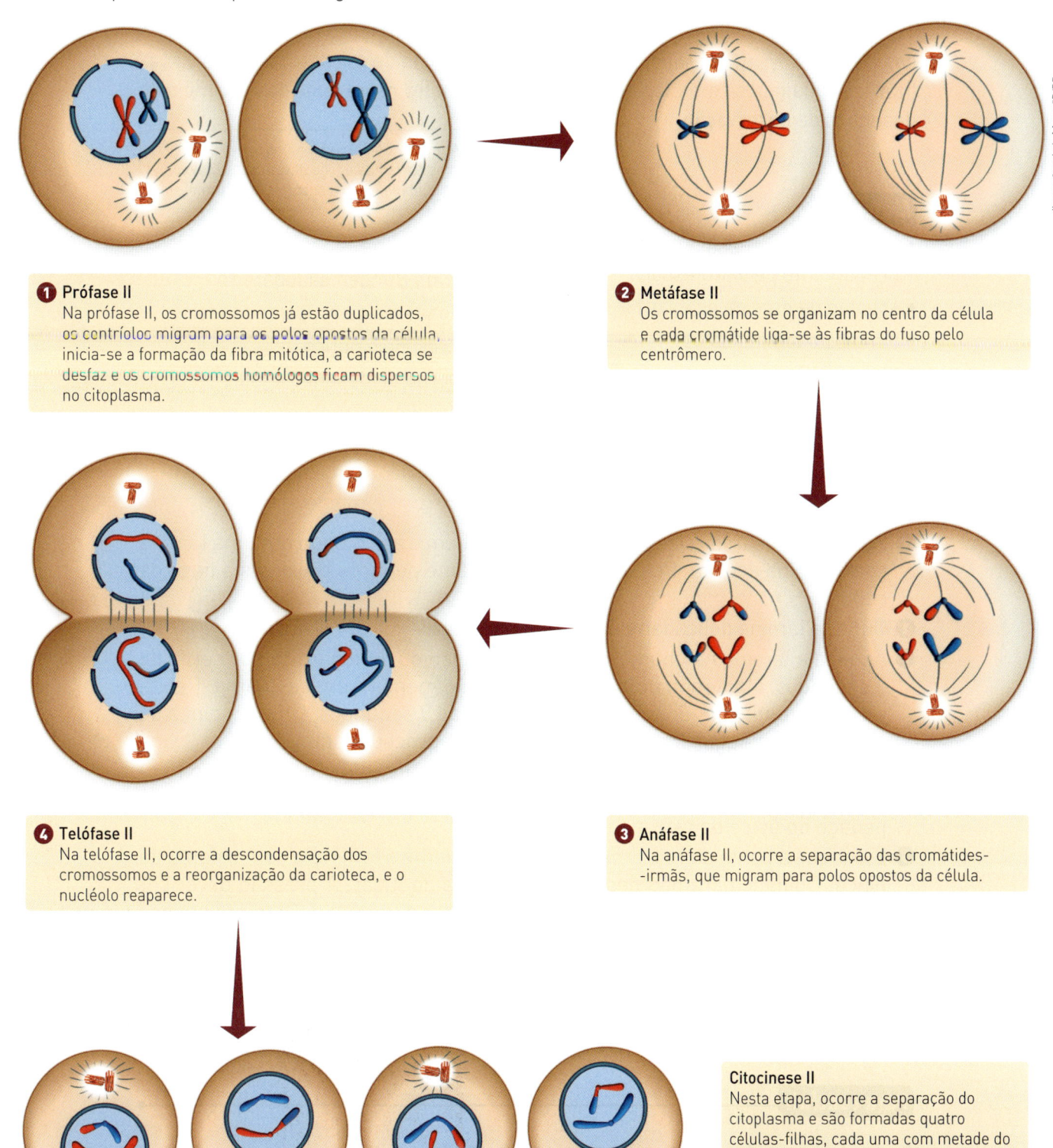

1 Prófase II
Na prófase II, os cromossomos já estão duplicados, os centríolos migram para os polos opostos da célula, inicia-se a formação da fibra mitótica, a carioteca se desfaz e os cromossomos homólogos ficam dispersos no citoplasma.

2 Metáfase II
Os cromossomos se organizam no centro da célula e cada cromátide liga-se às fibras do fuso pelo centrômero.

4 Telófase II
Na telófase II, ocorre a descondensação dos cromossomos e a reorganização da carioteca, e o nucléolo reaparece.

3 Anáfase II
Na anáfase II, ocorre a separação das cromátides-irmãs, que migram para polos opostos da célula.

Citocinese II
Nesta etapa, ocorre a separação do citoplasma e são formadas quatro células-filhas, cada uma com metade do número de cromossomos da célula-mãe, sendo, portanto, células haploides.

⬆ Esquema da meiose II em célula animal. (Representação sem proporção de tamanho; cores-fantasia.)

Ilustrações: Luis Moura/ID/BR

Observação de mitose em raiz de cebola

O estudo das células dependeu muito do desenvolvimento dos microscópios e dos corantes. Nesta atividade você irá utilizar técnicas de microscopia para visualizar fases da mitose em células de raiz de cebola e irá representá-las por meio de **desenhos de observação**.

> **Atenção!** Os procedimentos que utilizam objetos cortantes e fogo devem ser feitos com muito cuidado e sob a supervisão do professor.

Material

- raízes novas de cebola (preparadas previamente pelo professor)
- solução de orceína acética 1%
- lâminas e lamínulas
- pinças
- lâmina de barbear
- pipetas Pasteur
- papel-toalha
- bico de Bunsen ou fogareiro
- pregadores de roupa de madeira
- microscópio óptico
- caderno de desenho e lápis coloridos

Como fazer

1. Corte duas ou três raízes em tamanhos de 1 cm e as coloque em uma lâmina com orceína acética. Pegue preferencialmente pedaços próximos à base da cebola.
2. Cubra a lâmina delicadamente com a lamínula.
3. Aqueça a lâmina na chama do bico de Bunsen ou do fogareiro por cerca de 3 segundos. Mantenha uma distância de pelo menos 5 cm da chama. Repita o procedimento por 3 vezes com intervalos de 3 segundos. Utilize a pinça de madeira para segurar a lâmina durante esse procedimento.
4. Deixe a lâmina esfriar por cerca de 2 minutos antes de iniciar a etapa seguinte. Se necessário, acrescente mais uma gota de orceína acética sobre o pedaço do ápice da raiz.
5. Esmague a ponta da raiz pressionando levemente a lamínula com a ponta da pinça. Cuidado para não deslocar a lamínula do lugar. A pressão dever ser suficiente para esmagar as raízes sem quebrar a lamínula. Com um pedaço de papel absorvente, cuidadosamente, elimine o excesso de corante.
6. Coloque a lâmina no microscópio e visualize as células em divisão mitótica. Inicie com o menor aumento e desenhe o que você está observando. Troque os aumentos e desenhe o que você observa, até atingir o aumento máximo.

Para concluir

1. Qual a função da orceína acética na montagem da lâmina?
2. Quais fases da mitose você identificou na preparação? Qual a fase mais comum e qual a mais rara de encontrar na preparação?

ATIVIDADES

RETOMAR E COMPREENDER

1. No caderno, relacione corretamente as fases de divisão celular, indicadas por algarismo romanos, com os esquemas a seguir.

I. Anáfase da mitose.

II. Metáfase II da meiose.

III. Anáfase I da meiose.

IV. Telófase da mitose.

A.

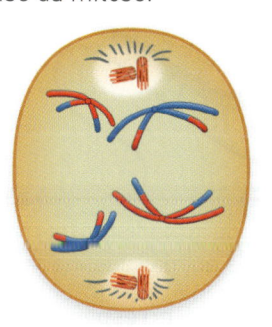

B.

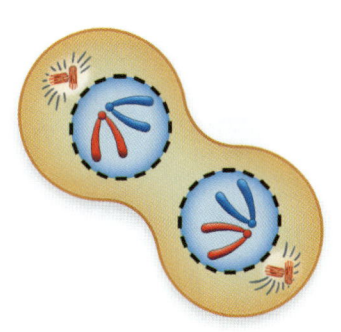

C.

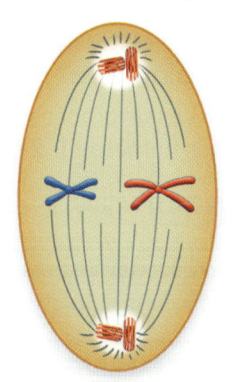

D.

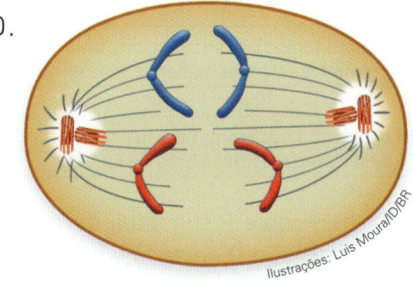

Ilustrações: Luis Moura/ID/BR

2. Indique a alternativa correta:

a) A mitose produz quatro células-filhas com número de cromossomos igual ao da célula-mãe.

b) A meiose é um processo relacionado à reprodução em organismos unicelulares.

c) A maioria dos tipos celulares são capazes de realizar mitose em algum estágio da sua vida.

3. Explique por que a meiose é considerada um processo de divisão reducional.

4. Identifique as fases da mitose indicadas pelas letras **A**, **B** e **C** na figura a seguir.

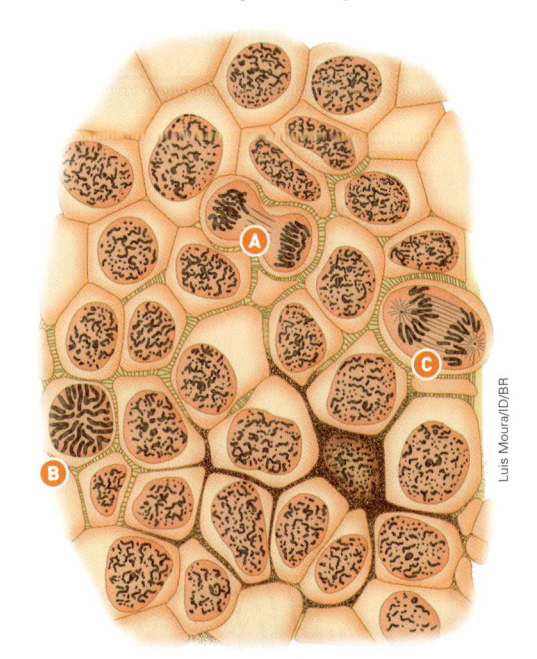

Luis Moura/ID/BR

APLICAR

5. A colchicina é uma substância extraída de uma planta que inibe a formação das fibras do fuso durante a divisão celular.

• Uma cultura celular foi tratada com colchicina. Em que fase da mitose essas células provavelmente se encontrarão após 5 horas?

6. Sob a orientação do professor, forme dupla com um colega e construa um modelo das etapas da mitose ou da meiose utilizando massa de modelar de diferentes cores.

• Você e seu colega devem colocar o nome de cada etapa do processo de divisão representado. Se possível, exponham os trabalhos em uma área comum da escola.

RETOMAR E COMPREENDER

1. Ao misturarmos sal de cozinha (NaCℓ) com água, o sal é dissolvido por completo. O mesmo não acontece quando misturamos água e óleo.

- Explique a diferença no comportamento dessas duas substâncias.

2. As dietas geralmente elegem dois vilões: as gorduras e os carboidratos. No entanto, ambos são importantes para o correto funcionamento do organismo.

- Explique a função de cada um.

3. O arroz com feijão, prato típico do Brasil, é considerado uma combinação altamente nutritiva de alimentos, pois ela fornece todos os aminoácidos essenciais.

- O que são aminoácidos essenciais e qual seu papel no organismo?

4. A imagem a seguir representa um importante processo celular.

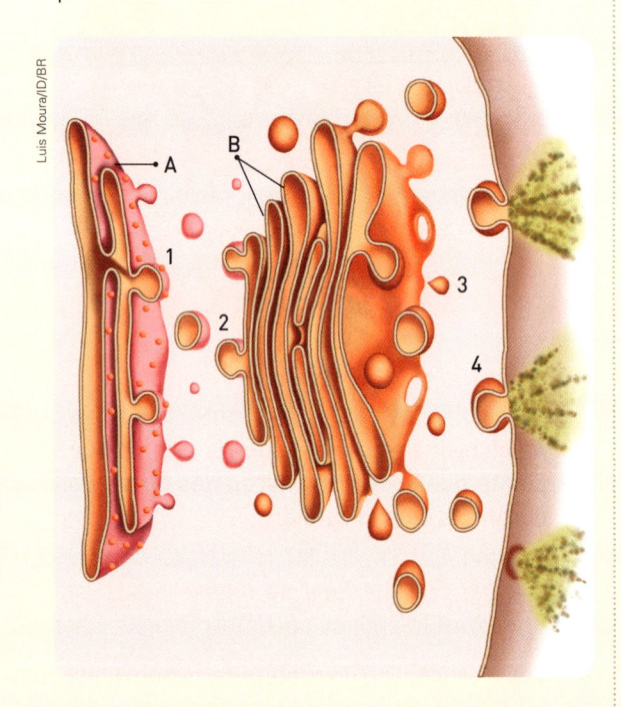

Luis Moura/ID/BR

a) Quais as organelas indicadas pelas letras **A** e **B**?

b) Qual a principal função da organela indicada pela letra **A**?

c) Que processo está representado pela sequência de 1 a 4?

5. Qual a importância do uso de corantes para a citologia?

6. Observe a imagem a seguir.

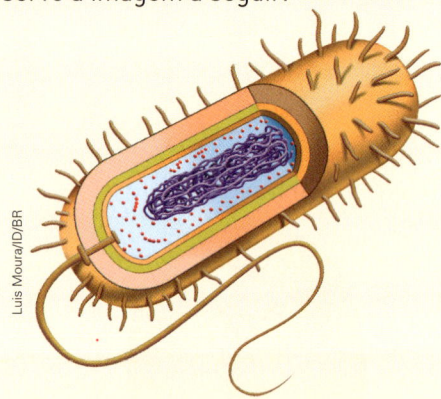

Luis Moura/ID/BR

- A que tipo de organismo pertence a célula representada acima? Justifique sua resposta.

7. Observe a imagem e responda às questões a seguir.

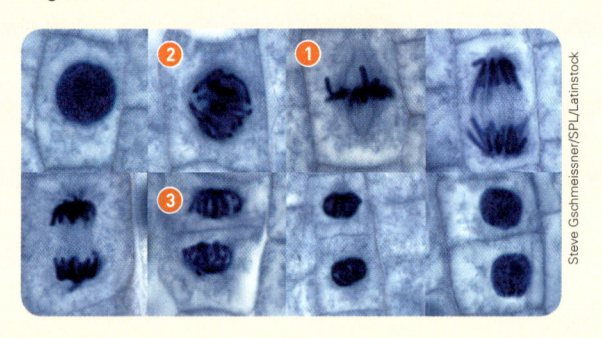

Steve Gschmeissner/SPL/Latinstock

a) Qual processo celular está acontecendo nas células da imagem acima?

b) Quais etapas desse processo celular estão indicadas pelos números **1**, **2** e **3**?

8. Observe o esquema a seguir.

A
- pareamento dos cromossomos homólogos
- permutação

B
- reorganização da carioteca
- cromossomos duplicados

C
- cromossomos no centro da célula
- cromátides ligadas às fibras do fuso

D
- separação das cromátides-irmãs
- desorganização das fibras do fuso

- No caderno, copie e substitua corretamente as letras **A**, **B**, **C** e **D** pelas fases da meiose.

9. A imagem abaixo mostra como é produzido o clone de um animal adulto.

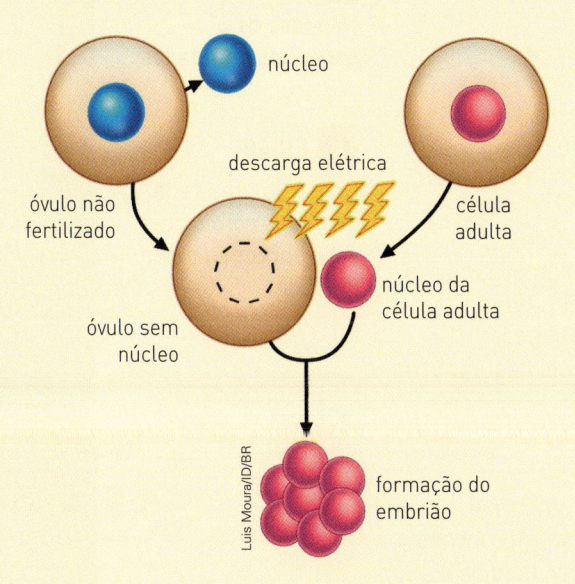

descarga elétrica

núcleo

óvulo não fertilizado

célula adulta

óvulo sem núcleo

núcleo da célula adulta

formação do embrião

Luis Moura/ID/BR

- Após inserir o núcleo de uma célula adulta em um óvulo sem núcleo ocorre a formação do embrião. Que tipo de divisão celular ocorre durante o desenvolvimento embrionário?

ANALISAR E VERIFICAR

10. Leia o texto a seguir.

Câncer: O que é

Câncer é o nome dado a um conjunto de mais de 100 doenças que têm em comum o crescimento desordenado de células, que invadem tecidos e órgãos. Dividindo-se rapidamente, estas células tendem a ser muito agressivas e incontroláveis, determinando a formação de tumores malignos, que podem espalhar-se para outras regiões do corpo. [...]

Instituto Nacional do Câncer. Câncer: O que é. Disponível em: <http://www2.inca.gov.br/wps/wcm/connect/cancer/site/oquee>. Acesso em: 3 jul. 2017.

a) Segundo o texto, o que é câncer?

b) Qual processo celular está relacionado ao desenvolvimento do câncer?

c) Indique trechos do texto que mostram a relação desse processo celular e o câncer.

11. O desenvolvimento de corantes foi fundamental para o avanço da citologia. Observe a imagem de células coradas e responda ao que se pede a seguir.

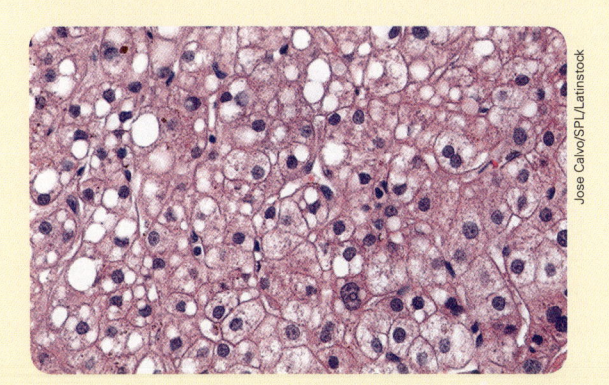

Jose Calvo/SPL/Latinstock

a) Quantos corantes foram usados nessas células?

b) Quais estruturas celulares estão evidenciadas pelo uso de corantes?

CRIAR

12. As estruturas celulares se relacionam entre si de diversas formas.

- No caderno, construa um esquema que mostre as relações entre retículo endoplasmático granuloso, complexo golgiense, proteínas de transporte e membrana plasmática.

13. O ácido fólico está envolvido em uma série de processos celulares, como síntese de DNA e RNA, síntese de proteínas e divisão celular.

Em 1948, um médico estadunidense identificou uma substância química capaz de bloquear a ação do ácido fólico, provocando morte celular. Esse composto recebeu o nome de antifolato.

Devido a sua ação, esse composto foi testado como anticancerígeno e se mostrou eficiente para combater a leucemia – câncer de células sanguíneas –, tornando-se o primeiro medicamento quimioterápico da história.

- Em sua opinião, utilizar compostos considerados tóxicos para tratar doenças é uma atitude criativa?

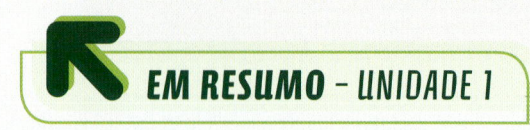

Moléculas da vida

- As células são formadas por substâncias orgânicas e inorgânicas.
- A água é uma molécula polar, e é considerada solvente universal.
- Sais minerais são substâncias que se dissociam em contato com a água.
- Os carboidratos são a principal fonte de energia da célula. São classificados em monossacarídeos, dissacarídeos e polissacarídeos.
- Os lipídios são compostos orgânicos com estrutura bastante variada, pouco solúveis em água e que desempenham uma série de funções biológicas. Têm uma porção polar e outra apolar. São classificados em ácidos graxos, triacilgliceróis, fosfolipídios e esteroides.
- As proteínas são formadas pela combinação de 20 aminoácidos. Desempenham papel estrutural, na defesa e na regulação do organismo.
- Os ácidos nucleicos são o material hereditário responsável pela transmissão de informação. O DNA e o RNA são ácidos nucleicos.
- As vitaminas são moléculas orgânicas com importante papel regulatório. Podem ser hidrossolúveis ou lipossolúveis.

Células

- As células são classificadas em eucarióticas ou procarióticas.
- Células procarióticas não possuem núcleo organizado, enquanto as células eucarióticas apresentam núcleo delimitado por uma membrana.
- As células são delimitadas por uma membrana formada por lipídios e por proteínas. A membrana plasmática envolve a célula, define seus limites e mantém um isolamento entre o meio intracelular e o meio extracelular.
- As células eucarióticas apresentam organelas delimitadas por membranas que desempenham diversas funções celulares.

Divisão celular

- A mitose é um processo de divisão equacional. Suas etapas são: prófase, metáfase, anáfase, telófase e citocinese.
- A meiose é um processo de divisão reducional, formado por duas divisões celulares consecutivas.

COMPREENDER

Repasse os conceitos estudados nesta unidade.

CRIAR

Construa uma **rede de ideias** com o que você aprendeu nesta unidade

Nelson Provazi/ID/BR

GENÉTICA E HEREDITARIEDADE

A genética é a ciência que estuda a hereditariedade, ou seja, a transmissão de características de uma geração para outra. Nesta unidade, você verá o que faz os indivíduos compartilharem semelhanças e, ao mesmo tempo, o que os torna únicos. Também vai saber como esses conhecimentos estão sendo aplicados para atender a diferentes interesses humanos.

CAPÍTULO 1
Material genético

CAPÍTULO 2
Genética

CAPÍTULO 3
Biotecnologia

PRIMEIRAS IDEIAS

1. Como as características dos organismos são transmitidas de uma geração a outra?

2. O que significa dizer que uma doença ou síndrome tem causas genéticas? Você conhece algum exemplo?

3. É muito comum nos depararmos com notícias na mídia sobre temas como o uso de células-tronco, exames de DNA, transgênicos e clonagem. O que você conhece sobre esses assuntos? Qual é a relação deles com a genética?

4. **RETOMAR** **Recorde conceitos importantes** para o estudo da unidade.

LEITURA DA IMAGEM

1. Descreva o que está sendo mostrado na imagem. O que você acha que são as estruturas coloridas?

2. Em sua opinião, qual é a causa das variações de cor nessas estruturas?

3. Na Terra, há mais de 7 bilhões de seres humanos, que compartilham características típicas da espécie. Esses indivíduos, no entanto, podem viver em regiões muito diferentes, apresentar diferenças físicas, étnicas e culturais. Você já presenciou situações em que uma pessoa foi desrespeitada por ser diferente?

4. **CRIAR** Elabore hipóteses sobre como surgiram as **variedades de milho**.

Michael Clutson/SPL Latinstock

MATERIAL GENÉTICO

Muitas das características que apresentamos são determinadas por proteínas produzidas pelo nosso organismo. As informações para a produção dessas moléculas estão armazenadas no material genético das nossas células.

MOLÉCULAS QUE CARREGAM INFORMAÇÕES

Os seres vivos apresentam composições semelhantes. Em geral, a maior parte do organismo é composto de água e de uma complexa mistura de moléculas orgânicas, como proteínas, lipídios, glicídios e ácidos nucleicos, que são essenciais para a vida, desempenhando funções energéticas, estruturais, protetoras e reguladoras. Muitas das nossas características são resultantes da presença dessas moléculas no organismo e de como elas estão organizadas.

A **hereditariedade** corresponde à transmissão dessas características de uma geração a outra. Isso ocorre pela transferência do **material genético** – substância que armazena as informações para a manifestação das características – dos pais para os filhos durante a reprodução.

No início do século XX, cientistas descobriram que o material genético era o **ácido desoxirribonucleico (DNA)**. A manifestação das características genéticas envolve, além do DNA, a participação de outro ácido nucleico: o **ácido ribonucleico (RNA)**.

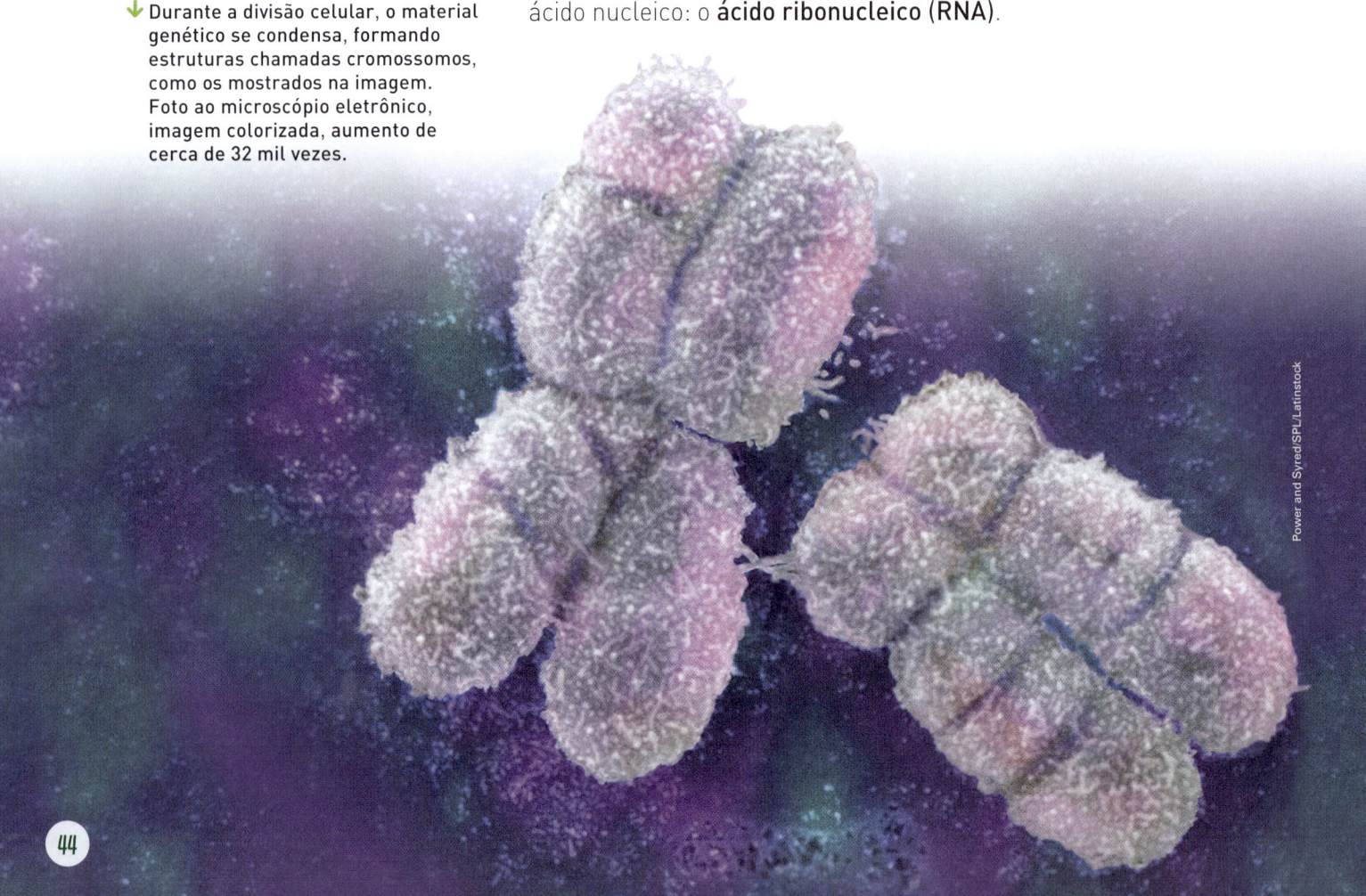

↓ Durante a divisão celular, o material genético se condensa, formando estruturas chamadas cromossomos, como os mostrados na imagem. Foto ao microscópio eletrônico, imagem colorizada, aumento de cerca de 32 mil vezes.

Power and Syred/SPL/Latinstock

A MOLÉCULA DE DNA

A estrutura da molécula de DNA foi proposta em 1953 em um artigo do biofísico Francis Crick (1916-2004) e do geneticista James Watson (1928-), apoiados por experimentos realizados pela biofísica Rosalind Franklin (1920-1958) e pelo físico Maurice Wilkins (1916-2004).

As principais características das moléculas de DNA estão descritas a seguir.

- Seus nucleotídeos são denominados desoxirribonucleotídeos, pois são constituídos pelo açúcar **desoxirribose**.
- Apresentam as bases nitrogenadas **adenina (A)**, **guanina (G)**, **citosina (C)** e **timina (T)**.
- São formadas por duas longas cadeias de nucleotídeos em sequência (cadeias polinucleotídicas), unidas em um arranjo helicoidal. Portanto, apresentam estrutura em **dupla-hélice**.
- As duas cadeias do DNA mantêm-se unidas por ligações de hidrogênio entre as bases nitrogenadas. Essas ligações ocorrem entre pares específicos: sempre adenina com timina e guanina com citosina. Por isso, as duas cadeias do DNA são **complementares**.

Copiando o DNA

Em seu artigo, Watson e Crick também propuseram um modelo para explicar como a molécula de DNA pode se replicar, ou seja, produzir outra molécula idêntica a ela.

Eles apresentaram um modelo de **replicação semiconservativa**, em que as duas moléculas resultantes são formadas por uma cadeia nova, produzida no processo, e uma cadeia antiga, pertencente à molécula original (molécula-mãe). A cadeia nova é produzida pela incorporação de nucleotídeos com bases nitrogenadas complementares às da cadeia antiga. O pareamento entre as bases é fundamental para a transmissão da informação genética, garantindo que seja produzida uma cópia fiel à molécula original.

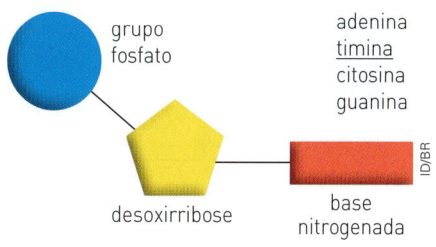

Nucleotídeo de DNA

grupo fosfato

adenina
timina
citosina
guanina

desoxirribose

base nitrogenada

↑ Estrutura de um desoxirribonucleotídeo. (Representação sem proporção de tamanho; cores-fantasia.)

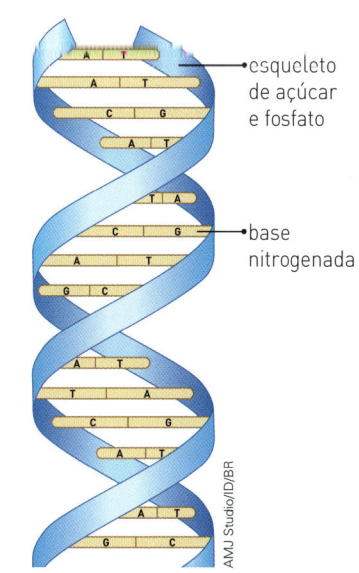

esqueleto de açúcar e fosfato

base nitrogenada

↑ Esquema simplificado da estrutura do DNA em dupla-hélice e a ligação complementar entre as bases nitrogenadas das duas cadeias. (Representação sem proporção de tamanho; cores-fantasia.)

Fonte de pesquisa: Jane B. Reece e outros. *Biologia de Campbell*. 8. ed. Porto Alegre: Artmed, 2010.

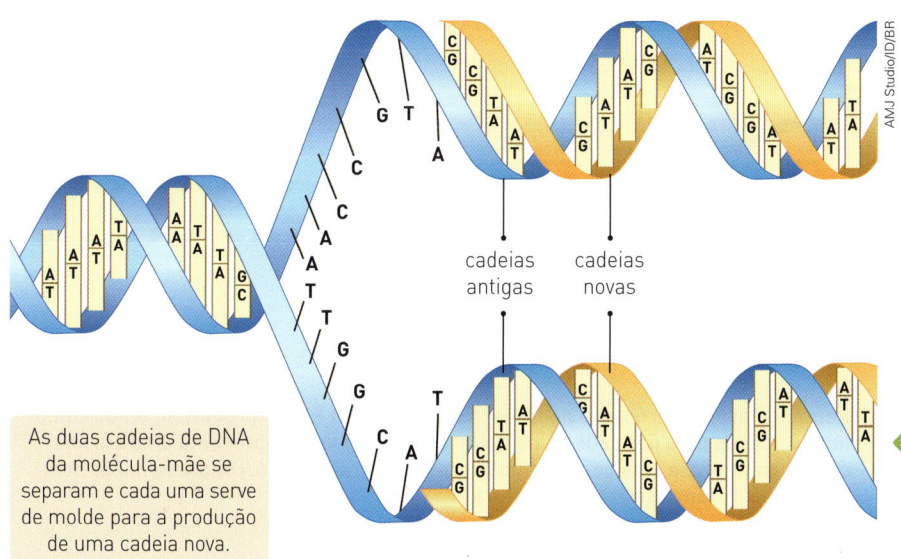

As duas cadeias de DNA da molécula-mãe se separam e cada uma serve de molde para a produção de uma cadeia nova.

cadeias antigas

cadeias novas

← Esquema da replicação do DNA. (Representação sem proporção de tamanho; cores-fantasia.)

Fonte de pesquisa: Jane B. Reece e outros. *Biologia de Campbell*. 8. ed. Porto Alegre: Artmed, 2010.

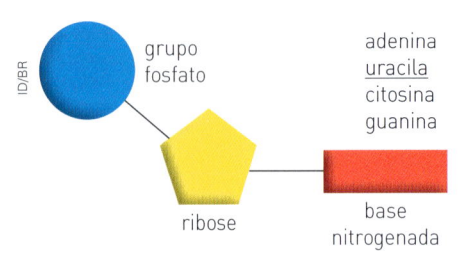

Nucleotídeo de RNA

grupo fosfato

adenina
uracila
citosina
guanina

ribose

base nitrogenada

↑ **Estrutura de um ribonucleotídeo, formado por um grupo fosfato, o açúcar ribose e uma base nitrogenada, que pode ser adenina, uracila, guanina ou citosina. (Representação sem proporção de tamanho; cores-fantasia.)**

A MOLÉCULA DE RNA

Assim como o DNA, o RNA é um ácido nucleico, formado por nucleotídeos. Porém, a molécula de RNA apresenta algumas características típicas, que a diferencia da molécula de DNA.

- O RNA não apresenta, em sua constituição, a base timina, e sim a **uracila (U)**. Essa base também é complementar à adenina.
- Os nucleotídeos da molécula de RNA são denominados ribonucleotídeos e são compostos pelo açúcar **ribose**.
- As moléculas de RNA apresentam **cadeia simples**, ou seja, são formadas por uma única cadeia polinucleotídica. Essas cadeias, em geral, são mais curtas e podem se dobrar sobre si mesmas, resultando em estruturas variadas.

O esquema a seguir organiza algumas das características dessas duas moléculas.

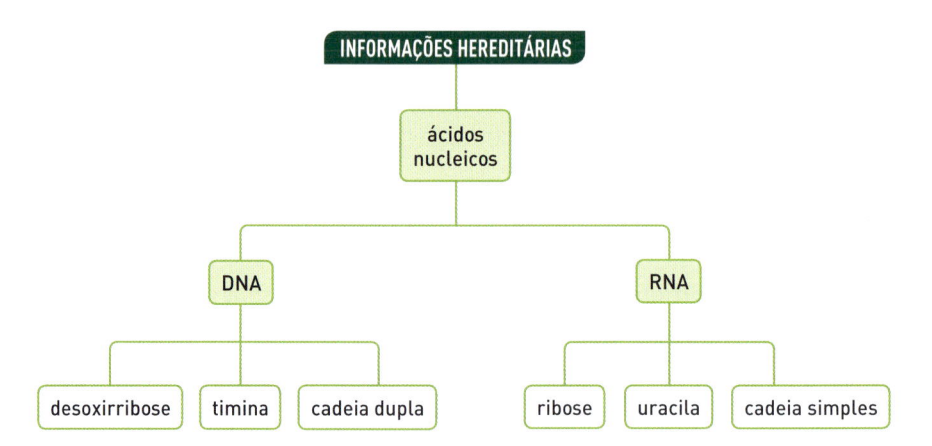

Produzindo o RNA

Nas células, o RNA é produzido em um processo denominado **transcrição**, em que uma cadeia da molécula de DNA serve de molde para a produção da cadeia simples, complementar, de RNA. Assim como na replicação do DNA, o pareamento entre as bases nitrogenadas também é fundamental para o processo de transcrição.

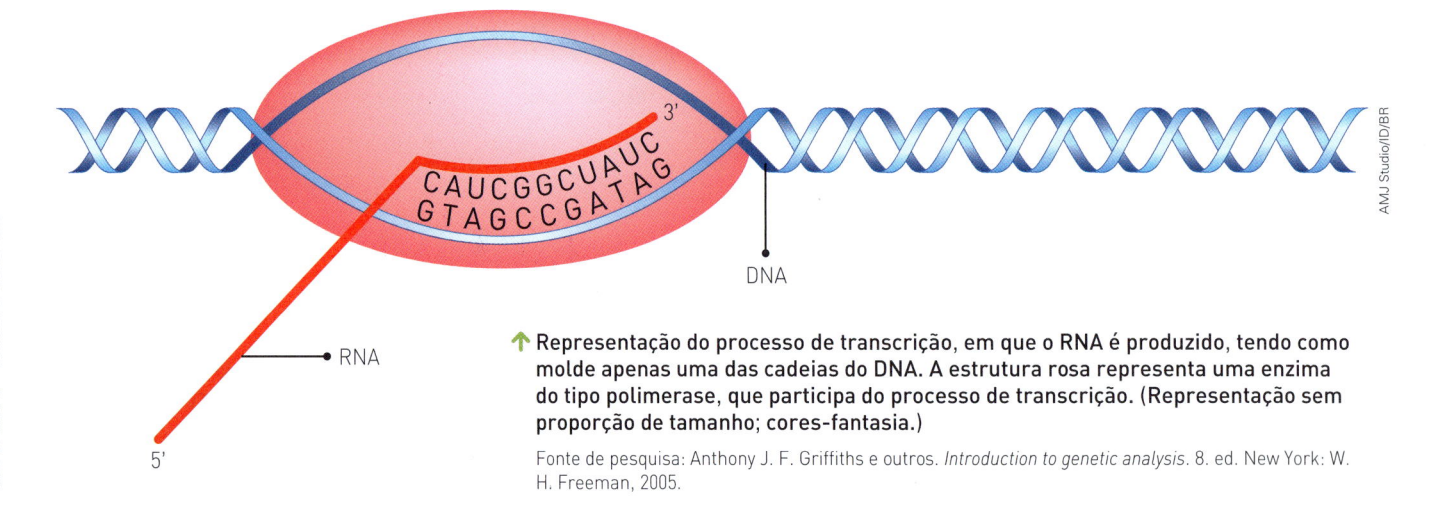

↑ **Representação do processo de transcrição, em que o RNA é produzido, tendo como molde apenas uma das cadeias do DNA. A estrutura rosa representa uma enzima do tipo polimerase, que participa do processo de transcrição. (Representação sem proporção de tamanho; cores-fantasia.)**

Fonte de pesquisa: Anthony J. F. Griffiths e outros. *Introduction to genetic analysis*. 8. ed. New York: W. H. Freeman, 2005.

A PRODUÇÃO DE PROTEÍNAS

No processo de transcrição, a informação genética contida no DNA é transferida para o RNA. Porém, esse processo não ocorre em toda a molécula de DNA, mas em trechos específicos, chamados **genes**. Em geral, os genes contêm informações relacionadas à produção (ou síntese) de proteínas.

O processo de síntese de proteínas ocorre nos ribossomos e é chamado de **tradução gênica**.

TIPOS DE RNA

A produção de proteínas envolve a participação de três tipos de RNA.

- **RNA mensageiro (RNAm)**: contém a informação genética que indica a sequência de aminoácidos da proteína a ser produzida.
- **RNA ribossômico (RNAr)**: em conjunto com certas proteínas, participa da constituição dos ribossomos, organelas em que ocorre a síntese proteica.
- **RNA transportador (RNAt)**: transporta os aminoácidos que serão incorporados à proteína em formação.

CÓDIGO GENÉTICO

A sequência de bases nitrogenadas do DNA determina a sequência de aminoácidos de uma proteína por meio do **código genético**.

No RNAm, essa instrução está organizada em trincas de bases, os **códons**. Assim, cada conjunto de três bases nitrogenadas no RNAm corresponde a um aminoácido na proteína. A correspondência entre as trincas e o tipo de aminoácido é praticamente a mesma para todos os seres vivos. Por isso, o código genético é considerado **universal**.

Cada RNAt, por outro lado, possui suas próprias bases. As trincas de bases do RNAt são os **anticódons**, que durante a produção de uma proteína se pareiam com os códons do RNAm.

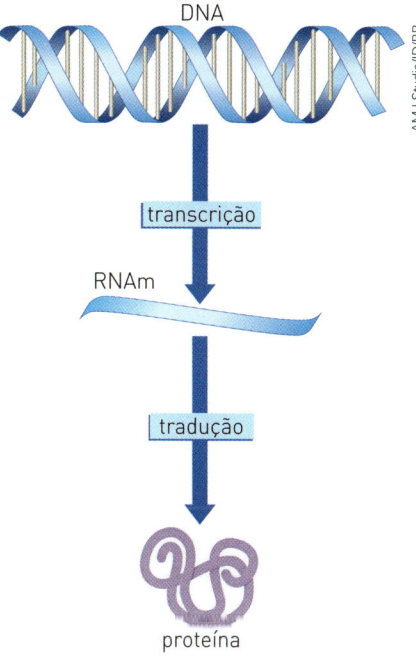

↑ A transcrição da informação genética do DNA para o RNA e a sua tradução em uma proteína ocorrem em todos os seres vivos, de bactérias a seres humanos. (Representação sem proporção de tamanho; cores-fantasia.)

Fonte de pesquisa: Peter H. Raven; George B. Johnson. *Biology*. 6. ed. Boston: McGraw Hill, 2002.

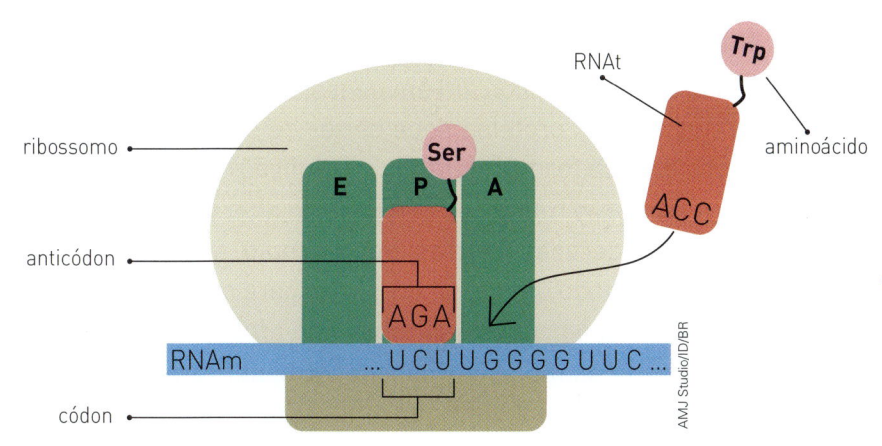

← Esquema de pareamento entre códon do RNAm e anticódon do RNAt, que acontece nos ribossomos. (Representação sem proporção de tamanho; cores-fantasia.)

Fonte de pesquisa: Peter H. Raven; George B. Johnson. *Biology*. 6. ed. Boston: McGraw Hill, 2002.

TRADUÇÃO GÊNICA

Produzir uma proteína consiste em unir aminoácidos em uma sequência específica. Como vimos, essa sequência é determinada por trincas de bases do RNAm, que são traduzidas no ribossomo. As principais etapas desse processo estão descritas a seguir.

1. O ribossomo se liga ao RNAm em uma região denominada **códon de início**, que sempre corresponde à trinca de bases AUG.
2. Um RNAt com anticódon complementar ao códon de início se aloja no ribossomo trazendo o primeiro aminoácido da proteína, uma metionina.
3. Em seguida, outro RNAt se aloja no ribossomo, trazendo o próximo aminoácido da sequência.
4. Os dois aminoácidos são unidos e, em seguida, o primeiro RNAt é liberado e o RNAt correspondente ao terceiro códon se aloja no ribossomo.
5. Essas etapas se repetem, com outros RNAt trazendo aminoácidos que vão sendo incorporados à proteína, até que o ribossomo encontre um **códon de parada**, que indica o final da tradução.
6. A proteína é então liberada.

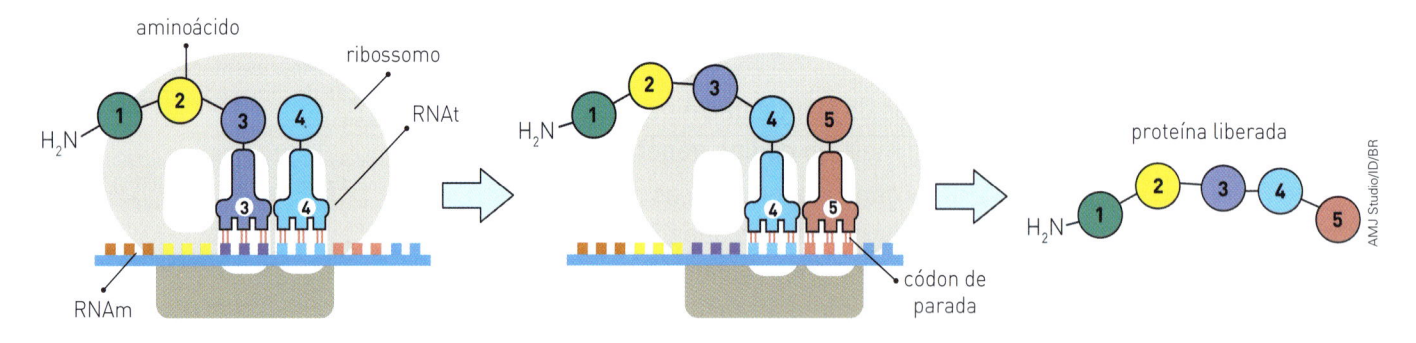

↑ **Representação de etapas do processo de síntese de uma proteína hipotética com cinco aminoácidos. (Representação sem proporção de tamanho; cores-fantasia.)**

Fonte de pesquisa: Bruce Alberts e outros. *Molecular biology of the cell*. 4. ed. New York: Garland Science, 2002.

APLICAR

Acompanhe **tradução gênica**. O que aconteceria caso houvesse mutações que alterassem o RNAm?

MUTAÇÕES

Erros na replicação do DNA ou exposição a determinados agentes, como raios X e radiação ultravioleta, podem causar alterações na sequência de bases do DNA, o que caracteriza as **mutações**.

Caso essas alterações ocorram em genes, a produção de proteínas pode ser prejudicada. A proteína pode deixar de ser produzida ou sofrer alterações em sua forma, afetando sua função.

Em alguns casos, as mutações gênicas não alteram a estrutura da proteína e são consideradas **neutras**. Por exemplo, se um nucleotídeo for substituído, alterando um códon do RNAm para outro que codifique o mesmo aminoácido, não haverá alteração na proteína produzida.

Em alguns casos, as mutações podem ser **benéficas** e resultar em características vantajosas para o organismo. As diferenças das sequências de nucleotídeos entre as moléculas de DNA de espécies ou indivíduos são consequências de mutações que ocorreram ao longo do processo evolutivo.

RETOMAR E COMPREENDER

1. Copie a tabela abaixo no caderno e complete-a de acordo com as diferenças entre as moléculas de RNA e DNA.

	DNA	RNA
Tipo de bases nitrogenadas		
Tipo de açúcar do nucleotídeo		
Quantidade de cadeias		

2. Observe a ilustração e responda às questões.

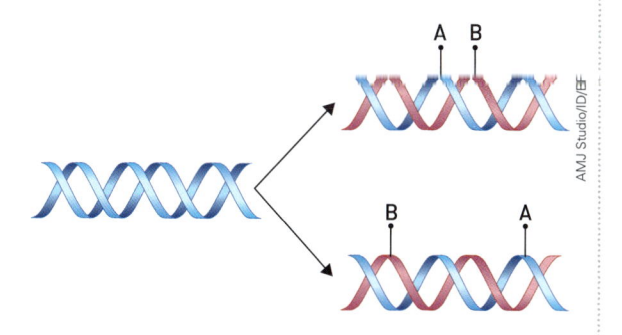

a) Que característica da replicação do DNA está sendo mostrada na imagem?

b) A que correspondem as letras **A** e **B**?

3. Descreva a função dos três tipos de RNA envolvidos na produção de proteínas.

4. No caderno, escreva os eventos a seguir, relacionados à tradução gênica, na sequência correta em que eles ocorrem.

- O ribossomo se liga ao RNAm.
- Os aminoácidos vão sendo unidos por ligações peptídicas.
- A proteína é liberada.
- O RNAm é transcrito.
- O ribossomo atinge um códon de início.
- O ribossomo atinge um códon de parada.

5. Em relação às mutações, responda:

a) O que são mutações?

b) Um aluno afirmou que as mutações são sempre prejudiciais ao organismo. Você concorda com a afirmação do aluno? Justifique.

APLICAR

6. Analise as sequências de RNAm abaixo.

Original: AAA UGU UAG GCU AAU UUC G

Situação **1**: AAA UGU UAG GGU AAU UUC G

Situação **2**: AAA UGU AGG CUA AUU UCG

- Que alteração ocorreu nas situações **1** e **2**? Justifique.

7. Observe a imagem e leia a legenda a seguir:

↑ Modelo da estrutura da molécula de DNA proposto por James Watson (na foto) e Frances Crick, em 1953.

Agora, reúna-se com dois colegas para construir um modelo da estrutura da molécula de DNA. Façam o que se pede a seguir.

Sob orientação do professor, construam o modelo da estrutura básica da molécula de DNA utilizando materiais como palitos de churrasco e bolinhas de isopor. Usem o modelo de Watson e Crick como referência. Se necessário, pesquisem informações a respeito. Ao final, organizem com o professor um local para expor os modelos produzidos.

Mendel foi um dos primeiros a aplicar procedimentos científicos em estudos genéticos. Seus experimentos apontaram para a existência de unidades hereditárias responsáveis pela transmissão de características de geração a geração.

↓ **Membros de uma mesma família compartilham mais semelhanças do que dois indivíduos ao acaso da população. Isso se deve à transmissão das características hereditárias na reprodução.**

CARACTERÍSTICAS QUE PASSAM DE PAIS PARA FILHOS

Há milhares de anos, a humanidade já buscava respostas para a herança das características de geração a geração. O filósofo grego Hipócrates (460 a.C.-377 a.C.) foi um dos primeiros a propor uma teoria da herança, chamada pangênese. Ele sugeriu que todas as partes do corpo dos indivíduos produziriam partículas que seriam transmitidas para a descendência na concepção. Essas partículas guiariam a formação dos órgãos dos quais se originam o novo indivíduo.

No século XVII, a invenção do microscópio possibilitou a observação de estruturas corporais invisíveis a olho nu. Observações do esperma de animais revelaram a presença de pequenas estruturas que se movimentavam ativamente pelo batimento de flagelos, os espermatozoides. Foi, então, sugerido que os gametas (espermatozoides e ovócitos, nos animais) seriam as ligações físicas entre as gerações e carregariam o material hereditário.

No entanto, ainda faltavam resultados que comprovassem essa ideia. A partir do século XVIII, diversos experimentos, entre eles os realizados por Mendel, contribuíram para a identificação de que os fatores hereditários estavam contidos nos gametas.

Monkey Business Images/
Shutterstock.com/ID/BR

OS EXPERIMENTOS DE MENDEL

No século XIX, o botânico austríaco Gregor Mendel (1822-1884) realizou uma série de experimentos de cruzamentos com plantas de ervilha que foram essenciais para o desenvolvimento da genética. Mendel, assim como outros pesquisadores anteriores a ele, escolheu trabalhar com plantas de ervilha, porque elas apresentam características favoráveis aos experimentos de cruzamento. Veja a seguir algumas delas.

- Apresentam um grande número de variedades, de fácil distinção. Para seus estudos, Mendel escolheu sete características com variedades bem distintas.

- São pequenas, fáceis de cultivar e têm um ciclo de vida curto.

- Cada uma de suas flores apresenta tanto sistema reprodutor masculino quanto feminino, que ficam protegidos por pétalas modificadas, favorecendo a fecundação entre gametas da mesma flor (autofecundação). Experimentalmente, é possível remover essas pétalas e promover a fecundação cruzada.

↑ Gregor Mendel, monge que estudou Ciências e Matemática na Universidade de Viena e realizou seus experimentos no jardim do mosteiro em que vivia.

CRUZAMENTO PARENTAL

Para iniciar seus estudos, Mendel selecionou plantas "puras" para uma determinada característica, ou seja, plantas que por autofecundação produziam apenas descendentes com essa mesma característica. Essas plantas constituíam a chamada **geração parental** (ou **geração P**). Mendel, então, promovia a fecundação cruzada entre plantas puras de variedades diferentes. Por exemplo, o pólen de uma planta pura de flores roxas era aplicado no sistema reprodutor feminino de uma planta pura de flores brancas. Os descendentes desse cruzamento constituíam a **geração F1**, ou **primeira geração híbrida**. Mendel observou que, para as características que testou, todos os indivíduos da geração F1 apresentavam sempre a variedade de apenas um dos genitores. No caso do cruzamento entre plantas com cores diferentes da flor, todos os indivíduos da geração F1 apresentavam flores roxas.

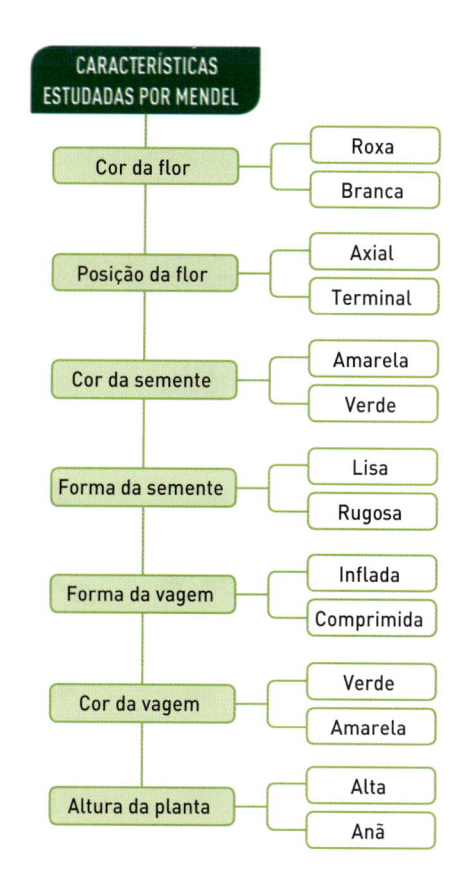

CARACTERÍSTICAS ESTUDADAS POR MENDEL

Característica	Variedades
Cor da flor	Roxa / Branca
Posição da flor	Axial / Terminal
Cor da semente	Amarela / Verde
Forma da semente	Lisa / Rugosa
Forma da vagem	Inflada / Comprimida
Cor da vagem	Verde / Amarela
Altura da planta	Alta / Anã

← Representação de um cruzamento parental realizado por Mendel entre uma planta pura de flor roxa e uma planta pura de flor branca. Note a aplicação do pólen da flor roxa no sistema reprodutor feminino da flor branca.

Fonte de pesquisa: Aanthony J. F. Griffiths e outros. *Introduction to genetic analysis* (Introdução à análise genética. Tradução nossa). 8. ed. Nova York: W. H. Freeman, 2005.

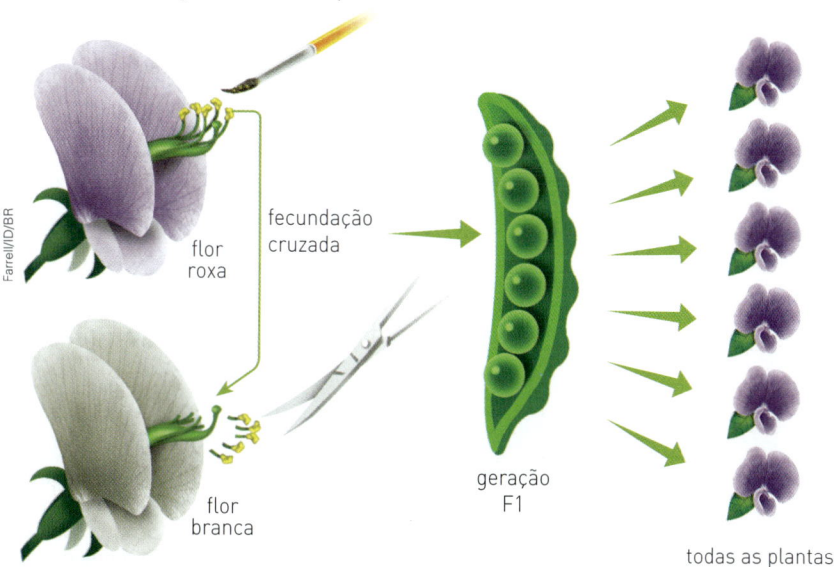

fecundação cruzada

flor roxa

flor branca

geração parental

geração F1

todas as plantas de flor roxa

AUTOFECUNDAÇÃO DO HÍBRIDO E ANÁLISE DOS RESULTADOS

Após realizar a fecundação entre indivíduos da geração P, Mendel promovia a autofecundação dos indivíduos da geração F1, ou seja, dos híbridos. A descendência obtida nesse cruzamento correspondia à **geração F2**. Ele observou que a variedade parental que não aparecia em F1 ressurgia na geração F2.

Os experimentos de Mendel foram semelhantes aos de muitos pesquisadores de sua época; porém, os realizados por ele se destacaram pela análise matemática dos resultados.

Em cada cruzamento, Mendel contou os indivíduos produzidos que exibiam cada variedade. Ele observou que a geração F2 apresentava uma proporção aproximada de 3 indivíduos da mesma variedade da geração F1 para 1 indivíduo da outra variedade. Isso é o mesmo que 75% e 25%, ou $\frac{3}{4}$ e $\frac{1}{4}$. No caso, por exemplo, do cruzamento considerando a cor da flor, eram encontradas em F2 cerca de três plantas com flores roxas para cada planta com flores brancas. Assim, Mendel propôs que, nesse tipo de cruzamento, a proporção esperada para as variedades na geração F2 seria sempre de **3 : 1** (lê-se "três para um").

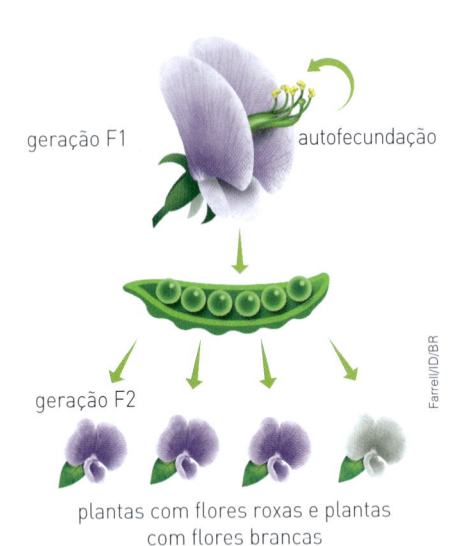

geração F1 · autofecundação

geração F2

plantas com flores roxas e plantas com flores brancas

↑ Representação da autofecundação da geração F1. No cruzamento entre plantas de flores com cores distintas, na geração F2, surgiram tanto plantas com flores roxas quanto plantas com flores brancas.

A PRIMEIRA LEI DE MENDEL

Ao observar que algumas variedades ficavam "escondidas" na geração F1 e reapareciam na geração F2, Mendel concluiu que os progenitores transmitem para a descendência fatores hereditários que contêm informações sobre as características, e não as próprias características, como é proposto, por exemplo, na pangênese. Mendel referiu-se às variedades que se manifestam na geração F1 como **dominantes** e às variedades que reaparecem na geração F2 como **recessivas**.

Assim, propôs que os indivíduos deveriam apresentar dois fatores para cada característica, cada um recebido de um progenitor, e que esses fatores se separariam (ou segregariam) na formação dos gametas. Esse princípio ficou conhecido como a **primeira lei de Mendel** ou **lei da segregação dos fatores**.

Características	Traço dominante	Traço recessivo	Dominante: recessivo na geração F2	Proporção
Cor da flor	Roxa	Branca	205:224	3,15:1
Posição da flor	Axial	Terminal	651:207	3,14:1
Cor da semente	Amarela	Verde	6,022:2,001	3,01:1
Forma da semente	Lisa	Rugosa	5,474:1,850	2,96:1
Forma da vagem	Inflada	Comprimida	882:299	2,95:1
Cor da vagem	Verde	Amarela	428:152	2,82:1
Altura da planta	Alta	Anã	787:277	2,84:1

← Tabela mostrando as sete características estudadas por Mendel; os traços dominantes e recessivos, o número de indivíduos dominantes e recessivos produzidos na geração F2; e a proporção entre eles. Note que em todos os casos a proporção se aproxima de 3 : 1.

QUADRADO DE PUNNETT

A descendência esperada de um cruzamento pode ser visualizada pelo uso de um diagrama chamado **quadrado de Punnett**, em que os possíveis fatores dos gametas de cada progenitor são representados nas laterais do quadrado e a descendência é calculada pelo cruzamento entre eles. Em geral, os fatores são representados pela primeira letra da variedade recessiva. O fator dominante é representado com letra maiúscula e o recessivo, com minúscula. Por exemplo, considerando a característica cor da flor, o fator para flor roxa é representado por **B** e para flor branca, por **b**.

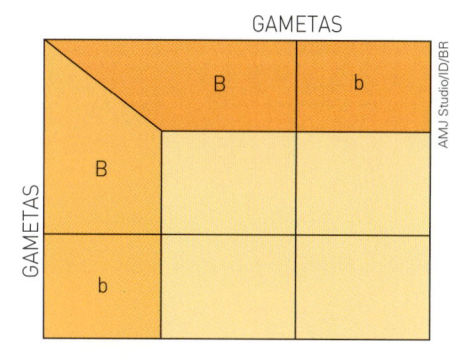

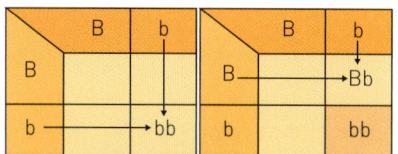

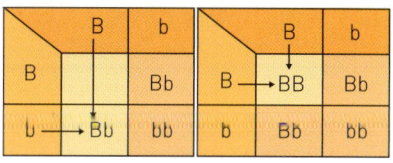

↑ Para construir um quadrado de Punnett aplicam-se na primeira linha e na primeira coluna do diagrama os fatores que podem estar presentes nos gametas de cada progenitor. Os quadrados centrais são preenchidos com as possíveis combinações de fatores na descendência, resultantes do encontro desses gametas.

CRUZAMENTO-TESTE

Ao propor que cada indivíduo apresenta um par de fatores para cada característica, Mendel destacou que esses fatores poderiam ser iguais ou diferentes. Indivíduos que possuem dois tipos de fatores para uma característica, como os indivíduos da geração F1 (**Bb**), são denominados **heterozigotos**. Indivíduos com dois fatores iguais (**BB** ou **bb**) são chamados **homozigotos**.

Assim, todos os indivíduos que expressam a característica recessiva, como as plantas de flores brancas, são homozigotos, apresentando dois fatores da variedade recessiva (**bb**). Já indivíduos que expressam a característica dominante, como uma planta de flor roxa, podem ser tanto homozigotos e apresentar os dois fatores da variedade dominante (**BB**) como heterozigotos e apresentar um fator de cada tipo (**Bb**).

Para testar esses indivíduos, Mendel desenvolveu um procedimento chamado **cruzamento-teste**, em que o indivíduo com a característica dominante é cruzado com um indivíduo que expressa a característica recessiva. Se os descendentes desse cruzamento apresentarem a característica dominante, o indivíduo é homozigoto; se o cruzamento resultar em descendentes com a característica dominante e descendentes com a característica recessiva, o indivíduo é heterozigoto.

↓ Representação dos resultados possíveis em cruzamentos-teste com uma planta de ervilha com flores roxas.

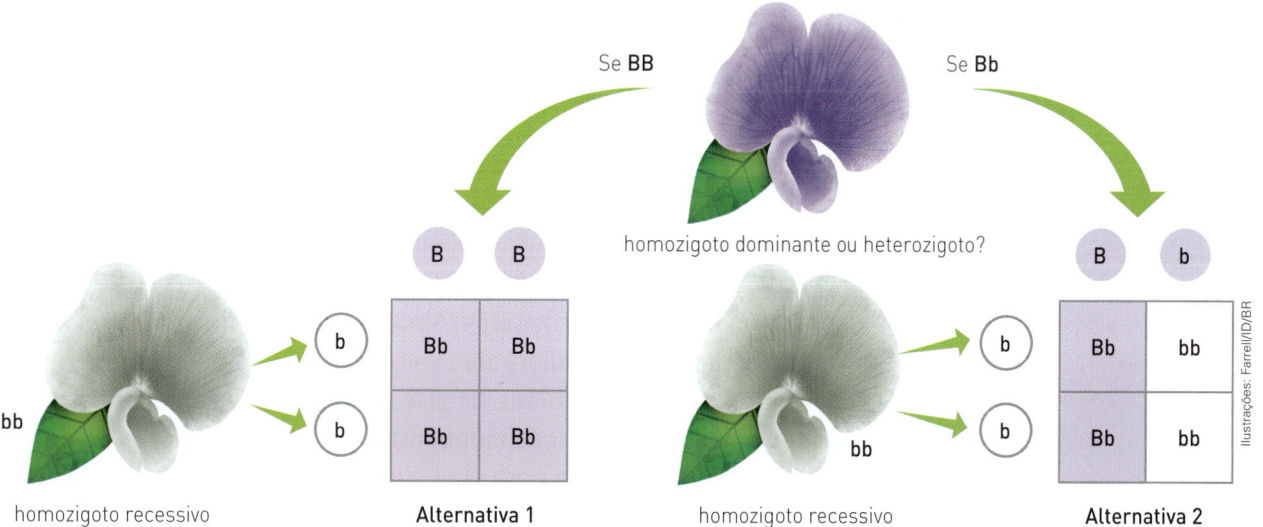

Se **BB** — homozigoto dominante ou heterozigoto? — Se **Bb**

homozigoto recessivo (flor branca)

Alternativa 1
todos os descendentes apresentam flores roxas; o indivíduo em questão é homozigoto dominante

homozigoto recessivo (flor branca)

Alternativa 2
metade dos descendentes apresentam flores brancas; o indivíduo em questão é heterozigoto

A SEGUNDA LEI DE MENDEL

Além dos experimentos descritos anteriormente, Mendel também realizou cruzamentos analisando duas características simultaneamente. Por exemplo, em um mesmo experimento ele considerou a cor, verde ou amarela, e a forma, lisa ou rugosa, da semente de ervilha. Os experimentos foram conduzidos da mesma forma descrita na página anterior: inicialmente foram cruzadas plantas puras para as duas características em questão, obtendo-se na geração F1 apenas sementes lisas e amarelas. Na autofecundação da geração F1 foram formados quatro tipos de sementes: amarelas e lisas, verdes e lisas, amarelas e rugosas e verdes e rugosas. Mendel também analisou matematicamente esses resultados e observou que a proporção das variedades se aproximava, respectivamente, de **9 : 3 : 3 : 1**. Essa mesma proporção foi observada para todos os pares de características que ele estudou.

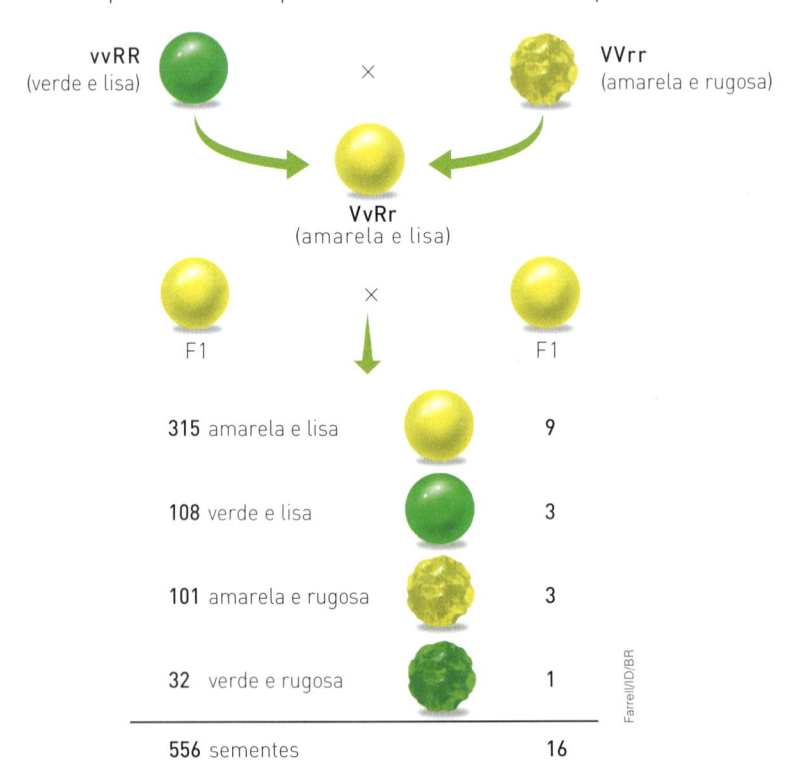

Representação do cruzamento parental e autofecundação da geração F1 entre plantas de ervilha, considerando as características cor e forma da semente simultaneamente. Apesar de, no esquema, estarem representadas apenas as ervilhas, os cruzamentos são feitos entre plantas originadas a partir dos tipos de ervilha representados.

Note que, se considerarmos apenas uma das características, a proporção de 3 para 1 se mantém. Por exemplo, no cruzamento ilustrado acima, se analisarmos apenas a cor da semente, temos uma proporção aproximada de 3 amarelas para 1 verde.

A partir desses experimentos, Mendel concluiu que os pares de fatores de características diferentes se segregam independentemente na formação dos gametas, o que ficou conhecido como a **segunda lei de Mendel** ou **lei da segregação independente**. Assim, na formação de gametas de um indivíduo da geração F1 do exemplo acima, o fator *R* pode ir para um gameta com o fator *V* ou para um com o fator *v*. Portanto, na formação dos gametas, a separação dos fatores para a cor da semente é independente da separação dos fatores para a forma da semente.

SEGREGAÇÃO DOS CROMOSSOMOS

Na época de Mendel, ainda havia pouco conhecimento sobre as células e o material genético, por isso seus resultados não foram muito valorizados pela comunidade científica. No final do século XIX, com os avanços dos conhecimentos citológicos e a descoberta dos cromossomos, percebeu-se a semelhança entre a segregação dos fatores de Mendel e a separação dos cromossomos na meiose durante a formação dos gametas. Assim, foi sugerido que os fatores hereditários de Mendel estariam localizados nos cromossomos, que corresponderiam à base física da hereditariedade.

Nas células chamadas **diploides**, como as células que formam o nosso corpo e as que dão origem aos gametas, os cromossomos apresentam-se em pares de **cromossomos homólogos**, que têm a mesma sequência de genes, tamanho e forma. Durante a formação dos gametas, esses cromossomos se separam e cada gameta recebe apenas um cromossomo de cada par de homólogos, assim como foi sugerido por Mendel para os fatores hereditários.

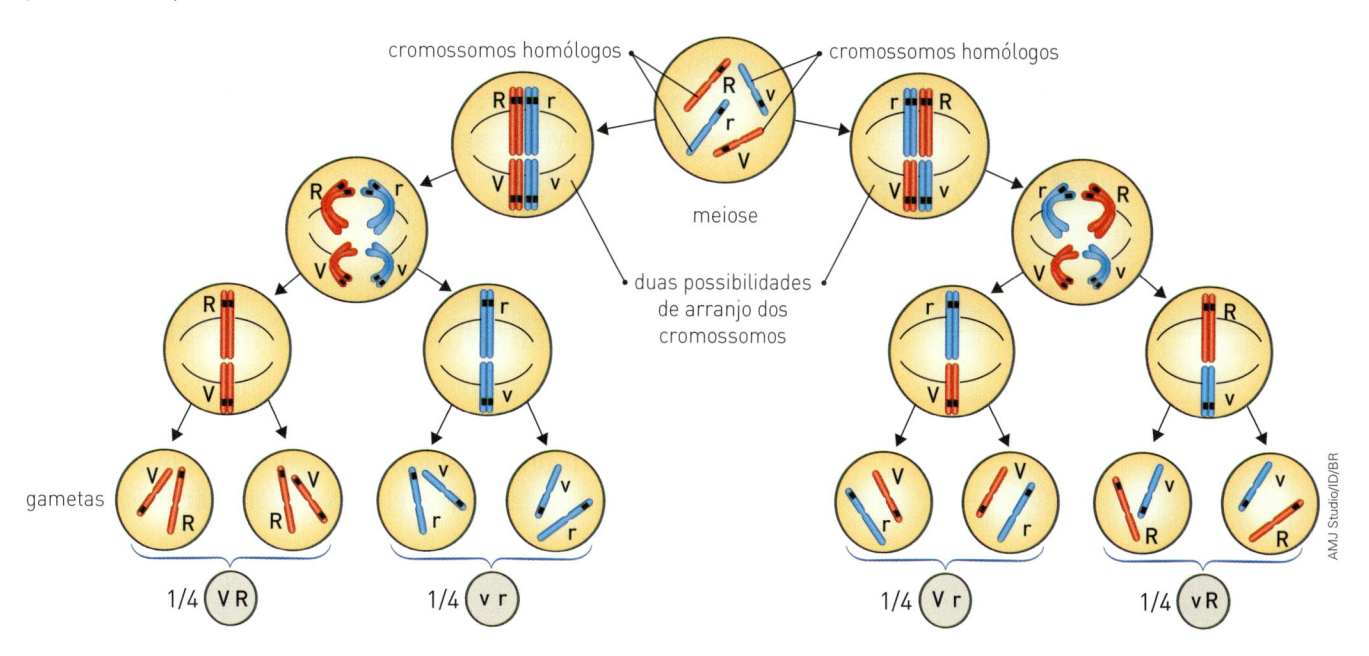

Atualmente, sabemos que cada cromossomo é composto por uma molécula de DNA, o material genético da célula, associada a proteínas. As regiões do cromossomo que apresentam informações para as características hereditárias são chamadas de **genes**, e suas variedades, de **alelos**. Os fatores hereditários de Mendel correspondem aos alelos.

ALTERAÇÕES CROMOSSÔMICAS

Como já foi visto, mutações podem ocorrer no material genético das células. Mutações em escalas menores podem afetar genes individuais, porém mutações em grandes escalas podem afetar os cromossomos. Em muitos casos, isso ocorre durante erros na segregação dos cromossomos na meiose, resultando em gametas com alterações cromossômicas, que podem ser estruturais ou numéricas.

⬆ Representação da relação entre a segregação dos fatores hereditários de Mendel e a segregação dos cromossomos homólogos na formação dos gametas. Note que os fatores para a cor e a forma da ervilha localizam-se em cromossomos diferentes. Os fatores de todas as características estudadas por Mendel localizavam-se em pares diferentes de cromossomos homólogos, por isso eles se segregavam independentemente. Fatores localizados no mesmo par de homólogos têm maior probabilidade de se segregarem juntos.

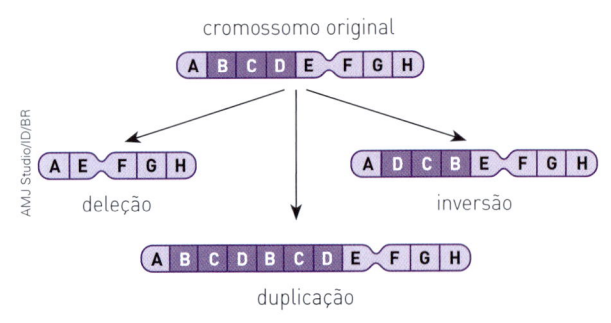

cromossomo original

deleção · inversão

duplicação

↑ Esquema mostrando três tipos de alterações cromossômicas estruturais (deleção, duplicação e inversão) a partir de um mesmo segmento cromossômico.

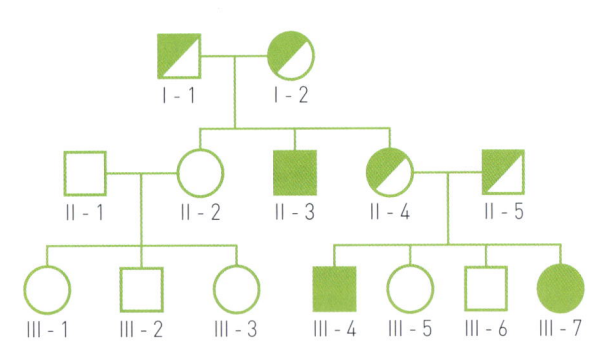

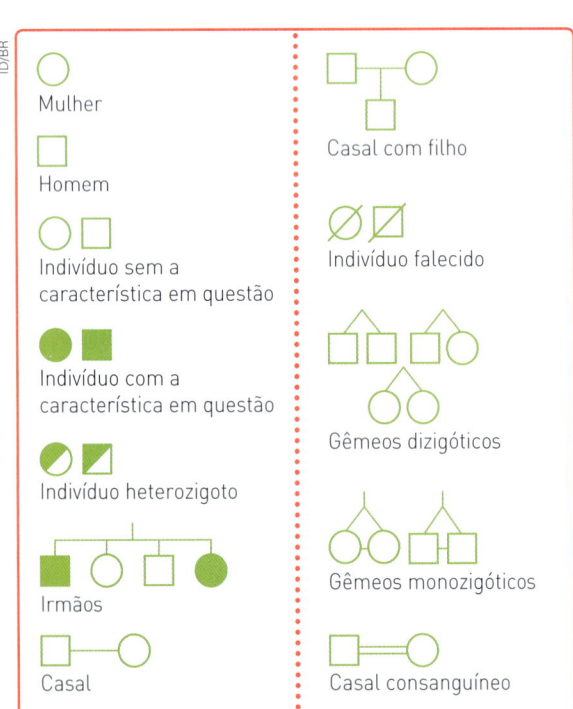

Mulher

Homem

Indivíduo sem a característica em questão

Indivíduo com a característica em questão

Indivíduo heterozigoto

Irmãos

Casal

Casal com filho

Indivíduo falecido

Gêmeos dizigóticos

Gêmeos monozigóticos

Casal consanguíneo

↑ Exemplo de heredograma e dos principais símbolos usados nesse tipo de representação.

Alterações cromossômicas estruturais e numéricas

Cada espécie apresenta um conjunto típico de cromossomos, o **cariótipo**. Seres humanos apresentam cariótipo padrão com 46 cromossomos organizados em 23 pares. Desses, 22 pares são iguais para ambos os sexos e são chamados **autossomos**. O par restante corresponde aos **cromossomos sexuais**, que nas mulheres é composto por dois cromossomos X e nos homens, por um cromossomo X e um Y.

Quando as mutações afetam trechos dos cromossomos, fala-se em **alterações cromossômicas estruturais**. Nesse caso, segmentos cromossômicos podem ser deletados, duplicados, invertidos ou ainda trocados com outros cromossomos.

Alterações na quantidade de cromossomos do padrão da espécie correspondem às **alterações cromossômicas numéricas**. Por exemplo, o indivíduo pode apresentar um cromossomo adicional e ter um cariótipo com 47 cromossomos. Esse é o caso da síndrome de Down, em que a pessoa apresenta três cromossomos 21. Há também casos em que o indivíduo apresenta um cromossomo a menos e, portanto, tem um cariótipo com 45 cromossomos. Um exemplo é a síndrome de Turner, em que a mulher apresenta apenas um cromossomo X.

ESTUDO DA HERANÇA EM SERES HUMANOS

Muitas características dos seres humanos seguem o padrão de herança proposto por Mendel, sendo determinadas por um único gene que possui duas possibilidades de alelos que apresentam relação de **dominância** completa entre eles. Por exemplo, o albinismo é uma condição genética caracterizada pela ausência de pigmentação da pele e estruturas anexas, como pelos e cabelos. Ela é determinada pelo alelo recessivo do gene para produção do pigmento melanina. Assim, indivíduos **aa** são albinos, enquanto indivíduos **AA** e **Aa** apresentam pigmentação. Outro exemplo de herança mendeliana em seres humanos é o da acondroplasia, um tipo de nanismo determinado por um alelo dominante.

Para analisar os padrões de herança de características humanas, os geneticistas costumam construir representações gráficas das relações de parentesco entre os indivíduos de uma família, os **heredogramas**. Neles, os indivíduos são representados por símbolos e unidos por traços. As gerações são indicadas por números romanos; a mais antiga localiza-se no topo, e as mais recentes, abaixo.

Construindo um heredograma

É possível esquematizar a herança de características em uma família? Vamos fazer isso **construindo** e **interpretando** um heredograma.

Material

- folha de papel *kraft* ou cartolina
- canetas
- caderno para anotações

Como fazer

❶ Sob orientação do professor, formem pequenos grupos com os colegas.

❷ Decidam qual família será utilizada no estudo. É interessante que se tenha acesso a informações do maior número possível de gerações.

❸ Entrevistem os membros da família para determinar as relações de parentesco entre eles. Inclua irmãos, tios, primos, sobrinhos, avós, bisavós, etc.

❹ Identifiquem qual das características ao lado cada membro da família apresenta. Para gerações mais antigas, é possível usar fotos, em alguns casos.

❺ Representem as relações de parentesco dos membros da família a partir da montagem de um heredograma em um pedaço de papel *kraft* ou em uma cartolina. Utilizem a simbologia apresentada na página anterior. Se for necessário, pesquisem outros símbolos.

❻ Incluam no heredograma as características que cada indivíduo apresenta.

❼ Analisem o heredograma e tentem identificar a herança dessas características na família.

CARACTERÍSTICAS COM PADRÃO DE HERANÇA MENDELIANO	
Cabelo com bico de viúva	Cabelo sem bico de viúva
Orelha com lóbulo solto	Orelha com lóbulo preso
Enrola a língua lateralmente	Não enrola a língua

Créditos das imagens: Anna Om/Shutterstock.com/ID/BR; Rawpixel.com/Shutterstock.com/ID/BR; Syda Productions/Shutterstock/ID/BR; Syda Productions/Shutterstock/ID/BR; Mateusz Kopyt/Shutterstock.com/ID/BR; Andrey Popov/Shutterstock.com/ID/BR

Para concluir

1. Quais dificuldades vocês encontraram para montar o heredograma? Como elas foram resolvidas?

2. Foram observadas diferenças entre as gerações? Discutam o que observaram.

3. Foi possível classificar todos os membros da família quanto às características indicadas?

4. Comentem o que foi possível observar sobre a herança das características estudadas na família. Vocês conseguiram identificar quais características são dominantes e quais são recessivas?

OUTROS TIPOS DE HERANÇA

Apesar de todos os alelos se segregarem com os cromossomos homólogos na formação dos gametas, algumas características podem apresentar padrões de herança mais complexos do que os descritos por Mendel. A seguir, estudaremos alguns desses casos.

DOMINÂNCIA INCOMPLETA

Nesse tipo de herança, nenhum dos alelos apresenta dominância completa, e o heterozigoto apresenta uma terceira característica, que é **intermediária** às dos dois homozigotos. A dominância incompleta ocorre, por exemplo, na herança da cor da flor da espécie *Mirabilis jalapa*, conhecida como maravilha. Indivíduos homozigotos dominantes apresentam flores vermelhas, indivíduos homozigotos recessivos apresentam flores brancas e os heterozigotos apresentam flores cor-de-rosa, coloração intermediária.

Nesse tipo de herança, a proporção esperada para os descendentes do cruzamento entre dois indivíduos heterozigotos é de 1 vermelha : 2 cor-de-rosa : 1 branca.

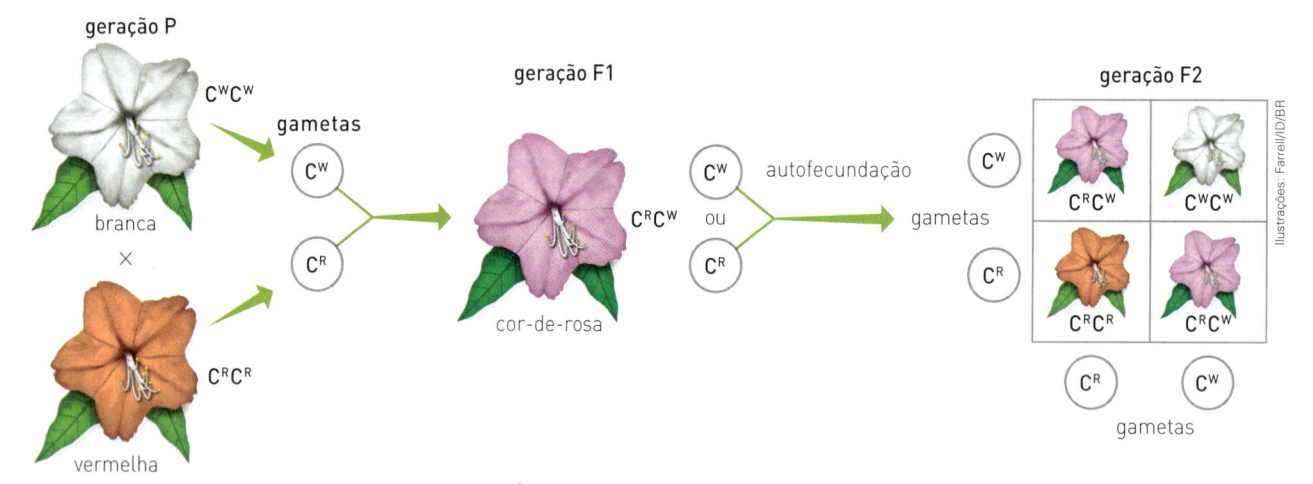

↑ Representação de cruzamentos entre plantas maravilha, mostrando a dominância incompleta para a característica cor das flores. Como nenhum alelo é dominante, eles são representados pela mesma letra maiúscula acompanhada de uma letra sobrescrita, que caracteriza cada alelo.

CODOMINÂNCIA

Nesse tipo de herança, o heterozigoto apresenta simultaneamente as características dos dois homozigotos, e não uma característica intermediária, como na dominância incompleta. A codominância ocorre, por exemplo, na herança do sistema sanguíneo ABO.

Assim como na dominância incompleta, a proporção esperada entre os indivíduos da geração F2 é de 1 : 2 : 1, uma variação da proporção de 3 : 1 proposta por Mendel.

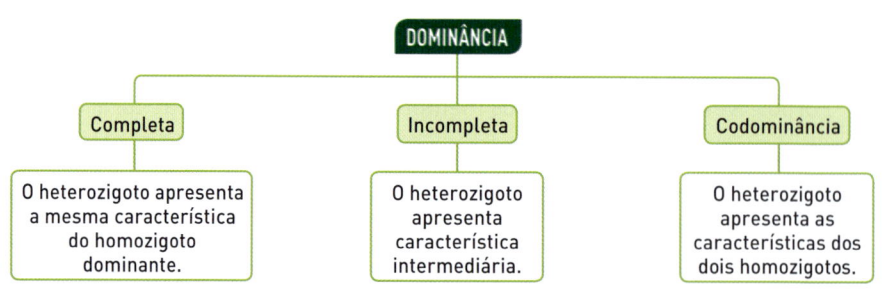

ALELOS MÚLTIPLOS

Os exemplos que vimos até agora são de características determinadas por genes que apresentam apenas dois tipos de alelos. No entanto, algumas características podem apresentar uma quantidade maior de possibilidades de alelos, como é o caso da herança do sistema sanguíneo ABO. Apesar de os indivíduos diploides só apresentarem dois alelos em suas células, um herdado de cada progenitor, nos casos de alelos múltiplos há na população três ou mais tipos de alelos. Esses alelos podem ser codominantes, apresentar dominância completa ou incompleta.

SISTEMA ABO

De acordo com esse sistema, os seres humanos podem apresentar quatro tipos sanguíneos, A, B, AB ou O, dependendo da existência de certos **antígenos** na superfície das suas hemácias e de seu tipo.

- Indivíduos com sangue tipo A apresentam hemácias com antígenos A.
- Indivíduos com sangue tipo B apresentam hemácias com antígenos B.
- Indivíduos com sangue tipo AB apresentam hemácias com antígenos A e B.
- Indivíduos com sangue tipo O apresentam hemácias sem antígenos.

O gene que determina a presença e o tipo dos antígenos do sistema ABO apresenta três alelos possíveis: I^A, I^B, i.

- I^A determina a presença do antígeno A.
- I^B determina a presença do antígeno B.
- i não determina antígenos.

Os alelos I^A e I^B são codominantes, ou seja, o indivíduo que possui esses dois alelos apresenta as duas características simultaneamente, suas hemácias têm antígenos A e B. I^A e I^B apresentam dominância completa em relação ao alelo i.

GRUPOS SANGUÍNEOS DO SISTEMA ABO				
Pares de alelos	$I^A I^A$ ou $I^A i$	$I^B I^B$ ou $I^B i$	$I^A I^B$	i i
Hemácias	Antígeno A	Antígeno B		
Tipo Sanguíneo	A	B	AB	O

AMJ Studio/ID/BR

⬆ Tabela de tipos sanguíneos do sistema ABO, de acordo com os alelos apresentados.

ATIVIDADES

RETOMAR E COMPREENDER

1. Reveja a tabela que mostra as sete características estudadas por Mendel para responder às perguntas a seguir.

   a) Considerando a característica altura da planta, que tipos de planta seriam selecionadas por Mendel para o cruzamento parental?

   b) Qual(is) traço(s) se espera que seja(m) apresentado(s) pelas plantas da geração F1, originadas nesse cruzamento?

   c) Qual(is) traço(s) se espera que seja(m) apresentado(s) pelas plantas da geração F2, originadas da autofecundação da geração F1?

2. Construa um quadrado de Punnett representando o cruzamento entre dois heterozigotos para a característica posição da flor (reveja a tabela que apresenta os dados de Mendel para identificar as variedades).

   • Qual é a proporção esperada para os traços dessa característica na descendência?

3. Leia a afirmação e a pergunta abaixo e identifique a resposta correta.

   Nas plantas de ervilha, vagem inflada é um traço dominante sobre vagem comprimida, e o traço vagem verde é dominante sobre vagem amarela.

   Se ocorrer a autofecundação de uma planta heterozigota para essas duas características, qual é a proporção esperada de cada traço entre os descendentes?

   a) 3 plantas com vagem inflada e verde para 1 planta com vagem comprimida e amarela.

   b) 3 plantas com vagem comprimida e amarela para 1 planta com vagem inflada e verde.

   c) 9 plantas com vagem inflada e verde, para 3 com vagem inflada e amarela, para 3 com vagem comprimida e verde, para 1 com vagem comprimida e amarela.

   d) 9 plantas com vagem comprimida e amarela, para 3 com vagem inflada e amarela, para 3 com vagem comprimida e verde, para 3 com vagem inflada e verde.

   e) Todas as plantas com vagem inflada e verde.

4. Associe os conceitos com suas definições.

   A. gene
   B. cromossomo
   C. heterozigoto
   D. homozigoto
   E. alelo

   I. Indivíduo que apresenta dois alelos iguais para determinado gene.

   II. Variedade de um gene, correspondente aos fatores mendelianos.

   III. Estrutura composta por uma molécula de DNA associada a proteínas.

   IV. Região do cromossomo com informações para uma característica.

   V. Indivíduo que apresenta dois alelos diferentes para determinado gene.

5. Para fins de estudo, o cariótipo de um indivíduo pode ser organizado com os pares de homólogos em ordem decrescente de tamanho. Analise o cariótipo humano abaixo e identifique as alternativas com características que correspondem a ele.

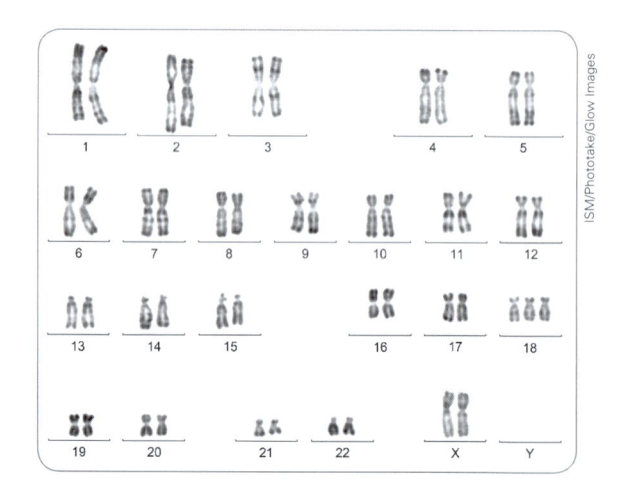

ISM/Phototake/Glow Images

   a) É do sexo masculino.

   b) É do sexo feminino.

   c) Apresenta 46 cromossomos.

   d) Apresenta 45 cromossomos.

   e) Apresenta 47 cromossomos.

   f) Corresponde ao cariótipo padrão humano.

   g) Apresenta uma alteração cromossômica numérica.

6. Identifique o tipo de herança nas situações descritas a seguir.

   a) Todos os descendentes do cruzamento entre um macaco homozigoto com antígenos M em suas hemácias e uma macaca com antígenos N em suas hemácias apresentam hemácias com antígenos M e N.

   b) Todos os descendentes do cruzamento entre um galo homozigoto de plumagem branca com uma galinha homozigota de plumagem preta apresentam pelagem cinza.

   c) Todas as plantas originadas do cruzamento entre uma planta homozigota de flores amarelas e uma planta homozigota de flores brancas apresentam flores amarelas.

7. Você concorda com a afirmação abaixo? Justifique.

   • Nos casos de alelos múltiplos, uma pessoa pode apresentar três alelos diferentes para uma característica.

8. Joaquim sofreu um acidente e precisa receber transfusão sanguínea. Sabendo que ele possui sangue tipo A, identifique de quais pessoas ele poderia receber sangue, considerando o sistema ABO.

   I. Letícia: sangue tipo AB

   II. Fábio: sangue tipo O

   III. Marisa: sangue tipo B.

   IV. Ricardo: sangue tipo A.

APLICAR

9. Bianca apresenta doença de Huntington, causada por um gene dominante. Sua mãe, seu tio e seu avô materno apresentam a mesma doença.

   • Construa uma heredograma para a família descrita, incluindo o pai e a avó materna de Bianca. Identifique os alelos que cada indivíduo possui.

10. Leia o texto e faça o que se pede.

    Em um laboratório, um geneticista estava estudando a herança da cor do corpo em drosófilas, em que a cor ébano é determinada por um alelo recessivo e a cor cinza, por um alelo dominante.

Para organizar seus experimentos, o pesquisador mantinha as drosófilas em três tubos:

• tubo 1 – apenas indivíduos ébano de linhagem pura;

• tubo 2 – apenas indivíduos híbridos;

• tubo 3 – apenas indivíduos cinza de linhagem pura.

Certo dia, ele se distraiu e algumas drosófilas acabaram escapando dos tubos. Após conseguir recuperar algumas delas, pôde identificar as que tinham corpo ébano e devolvê-las ao tubo 1. As de corpo cinza, no entanto, ele não conseguia distinguir se pertenciam ao tubo 2 ou ao tubo 3.

• Proponha um experimento para que o geneticista possa identificar de quais tubos eram as drosófilas de cor cinza capturadas.

11. Analise o cariótipo a seguir e, depois, faça o que se pede.

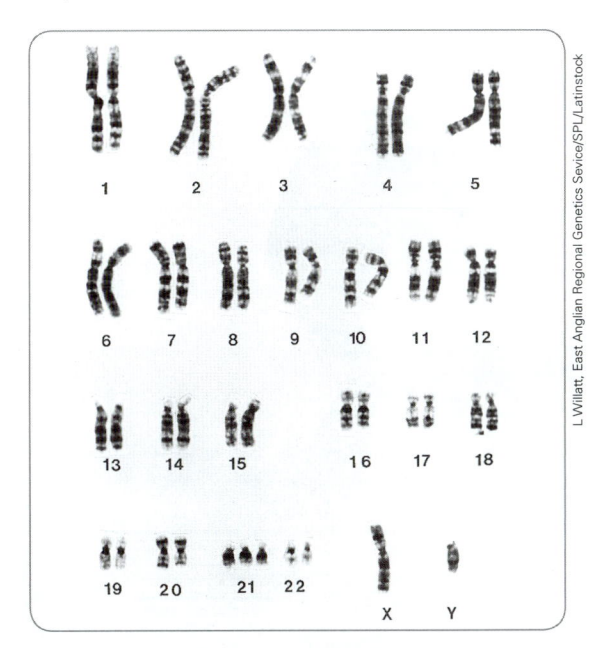

L Willatt, East Anglian Regional Genetics Sevice/SPL/Latinstock

a) O cariótipo é de um homem ou de uma mulher? Justifique.

b) O cariótipo mostra alguma alteração cromossômica? De que tipo?

c) Caso o cariótipo evidencie alteração cromossômica, que tipo de síndrome ela causa? Faça uma pesquisa das consequências dessa síndrome para a pessoa portadora dessa alteração cromossômica.

BIOTECNOLOGIA

A biotecnologia afeta continuamente as nossas vidas, mesmo que muitas vezes não notemos. Ela está diretamente envolvida com a medicina, a agricultura e a indústria farmacêutica, por exemplo.

O QUE É BIOTECNOLOGIA?

Biotecnologia é a manipulação de seres vivos, ou de seus derivados, para fabricar produtos úteis aos seres humanos. O acúmulo de conhecimentos na área da genética no século XX permitiu também o avanço da biotecnologia, possibilitando, por exemplo, a manipulação do material genético dos seres vivos para a fabricação de remédios, alimentos e outros produtos.

A biotecnologia, porém, não é uma novidade e envolve processos utilizados pelos seres humanos há milhares de anos. A produção de queijo, vinho, cerveja, iogurte e pão, além do melhoramento animal e vegetal na agropecuária, envolvem seres vivos e são exemplos de atividades biotecnológicas. Pode-se dizer que a biotecnologia surgiu há cerca de 12 mil anos, quando os seres humanos começaram a domesticar animais e a cultivar plantas para sua alimentação.

Mais recentemente, a possibilidade de **manipulação genética** dos organismos promoveu uma revolução na biotecnologia, ampliando sua aplicação e permitindo, por exemplo, a produção de organismos transgênicos, a clonagem, a terapia gênica e o uso de células-tronco. Essas aplicações têm levantado diversas questões éticas, sendo assunto de muito debate.

⬇ Microrganismos são usados para produzir alimentos, como o queijo. Na foto, produção do queijo canastra. Delfinópolis (MG), 2016.

Andre Dib/Pulsar Imagens

TRANSGÊNICOS

Há milhares de anos, os seres humanos vêm selecionando animais e plantas de acordo com características de interesse para sua utilização. Inicialmente, essa seleção era feita de forma intuitiva, promovendo o cruzamento de indivíduos com a característica de interesse. Por exemplo, agricultores selecionavam plantas que produziam frutos maiores para plantio e cruzamento. Esse processo é denominado **melhoramento genético**.

🟢 LIVRO ABERTO

DNA: o segredo da vida, de James D. Watson. São Paulo: Companhia das Letras, 2005.
O livro conta a história da descoberta da estrutura do DNA e o desenvolvimento da biotecnologia.

← A maioria das plantas cultivadas como alimento foi obtida por melhoramento genético. Esse é o caso do milho: ao longo dos anos, foram sendo selecionadas plantas com espigas maiores e com maior quantidade de grãos.

O desenvolvimento da genética possibilitou a produção de novas variedades de plantas e de animais a partir da manipulação do seu material genético, como pela inserção de um trecho de DNA de outro organismo (**DNA exógeno**) que contenha informações para uma característica de interesse. Organismos que contêm DNA exógeno são chamados **transgênicos** e podem ser produzidos para diversas finalidades. Veja algumas delas a seguir.

BACTÉRIAS TRANSGÊNICAS

Atualmente, quase toda a insulina utilizada por diabéticos é produzida por **bactérias transgênicas** que receberam o gene humano que coordena a produção desse hormônio.

A insulina produzida pelas bactérias transgênicas é idêntica à humana, evitando alergias, como ocorria anteriormente quando eram usadas insulinas de porco ou de boi no tratamento de diabéticos.

Bactérias transgênicas estão envolvidas ainda na fabricação de outros medicamentos e produtos úteis para os seres humanos.

↓ Esquema da produção de bactérias transgênicas produtoras de insulina humana. Os plasmídios são fragmentos de DNA bacteriano encontrados no citoplasma da célula de uma bactéria.

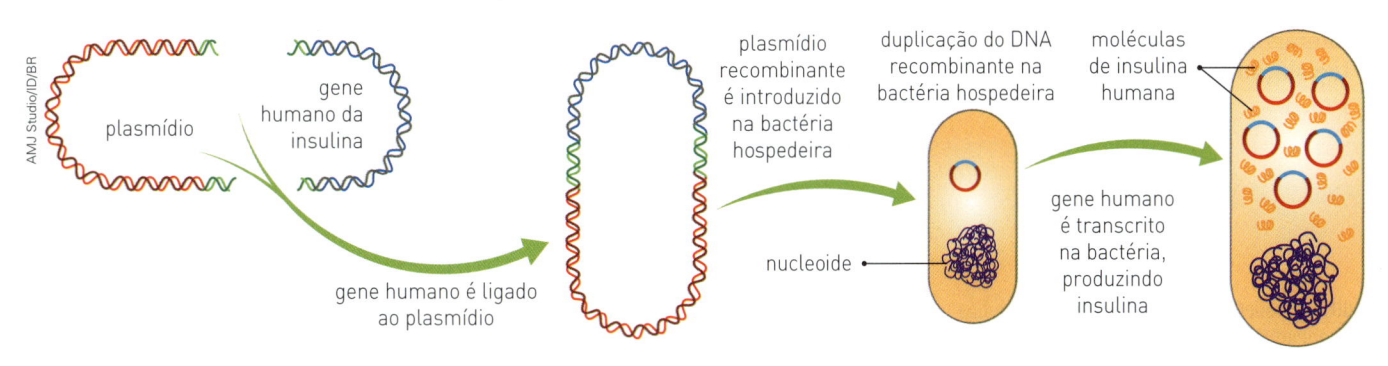

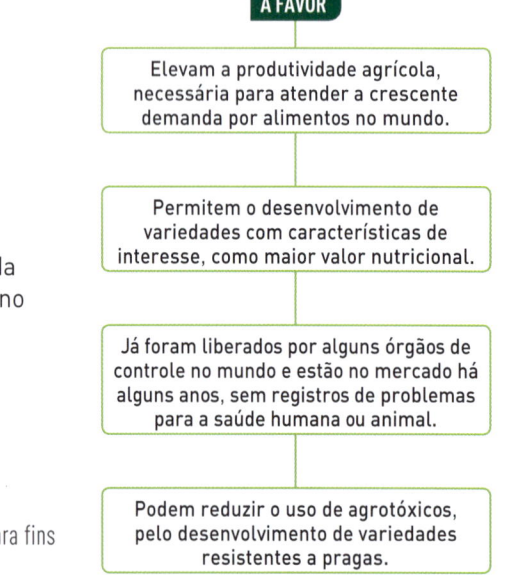

ANIMAIS TRANSGÊNICOS

A maioria dos **animais transgênicos** é produzida para pesquisas científicas, como o estudo de doenças e possíveis tratamentos, mas animais transgênicos de aplicação prática também já foram produzidos. Um exemplo é a produção de cabras transgênicas, que receberam genes humanos para a produção de proteínas secretadas no leite que podem ser utilizadas no tratamento de doenças. Muitas espécies de peixes também já receberam DNA exógeno para que passassem a apresentar características de interesse para seus criadores, como ciclos reprodutivos mais curtos e maior tamanho corporal.

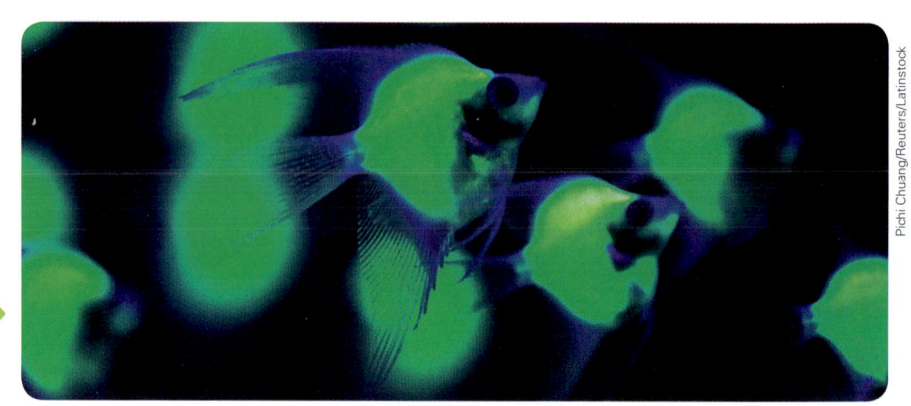

Peixes fluorescentes transgênicos, que → receberam um gene de água-viva com informações para a produção de uma proteína fluorescente.

PLANTAS TRANSGÊNICAS

Muitas variedades de **plantas transgênicas** já foram desenvolvidas, principalmente para a produção de alimentos. Elas podem ser resistentes a defensivos agrícolas e a pragas ou enriquecidas nutricionalmente. No Brasil, variedades transgênicas de soja, milho, algodão e feijão já são amplamente cultivadas.

Por envolver aspectos ambientais, econômicos e sociais, o plantio de transgênicos tem sido motivo de intenso debate na sociedade. Veja a seguir alguns argumentos favoráveis e outros contrários.

COMPREENDER

Interaja com a linha do tempo da **legislação sobre transgênicos** no Brasil.

A FAVOR

Elevam a produtividade agrícola, necessária para atender a crescente demanda por alimentos no mundo.

Permitem o desenvolvimento de variedades com características de interesse, como maior valor nutricional.

Já foram liberados por alguns órgãos de controle no mundo e estão no mercado há alguns anos, sem registros de problemas para a saúde humana ou animal.

Podem reduzir o uso de agrotóxicos, pelo desenvolvimento de variedades resistentes a pragas.

CONTRA

Poucos estudos foram realizados sobre os potenciais riscos à saúde e ao ambiente.

Transgênicos resistentes a inseticidas e herbicidas, por exemplo, poderiam aumentar a aplicação de agrotóxicos.

A produção de sementes transgênicas está confinada a algumas poucas empresas, geralmente multinacionais, que podem ter o controle do mercado agrícola.

Podem ocorrer cruzamentos entre cultivares transgênicos e plantas nativas ou cultivares não transgênicos, sendo impossível prever os efeitos ambientais da incorporação dos genes exógenos.

cultivar: variedade de planta produzida para fins de agricultura.

TERAPIA GÊNICA

A **terapia gênica**, ou **geneterapia**, corresponde à introdução de trechos de DNA em células vivas para o tratamento de **doenças genéticas**. A técnica é semelhante à de produção de transgênicos e a ideia é corrigir os efeitos de genes alterados, a partir da inserção de um gene com produto funcional.

Essa técnica ainda está em desenvolvimento, porém alguns resultados iniciais são promissores. Sua aplicação também levanta questões éticas, principalmente relacionadas aos testes e à manipulação do material genético de seres humanos.

CLONAGEM

Em 1997 o mundo foi surpreendido com o anúncio da clonagem do primeiro mamífero, a ovelha Dolly. A **clonagem reprodutiva**, como a do caso da Dolly, consiste na produção de um indivíduo a partir de células de um organismo adulto. O organismo produzido é um **clone** e ele é geneticamente idêntico ao indivíduo do qual foi originado.

A clonagem de plantas é um processo mais simples e já realizado há algum tempo por agricultores. Com determinados estímulos, é possível, por exemplo, obter um indivíduo completo a partir de um fragmento de caule. Veja o esquema a seguir.

Farrell/ID/BR

↑ Esquema da clonagem de uma planta. Um fragmento da planta é selecionado **(A)**. O fragmento é cultivado **(B)**. Após o desenvolvimento de raízes **(C)**, o fragmento é retirado e cultivado em um ambiente propício para seu crescimento **(D)**. Normalmente vários indivíduos são cultivados ao mesmo tempo **(E)**. (Representação sem proporção de tamanho; cores-fantasia.)

Nos animais, no entanto, principalmente nos mamíferos, a grande maioria das células que formam o organismo adulto não tem a capacidade de originar outros tipos celulares.

A clonagem apresenta potencial para muitas aplicações, como na agropecuária, em que pode ser utilizada para produzir cópias de indivíduos mais produtivos.

No entanto, como nas demais técnicas de manipulação genética, sua utilização também levanta preocupações e uma série de questões éticas, sobretudo com relação à possibilidade de clonagem humana, atualmente proibida em praticamente todos os países.

CÉLULAS-TRONCO

Célula-tronco é uma célula não especializada que pode se multiplicar e, em determinadas circunstâncias, diferenciar-se em células de vários tipos, como musculares, nervosas, sanguíneas, etc.

Embriões de animais em início de desenvolvimento são formados por células capazes de originar qualquer tipo celular do organismo. São as chamadas **células-tronco embrionárias**. Animais adultos também possuem células-tronco, porém em número reduzido e que não são capazes de originar qualquer tipo celular. Por exemplo, células-tronco da medula óssea podem dar origem a todos os tipos de células sanguíneas, mas não a outros tipos celulares.

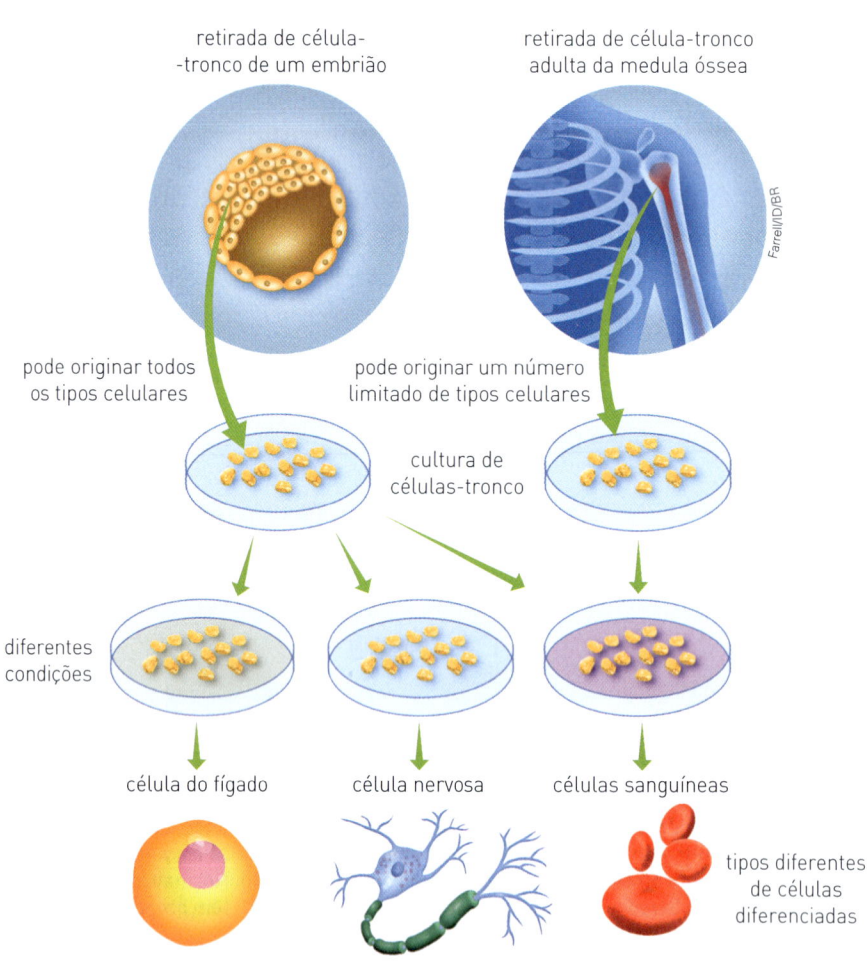

↑ Representação da diferenciação celular a partir da cultura de células-tronco embrionárias e de células-tronco adultas. Note a maior diversidade gerada pelas células embrionárias. (Representação sem proporção de tamanho; cores-fantasia.)

As células-tronco apresentam um enorme potencial de aplicação na medicina. Acredita-se que elas possam ser usadas no tratamento de diversas doenças, com o objetivo final de fornecer células de reposição para órgãos doentes ou danificados. As células-tronco embrionárias são mais promissoras para esses tratamentos por serem capazes de se diferenciar em muitos tipos celulares. No entanto, elas têm de ser obtidas a partir de embriões humanos, o que levanta muitas questões éticas, envolvendo divergências científicas, religiosas e jurídicas.

CONTROVÉRSIAS NO USO DE CÉLULAS-TRONCO EMBRIONÁRIAS

Para muitas pessoas, a vida inicia-se no momento da fecundação, mesmo que o indivíduo ainda seja formado apenas por algumas células. Por isso, são contra estudos com uso de células-tronco embrionárias.

Por outro lado, essas pesquisas poderiam ajudar no tratamento de diversas doenças e salvar muitas vidas.

• Como é possível conciliar o respeito às diversas crenças e o desenvolvimento da ciência?

ATIVIDADES

RETOMAR E COMPREENDER

1. Quais das atividades abaixo são exemplos de biotecnologia?

a) Produção de insulina por bactérias transgênicas.

b) Fabricação de iogurte a partir de leite e microrganismos.

c) Desenvolvimento de uma nova máquina para colheita.

2. No caderno, associe as tecnologias abaixo à sua definição.

A. transgênico

B. clonagem

C. terapia gênica

I. Processo de produção de um indivíduo geneticamente idêntico a outro.

II. Organismo contendo DNA exógeno.

III. Tratamento de doenças genéticas pela introdução de trechos de DNA em células do paciente.

3. Leia o texto a seguir. Depois, faça o que se pede.

Inicialmente, uma célula do corpo de um macho da espécie foi extraída e depois fundida com um óvulo anucleado de uma fêmea. O embrião em início de desenvolvimento foi implantado em outra fêmea e, após a gestação, nasceu o clone.

• Identifique o sexo do animal produzido na clonagem hipotética descrita. Justifique sua resposta.

4. A charge abaixo trata de células-tronco. Analise-a e depois responda às questões.

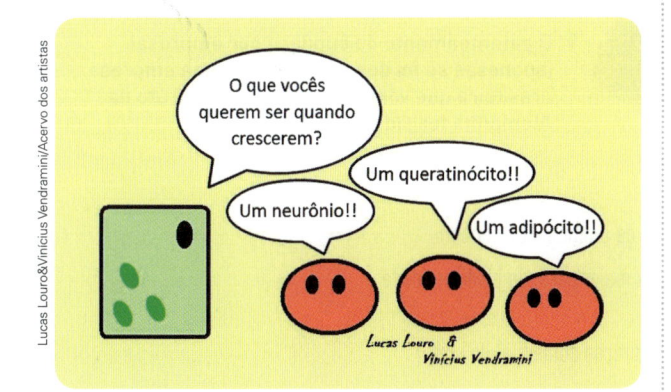

Lucas Louro&Vinícius Vendramini/Acervo dos artistas

a) Por que é possível concluir que as células vermelhas são células-tronco?

b) Quais são as principais fontes de células-tronco? Diferencie-as.

APLICAR

5. Leia o texto a seguir.

> [...]
>
> Hoje é possível identificar a letra T, dentro de um triângulo amarelo com bordas pretas, em vários produtos, como bolachas, óleo, cereais matinais, massas e margarinas, indicando que aquele alimento possui ingredientes transgênicos. Porém, em abril deste ano, a Câmara dos Deputados aprovou um Projeto de Lei (4 148/08) que limita essa medida: os produtos não precisam mais exibir o símbolo "T", mas apenas conter a informação de que o alimento foi feito com algum ingrediente transgênico com presença superior a 1% de sua composição final, detectada em análise específica. A proposta, de autoria do deputado Luiz Carlos Heinze (PP-RS), ainda tem que ser aprovada no Senado. [...]
>
> Patricia Piacentini. Rotulagem de transgênicos. *Revista Pré-Univesp*. n. 61, dez. 2016-jan. 2017. Disponível em: <http://cienciaecultura.bvs.br/scielo.php?pid=S0009-67252015000300005&script=sci_arttext>. Acesso em: 15 jun. 2016.

a) O que indica o símbolo "T" na embalagem dos alimentos?

b) Qual é sua opinião sobre o fim da obrigatoriedade da indicação do símbolo "T" na embalagem dos alimentos?

6. Com toda a turma, realize um debate em sala de aula sobre as possibilidades e os perigos da biotecnologia. Siga as orientações abaixo.

a) Juntos, escolham um tema polêmico relacionado à biotecnologia, como plantio de transgênicos, uso de células-tronco embrionárias em pesquisas, liberação de testes com terapia gênica e com clonagem humana, etc.

b) Pesquisem mais informações sobre o tema em *sites* especializados e nos meios de comunicação.

c) Reflitam sobre os aspectos técnicos e éticos apontados. Posicionem-se em relação à questão.

Biopirataria

A biopirataria é a exploração internacional ilegal de recursos da biodiversidade de um país e a apropriação do patrimônio genético e dos conhecimentos de comunidades tradicionais locais. Como o Brasil apresenta uma das maiores biodiversidades do mundo, é também um dos principais alvos de biopirataria. Pode-se dizer que a biopirataria no Brasil começou logo após a chegada dos europeus, que se apropriaram de diversos recursos e conhecimentos dos povos indígenas.

Atualmente, existem algumas normas internacionais que regulam esse tipo de exploração. No entanto, a falta de fiscalização e outros fatores tornam a biopirataria uma questão ainda a ser resolvida.

O cupuaçu é nosso!

O cupuaçu é nosso (*Cupuaçu belongs to us*). Com esse *slogan*, a organização não governamental Amazonlink promoveu um debate sobre a campanha brasileira contra a biopirataria. No centro das discussões estiveram os pedidos de patente e de marca registrada do fruto brasileiro cupuaçu, reivindicados por empresas estrangeiras. [...]

Fonte primária de alimento na Amazônia, tanto para populações indígenas como para animais, o cupuaçu é usado para fazer sucos, sorvetes, tortas e geleias a partir da polpa. Além disso, características semelhantes às do cacau propiciam a fabricação de um tipo de chocolate a partir do caroço do fruto, o chamado "cupulate".

Com a descoberta dessas potencialidades por empresas internacionais, começaram a pipocar pedidos de patentes sobre a extração do óleo da semente do cupuaçu e sobre a produção do chocolate derivado de seu fruto. [...]

O cupuaçu é apenas um caso entre tantos outros de apropriação indevida de recursos de países megadiversos. [...]

Luciana Cristo. Contra a biopirataria. *Ciência Hoje*, 24 mar. 2006. Disponível em: <http://www.cienciahoje.org.br/noticia/v/ler/id/3804/n/contra_a_biopirataria%20Acesso%2029%20jan%202017>. Acesso em: 17 mar. 2017.

diogoppr/Shutterstock.com/ID/BR

← O patenteamento do cupuaçu por empresas japonesas só foi descoberto após uma empresa brasileira que vendia produtos desse fruto na Alemanha ter sido notificada.

 **VERIFICAR**

Ouça **biopirataria** e reflita sobre os danos dessa prática.

marca registrada: registro de exclusividade no uso de um nome ou símbolo.

países megadiversos: grupo de países que detêm a maior parte da biodiversidade mundial. O Brasil é um dos países megadiversos.

patente: registro que garante exclusividade na exploração comercial de uma invenção ou modelo de utilidade.

[...] Curare

Um exemplo de apropriação do conhecimento indígena é o da erva *Chondodrendron tomentosum*, usada por índios para fazer o veneno de flecha curare. A substância ativa tubocurarina foi isolada na década de 1940 e rendeu às empresas Glaxo Wellcome, Abbott e Eli Lilly patentes milionárias de relaxantes musculares usados em cirurgias.

Jararaca

Em 1963, o pesquisador brasileiro Sérgio Ferreira descobriu que o veneno da cobra jararaca tinha um princípio ativo com potencial para remédios anti-hipertensivos. O cientista publicou um artigo sobre a descoberta, mas foi o laboratório Bristol Myers-Squibb quem patenteou o uso da substância. [...]

Andiroba

As sementes da árvore andiroba fornecem um óleo amarelo com propriedades medicinais conhecidas por índios e caboclos. Ele é usado para tratar bicho-do-pé e como repelente natural de insetos. A empresa francesa Rocher Yves patenteou na década de 1990 o uso do extrato de andiroba para qualquer aplicação cosmética ou farmacêutica. [...]

Fabio Colombini/Acervo do fotógrafo

↑ **Processo de extração do veneno de jararaca.**

Rafael Garcia. Quem vai explorar a biodiversidade amazônica? *Galileu*. Disponível em: <http://revistagalileu.globo.com/Galileu/0,6993,ECT625254-1948-2,00.html>. Acesso em: 17 mar. 2017.

Para refletir

1. Discuta a importância da criação de normas que protejam o patrimônio da fauna, da flora e dos conhecimentos tradicionais de um país.

2. Muitos conhecimentos de populações tradicionais brasileiras são apropriados por empresas, que passam a cobrar pelo uso desse conhecimento, sem que as populações recebam algo em troca. Proponha medidas capazes de minimizar esse problema.

3. Outra forma de biopirataria é a apropriação do patrimônio genético de seres vivos de um país para pesquisas científicas.

    O patrimônio genético pode ser definido como uma informação de caráter genético presente em amostras originadas de seres vivos. Essas amostras podem ser, por exemplo, substâncias produzidas por esses seres vivos. Para se obter essas substâncias, os seres vivos podem estar vivos ou mortos, e serem domesticados ou viverem livres na natureza. O fundamental é que eles habitem em qualquer área do território brasileiro.

    • É possível conciliar o avanço da biotecnologia com a proteção do patrimônio genético e cultural dos países? Justifique.

RETOMAR E COMPREENDER

1. Leia o texto, analise a tabela e responda ao que se pede.

O bioquímico austríaco Erwin Chargaff fez uma série de estudos analisando a proporção de adenina, guanina, timina e citosina do material genético de várias espécies. Em todos os casos, ele encontrou uma quantidade muito próxima entre dois tipos de bases nitrogenadas, assim como para os outros dois. Alguns de seus resultados estão mostrados na tabela abaixo.

Organismo	Adenina	Timina	Guanina	Citosina
Bactéria	26%	23,9%	24,9%	25,2%
Levedura	31,3%	32,9%	18,7%	17,1%
Rato	28,6%	28,4%	21,4%	21,5%
Ser humano	30,9%	29,4%	19,9%	19,8%

a) A tabela mostra que a proporção é semelhante entre quais tipos de bases nitrogenadas?

b) Qual tipo de ácido nucleico compõe o material genético dessas espécies, DNA ou RNA? Justifique sua resposta com uma informação dada no texto acima.

c) Qual propriedade do DNA foi evidenciada pelos experimentos de Chargaff?

2. Identifique qual processo está representado por cada letra no esquema abaixo.

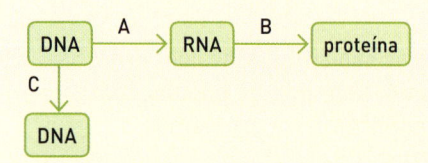

3. Escreva um parágrafo relacionando os conceitos de DNA, cromossomo e gene.

4. A partir do seu conhecimento sobre as regras de doação de sangue no sistema ABO, explique o uso dos termos destacados no texto abaixo.

Pessoas com sangue tipo O são consideradas **doadoras universais**, enquanto pessoas com sangue tipo AB são consideradas **receptoras universais**.

APLICAR

5. O diagrama abaixo apresenta uma síntese dos tipos de mutações, porém alguns boxes foram trocados de lugar. Refaça o diagrama no caderno, corrigindo-o.

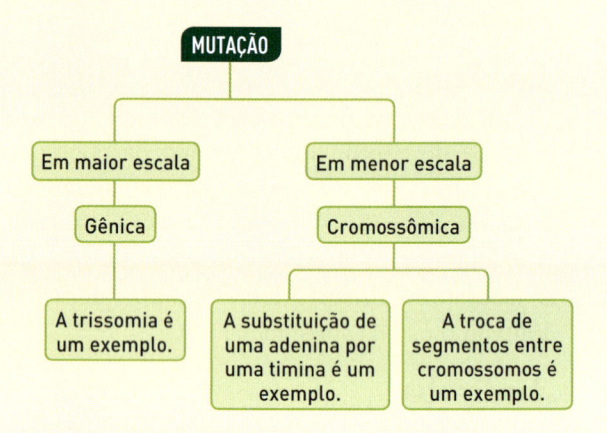

6. Leia o texto e identifique a alternativa que apresenta o padrão de herança relacionado à característica descrita.

Gados bovinos da raça Shorthorn podem apresentar padrão de pelagem vermelho, branco ou malhado de vermelho e branco. O cruzamento entre indivíduos puros de pelagem branca com indivíduos puros de pelagem vermelha resulta em prole 100% de pelagem malhada.

a) A cor da pelagem nessa raça de gado bovino apresenta herança com dominância completa, sendo o alelo para a cor vermelha dominante.

b) A cor da pelagem nessa raça de gado bovino apresenta herança com dominância completa, sendo o alelo para a cor branca dominante.

c) A cor da pelagem nessa raça de gado bovino apresenta herança com dominância incompleta, pois as duas características se manifestam no heterozigoto.

d) A cor da pelagem nessa raça de gado bovino apresenta herança com codominância, pois as duas características se manifestam no heterozigoto.

e) A cor da pelagem nessa raça de gado bovino apresenta herança com codominância, pois o heterozigoto não apresenta nenhuma das características.

7. Leia o texto, analise o heredograma e faça o que se pede.

Ainda no início do século XX, foi descoberto um outro sistema de grupos sanguíneos, o sistema Rh. Ele está relacionado à presença do antígeno fator Rh na superfície das hemácias, e os indivíduos podem ser Rh positivo ou Rh negativo. Nesse caso, há dois alelos possíveis: D, que é dominante e determina a presença do antígeno, e d, que é recessivo e não determina a produção de antígeno. O heredograma mostra a herança dessa característica em uma família. O símbolo preenchido representa os indivíduos com Rh negativo.

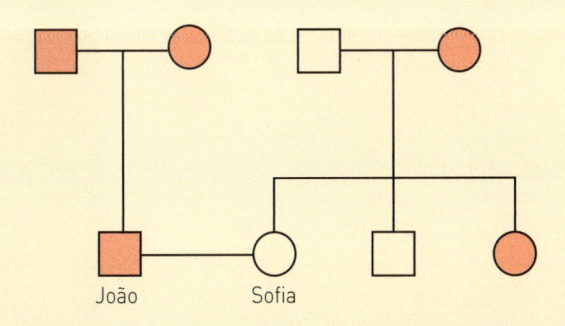

João   Sofia

a) Qual é o tipo sanguíneo de João e de Sofia? Eles são homozigotos ou heterozigotos?

b) Qual é o tipo sanguíneo da irmã e do pai de Sofia? Que alelos cada um deles possui?

c) Qual é a probabilidade de João e Sofia terem um descendente Rh negativo? Construa um quadrado de Punnet para justificar sua resposta.

8. Leia o texto abaixo sobre clonagem terapêutica e faça o que se pede.

Quando se fala em clonagem, imediatamente vem à mente a criação de bebezinhos exatamente iguais ao modelo adulto de uma pessoa. [...] Mas os especialistas em biologia molecular associam clonagem a algo bem diferente: à cura de doenças. [...]

O objetivo desses cientistas é fabricar células-tronco, ou células-curinga, reorientadas para produzir um conjunto de células especializadas ou de tecido. Imagine-se, por exemplo, uma pessoa com leucemia que necessita de um transplante de medula. Ela seria doadora de si mesma, sem incorrer no risco de uma rejeição. Só precisaria de células retiradas de seu clone de embrião, com o qual compartilharia a constituição genética. Pensa-se até em fabricar órgãos para transplante. E já se fala em bancos de células-tronco para serem usadas quando necessário. [...]

Clonagem terapêutica. *Galileu*. Disponível em: <http://revistagalileu.globo.com/Galileu/0,6993,ECT506072-1940,00.html>. Acesso em: 11 abr. 2017.

a) Qual é a diferença entre clonagem reprodutiva e clonagem terapêutica?

b) O que são células-tronco? Como elas auxiliariam no tratamento de doenças?

c) Copie o trecho do texto acima que indica a principal vantagem da terapia com células-tronco obtidas de um embrião clonado.

CRIAR

9. Pesquise na internet imagens de manifestações públicas envolvendo temas da biotecnologia, como produção e uso de organismos geneticamente modificados, uso de células-tronco, entre outros. Após a realização da pesquisa, faça o que se pede a seguir.

a) Analise as imagens procurando identificar em cartazes ou outros materiais a posição dos manifestantes a respeito dessas questões.

b) Escolha alguma dessas imagens e escreva um texto no caderno que apoie ou refute o apontamento do manifestante. Fundamente seu texto com os conhecimentos que você construiu sobre o assunto.

10. Como foi apresentado nesta unidade, o desenvolvimento da genética e da biotecnologia envolve uma série de questões éticas. Tecnologias como a clonagem e o desenvolvimento de organismos transgênicos suscitam essas questões.

- Discuta a importância da participação de pessoas com diversos pontos de vista no debate sobre essas questões.

Material genético

- A hereditariedade corresponde à transmissão das características de uma geração a outra pela transferência do DNA, o material genético das células.
- O DNA é um ácido nucleico formado por duas cadeias de nucleotídeos, em arranjo helicoidal, que apresenta as bases nitrogenadas: adenina, guanina, citosina e timina.
- O RNA é um ácido nucleico formado por uma cadeia simples de nucleotídios, que apresenta as bases nitrogenadas: adenina, guanina, citosina e uracila.

Genética

- A primeira lei de Mendel sugere que os organismos apresentam dois fatores para cada característica e que esses fatores se segregam na formação dos gametas.
- A segunda lei de Mendel, ou lei da segregação independente, propõe que os pares de fatores de características diferentes se segregam independentemente na formação dos gametas.
- Atualmente, sabemos que os fatores de Mendel correspondem aos alelos dos genes e que eles estão localizados nos cromossomos.

Biotecnologia

- Biotecnologia é a manipulação dos seres vivos, ou de seus derivados, para fabricar produtos úteis aos seres humanos.
- A seleção de indivíduos com características de interesse corresponde ao melhoramento genético.
- Transgênicos são organismos que têm seu material genético manipulado, recebendo um trecho de DNA de um organismo de outra espécie.
- O tratamento de doenças genéticas a partir da introdução de trechos de DNA com produto funcional em células vivas dos pacientes denomina-se terapia gênica.

 **COMPREENDER**

Repasse os conceitos estudados nesta unidade.

 **CRIAR**

Construa uma **rede de ideias** com o que você aprendeu nesta unidade.

Nelson Provazi/ID/BR

EVOLUÇÃO

A palavra evolução costuma ser empregada no dia a dia como sinônimo de progresso ou melhoria. Em Biologia, porém, evolução tem outro significado: o de descendência com modificação. Nesta unidade, você vai conhecer um pouco sobre a história do pensamento evolutivo, os mecanismos básicos da evolução biológica e as principais teorias sobre a origem da vida na Terra.

CAPÍTULO 1
Ideias sobre a geração dos seres vivos

CAPÍTULO 2
Origem da vida

CAPÍTULO 3
Ideias sobre a evolução dos seres vivos

CAPÍTULO 4
A evolução acontece

PRIMEIRAS IDEIAS

1. De que maneira a vida surgiu na Terra?

2. Um ser vivo pode surgir sem que outro ser vivo tenha lhe dado origem?

3. Por que muitos seres vivos que habitaram a Terra no passado são diferentes dos seres atuais?

4. Qual a importância dos fósseis para o estudo da evolução biológica?

5. **RETOMAR** **Recorde conceitos importantes** para o estudo da unidade.

LEITURA DA IMAGEM

1. Que animais estão retratados na imagem?

2. Identifique diferenças e semelhanças entre os animais da foto.

3. Como é possível explicar as diferenças encontradas entre esses animais?

4. Em sua opinião, a educação formal, ou seja, aquela que ocorre nas escolas, é um direito ou um privilégio? Justifique sua resposta.

5. **ANALISAR** Qual a importância das **coleções biológicas** para o estudo da evolução?

Cladognathus
tarandus
Borneo.

Odontolabris
Brookeana
Borneo.

Cladognathus
bison
Amboyna.

Euchirus
longimanus
Amboyna.

g-armed Beetle
Amboyna.

Odontolabris
bellicosus
West Java.

IDEIAS SOBRE A GERAÇÃO DOS SERES VIVOS

Desde antes da Antiguidade até o século XIX, os debates sobre a geração dos seres vivos consideravam ou negavam a possibilidade de alguns seres vivos surgirem de forma espontânea.

GERAÇÃO ESPONTÂNEA OU BIOGÊNESE?

Ao longo da história, duas ideias principais sobre a geração dos seres vivos se opuseram:

- **Geração espontânea** – um organismo pode se originar da matéria disponível no ambiente, sem a necessidade de um outro organismo que o gere.
- **Biogênese** – todos os seres vivos têm origem em outro ser vivo.

Na época do filósofo grego Aristóteles (384 a.C.-322 a.C.), acreditava-se que os animais poderiam se reproduzir por **geração espontânea**.

Segundo Aristóteles, muitos animais e plantas nasciam de pais semelhantes aos filhos, mas, em alguns casos, poderia haver nascimento sem que houvesse pais, como em seres vivos pequenos, enguias de água doce, ostras e moscas.

Em seus estudos, Aristóteles não conseguiu encontrar os órgãos sexuais nem os ovos das enguias, por exemplo. Por isso, concluiu que elas eram geradas espontaneamente.

↓ Os estudos de Aristóteles sobre as enguias de água doce foram bem detalhados. Para ele, esses seres surgiam por geração espontânea. Enguia da espécie *Anguilla anguilla*.

comprimento: 80 cm

Wil Meinderts/Minden Pictures/Fotoarena

OS EXPERIMENTOS DE FRANCESCO REDI

Até o início do século XVII, a ideia de que muitos organismos poderiam surgir no meio de forma espontânea era aceita de modo praticamente unânime. Acreditava-se, por exemplo, que a carne em decomposição originava moscas. No entanto, o padre e naturalista italiano **Francesco Redi** (1626-1697) desenvolveu experimentos que mostraram que, ao menos nesse caso, a geração espontânea não era uma explicação adequada.

Em seus experimentos, Redi colocava porções de vegetais e de carne de diversos animais em vários recipientes. Alguns recipientes eram fechados com tampas, outros com gaze e alguns permaneciam abertos.

Com o tempo, moscas eram atraídas pela decomposição da carne, mas só conseguiam entrar nos recipientes abertos. Redi observou que os ovos eram colocados sobre a carne dos frascos abertos e que, posteriormente, deles saíam larvas que davam origem a moscas adultas. Nos frascos fechados, as larvas não surgiam na carne. Redi concluiu, então, que as moscas nasciam dos ovos, e não por geração espontânea.

↑ Retrato de Francesco Redi, século XIX.

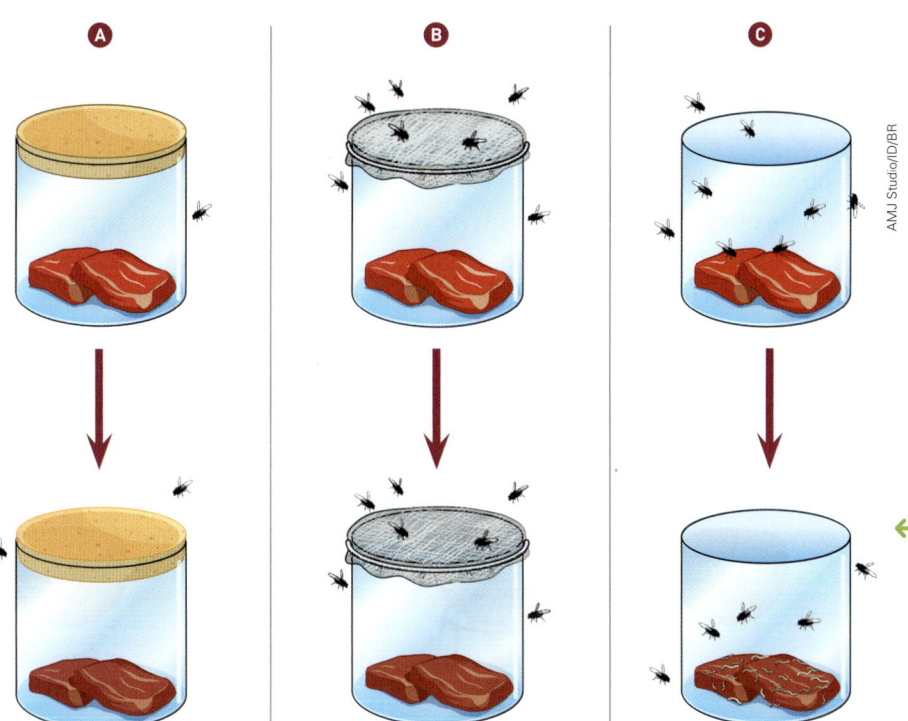

← Representação do experimento de Redi, que utilizava frascos fechados com tampa **(A)**, frascos fechados com gaze **(B)** e frascos abertos **(C)**. O experimento de Redi mostrou que a carne em decomposição não gerava moscas de forma espontânea. (Representação sem proporção de tamanho; cores-fantasia.)

Os experimentos de Redi contribuíram para que as ideias de geração espontânea perdessem crédito no final do século XVII. Mas havia casos ainda não explicados, para os quais a geração espontânea oferecia uma possibilidade de explicação. O próprio Redi, ainda que de forma relutante, aceitava que alguns seres vivos podiam ser originados de forma espontânea, como os vermes que parasitam o intestino humano.

A CONTROVÉRSIA ENTRE NEEDHAM E SPALLANZANI

No final do século XVI, com o surgimento dos microscópios compostos, um novo campo de investigações da natureza teve início. Entretanto, as ideias de geração espontânea voltaram a ganhar força, uma vez que os microrganismos observados ao microscópio não tinham sua origem ou geração explicada.

Justamente nesse contexto, ocorreu a controvérsia entre o padre e naturalista inglês **John Tuberville Needham** (1713-1781) e o também padre e naturalista italiano **Lazzaro Spallanzani** (1729-1799).

Needham realizou experimentos em que colocava caldo de carne de carneiro fervido, e ainda quente, em um frasco que, em seguida, era fechado com uma rolha de cortiça. Após algum tempo, ele recolhia amostras do caldo e as observava ao microscópio. As observações mostraram uma grande quantidade de microrganismos no caldo. Ele repetiu o procedimento com caldos de diversos animais e plantas, obtendo sempre os mesmos resultados.

Segundo Needham, a fervura dos caldos e o fechamento dos frascos impediria que microrganismos do ambiente contaminassem os caldos. Por isso, ele concluiu que os microrganismos surgiam devido a uma força produtiva da própria natureza, que os criava espontaneamente.

Os experimentos de Needham foram repetidos por Lazzaro Spallanzani, em 1761, e geraram os mesmos resultados obtidos pelo naturalista inglês. Spallanzani, então, promoveu algumas alterações nos procedimentos, pois ele acreditava que Needham não havia fervido os caldos por tempo suficiente.

Por exemplo, após lacrar os frascos com caldos, Spallanzani os mergulhava em recipientes maiores com água e mantinha a fervura por um tempo maior do que o tempo de fervura de Needham. Ele também manteve alguns frascos abertos.

frasco 1 ⇢ frasco 2

AMJ Studio/ID/BR

↑ **Esquema simplificado do experimento de Needham. (Representação sem proporção de tamanho; cores-fantasia.)**

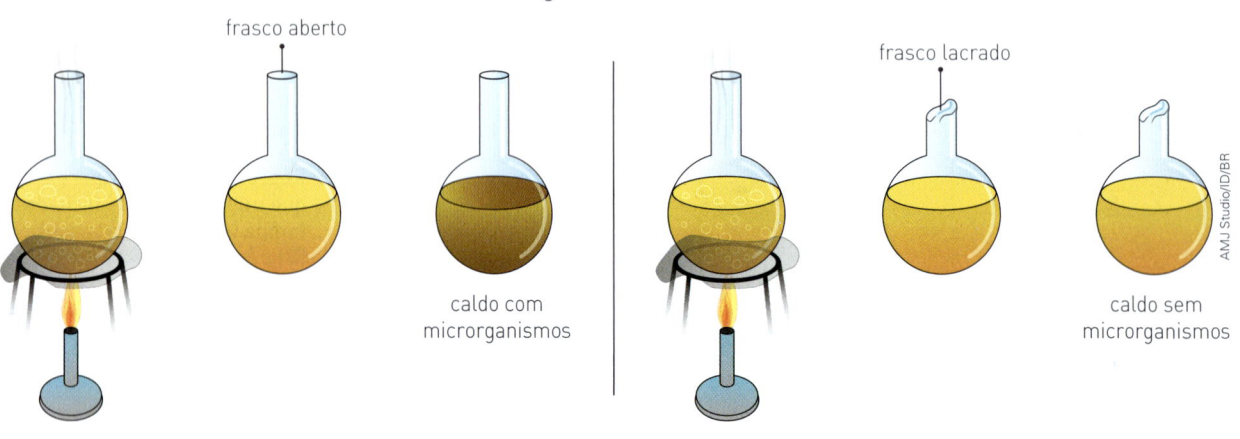

frasco aberto

caldo com microrganismos

frasco lacrado

caldo sem microrganismos

AMJ Studio/ID/BR

↑ **Esquema simplificado do experimento de Spallanzani. Note que os microrganismos surgiram apenas nos frascos abertos, o que é evidenciado pelo líquido turvo. (Representação sem proporção de tamanho; cores-fantasia.)**

Os novos resultados mostraram que nenhum dos frascos lacrados apresentou microrganismos, ao passo que os potes abertos apresentaram. Esses resultados indicavam que os microrganismos provavelmente se desenvolveriam a partir de materiais do ar, e não espontaneamente no caldo. Needham e Spallanzani iniciaram então uma controvérsia pública, que durou vários anos.

OS EXPERIMENTOS DE PASTEUR

Em 1860, a Academia de Ciências de Paris ofereceu um prêmio ao pesquisador que produzisse o melhor trabalho sobre o tema da geração dos seres vivos. A academia era contrária à ideia de que os seres vivos pudessem se originar de forma espontânea. Assim, o prêmio era uma oportunidade para que um estudo refutasse, com evidências, a ideia de geração espontânea.

O cientista francês Louis Pasteur (1822-1895) foi o único a se inscrever, ganhando o prêmio. Em seu trabalho, Pasteur apresentou evidências contrárias à geração espontânea. A experiência realizada por Pasteur era composta de uma variação dos experimentos com caldos fervidos de Needham e Spallanzani. A inovação estava nos frascos: eles tinham um pescoço longo, fino e com uma curvatura para baixo (chamado de "pescoço de cisne"). Essa inovação permitia que o ar entrasse no frasco, mas impedia que a poeira e os microrganismos chegassem ao caldo, pois eles aderiam à parte interna do pescoço do frasco. Após a fervura, o caldo era resfriado.

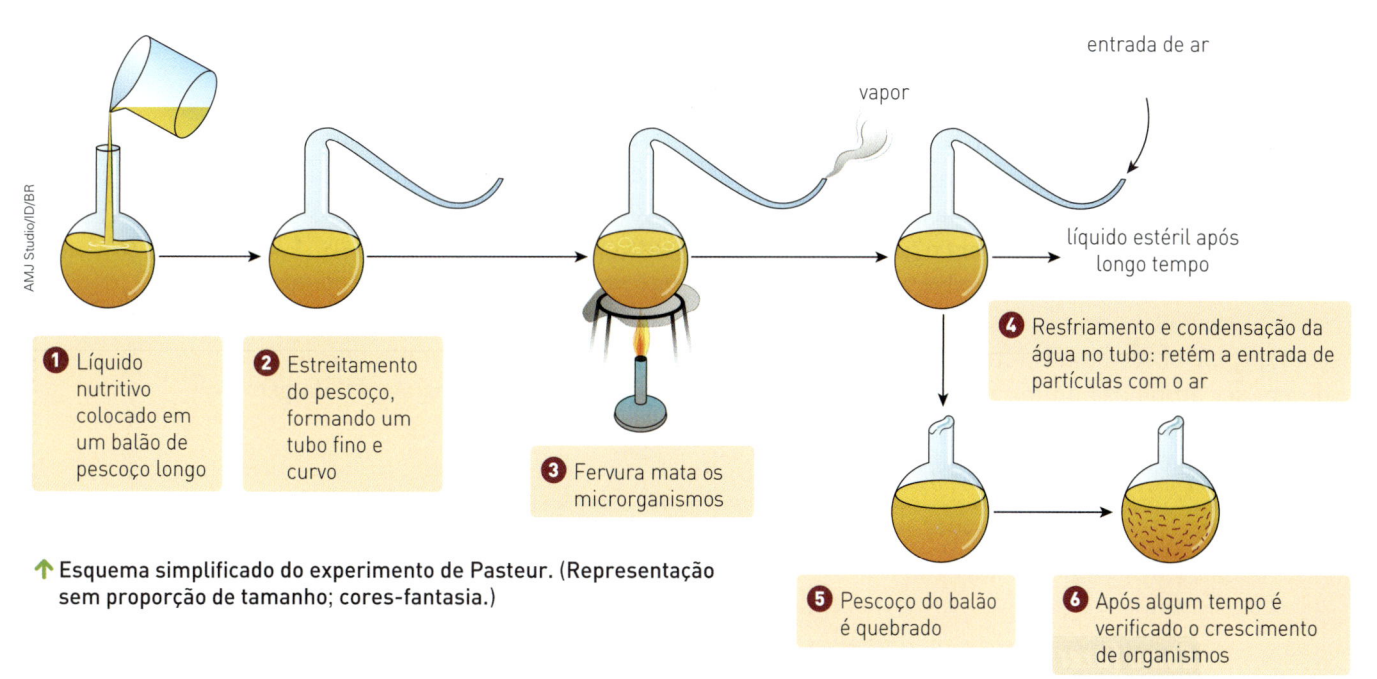

↑ **Esquema simplificado do experimento de Pasteur. (Representação sem proporção de tamanho; cores-fantasia.)**

Durante os experimentos, Pasteur percebeu que o caldo se mantinha livre de microrganismos por tempo indefinido. Ele repetiu seus experimentos em altitudes elevadas, pois acreditava que, quanto maior a altitude, menos microrganismos deveriam estar presentes no ar. De fato, os microrganismos só apareciam no caldo nutritivo ao nível do mar, quando o pescoço do frasco era quebrado e o caldo era deixado em contato com o ar.

Os resultados dos experimentos de Pasteur mostraram que, nas condições em que ele trabalhou, a geração espontânea de microrganismos não ocorria. Esses resultados tiveram grande importância, pois foram a base para que, posteriormente, a comunidade científica aceitasse que a geração espontânea não é um fenômeno observado na natureza.

A leitura e a pesquisa de informações

A leitura e a pesquisa de informações são essenciais na ciência. Essas atividades podem ser realizadas em documentos originais, isto é, escrito pelos cientistas que desenvolveram determinado estudo: são as fontes primárias. A partir dessa leitura, e auxiliado por bibliografia especializada e fontes secundárias, é possível analisar e entender como a ciência e seus conhecimentos vão sendo construídos.

Nesta atividade, você vai **ler** e **pesquisar informações** para tentar descobrir se as ideias de Lazzaro Spallanzani para a geração dos seres vivos eram as mesmas de Georges-Louis Leclerc de Buffon (1707-1788) e John Tuberville Needham.

Material

- Trecho da tradução do livro *Ensaio de observações microscópicas sobre o sistema de geração dos senhores Needham e Buffon*, de Lazzaro Spallanzani.

Capítulo 1. O estado da controvérsia

[...]

Para provar que na matéria há, realmente, uma força produtora dos seres organizados, os louvados escritores foram levados a examinar os dois reinos, vegetal e animal. Para o Sr. Buffon, todas as mudanças de forma, todas aquelas figuras tão variadas e aquelas estranhas combinações que ele observou nos vermes espermáticos devem ser atribuídas a uma força interna operante em todo ponto da matéria e que produz as formas tão variadas desses corpúsculos orgâ-nicos, como ele se esforça em mostrar ao longo de sua história dos animais. O Senhor Needham estabelece também a mesma força e a examina entre os diferentes animálculos microscópicos que aparecem nas infusões vegetais. Como é sobre este segundo autor que me proponho a refletir nesta obra, considero oportuno, para maior clareza da mesma, fornecer antes uma ideia breve e distinta de seu sistema acerca da geração dos seres vivos.

[...]

Eduardo Crevelário Carvalho; Maria Elice Brzezinski Prestes. Lazzaro Spallanzani diante do debate sobre as teorias de geração dos seres vivos no século XVIII. *Boletim de História e Filosofia da Biologia*, v. 6, n. 1, p. 3-7, mar. 2012. Disponível em: <http://www.abfhib.org/Boletim/Boletim-HFB-06-n1-Mar-2012.pdf>. Acesso em: 10 jul. 2017.

Como fazer

1. Leia o texto acima.
2. Pesquise o que é a noção de força interna para Buffon e para Needham. Registre as informações no caderno.

Para concluir

1. A noção de força interna de Buffon se adequa à teoria da biogênese, defendida por Spallanzani? Por quê?

2. Spallanzani atribui também a Needham a noção de força interna. Essa noção em Needham se aproxima da ideia defendida por Buffon? Registre suas pesquisas e conclusões em seu caderno.

RETOMAR E COMPREENDER

1. Explique a hipótese da geração espontânea de seres vivos.

2. Sobre a controvérsia científica entre Lazzaro Spallanzani e John Needham, responda:

a) Que modificações Spallanzani fez nos procedimentos experimentais de Needham?

b) As modificações feitas por Spallanzani forneceram evidências para qual ideia sobre a geração dos seres vivos? Justifique.

3. Os experimentos de Pasteur sobre a geração dos seres vivos podem ser considerados uma variação dos experimentos feitos por Needham e Spallanzani. Sobre esse experimento, responda:

a) Que inovação o experimento de Pasteur apresentava em relação aos experimentos de Needham e Spallanzani?

b) Por que essa inovação foi importante para enfraquecer a ideia da geração espontânea?

APLICAR

4. O médico belga Jan Baptista van Helmont (1579-1644), cujas ideias estavam ligadas à teoria da geração espontânea, ficou conhecido pelas "receitas" que formulou para a produção de seres vivos. Entre elas, destaca-se a seguinte:

"Se comprimirmos uma camisa suja no orifício de um recipiente contendo grãos de trigo, o fermento que sai da camisa suja, modificado pelo odor do grão, produz a transmutação do trigo em camundongos em aproximadamente 21 dias [...]".

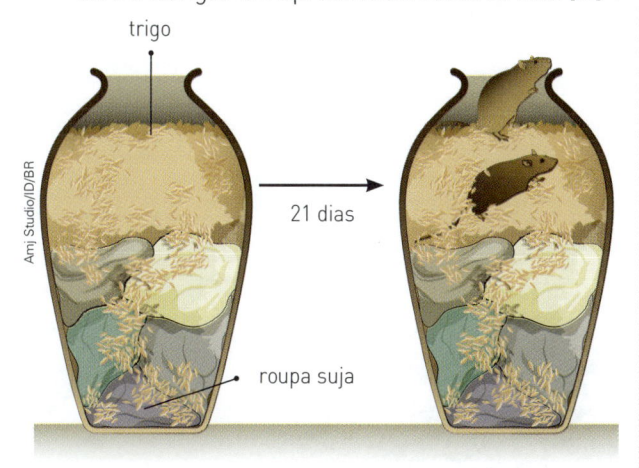

trigo

21 dias

roupa suja

Amj Studio/ID/BR

↑ **Esquema simplificado do experimento de Van Helmont.**

Hoje, sabemos que Van Helmont estava equivocado em sua proposta.

• Elabore um experimento que poderia mostrar que a receita descrita no trecho anterior não poderia gerar camundongos.

5. Elabore um parágrafo explicando por que o experimento conduzido por Francesco Redi foi utilizado pelos críticos da geração espontânea para combater essa ideia.

6. Em 1856, o médico e naturalista francês Félix Archimède Pouchet (1800-1876) iniciou a publicação de resultados de pesquisa que apresentavam indícios favoráveis à geração espontânea de microrganismos.

Em um desses experimentos, ele fervia água em um frasco selado hermeticamente e introduzia, depois do esfriamento, oxigênio puro e feno, que havia sido aquecido por meia hora a 100 °C.

Após uma semana, a mistura apresentava grande quantidade de microrganismos.

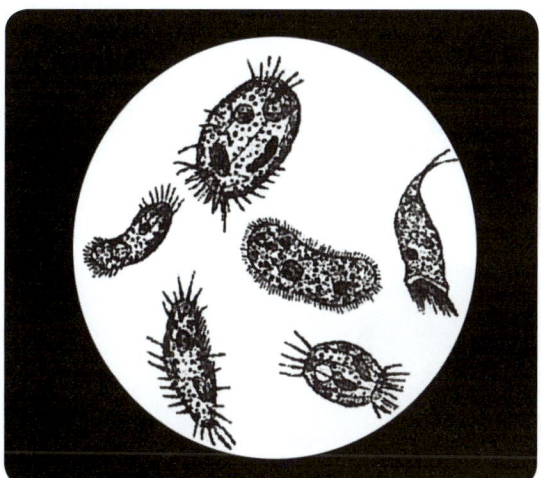

Fonte: Lilian Al-Chueyr Pereira Martins. *Filosofia e História da Biologia*. São Paulo: Associação Brasileira de Filosofia e História da Biologia, 2009. v. 4. p. 72. Fac-símile. ID/BR

↑ **Esquema de alguns microrganismos observados por Pouchet em seus experimentos.**

a) Elabore um esquema que reproduza o experimento de Pouchet descrito acima.

b) Explique por que o resultado desse experimento apresentava evidências favoráveis à geração espontânea.

c) Os experimentos de Pouchet sofreram muitas críticas de cientistas da época. Que crítica você poderia fazer ao experimento descrito acima?

A origem da vida e do Universo são temas que sempre instigaram o pensamento humano. Mitos e lendas foram criados para explicar essas origens, assim como a ciência também elaborou suas versões.

EXPLICANDO AS ORIGENS

Segundo um **mito** indígena do povo Ticuna, que vive no estado do Amazonas, os animais tiveram origem em uma árvore chamada por eles de Ngewane. De acordo com os Ticuna, essa árvore é capaz de dar origem a peixes e a muitos outros animais, e há um parentesco entre os seres criados por Ngewane. Os Ticuna acreditam que tudo está interligado, uma vez que a criação de todas as formas de vida ocorre a partir da árvore encantada.

O mito de Ngewane é um entre vários mitos criados pelos diferentes povos com o objetivo de explicar como o mundo e os seres vivos, incluindo o ser humano, surgiram. Os mitos são versões que se valem de eventos e personagens sobrenaturais.

A ciência, por sua vez, também procura explicar a origem da vida e do Universo. As **explicações científicas** são elaboradas a partir de indícios ou evidências. Por isso, elas requerem dos cientistas imaginação, criatividade e a análise de dados. As versões científicas buscam montar a história das origens a partir das informações conhecidas atualmente.

↓ Os estromatólitos são formações geradas pela atividade de cianobactérias. Alguns possuem mais de 3 bilhões de anos, constituindo uma das evidências mais antigas de seres vivos na Terra. Lago Thetis, Austrália.

Phil Hill/SPL/Latinstock

A EVOLUÇÃO QUÍMICA DA VIDA

Em 1936, o bioquímico russo Aleksandr Ivanovich Oparin (1894--1980) publicou o livro *Origem da vida na Terra*. Nessa obra, ele defende a ideia de que a matéria orgânica e os primeiros seres vivos surgiram de moléculas inorgânicas na Terra primitiva. Essa hipótese é conhecida como **hipótese da evolução química da vida**.

Oparin propôs que a atmosfera primitiva era formada por metano (CH_4), amônia (NH_3), monóxido de carbono (CO), hidrogênio (H_2) e vapor de água (H_2O). Não existia O_2, portanto também não existia a camada de ozônio (O_3). Assim, a superfície terrestre era diretamente bombardeada pela radiação UV. Além disso, as temperaturas eram elevadas, e ocorriam constantes tempestades com descargas elétricas.

> ## HIPÓTESE DE OPARIN-HALDANE
>
> Na Inglaterra, em 1939, o biólogo John Haldane (1892-1964) apresentou uma proposta semelhante à de Oparin. Assim, por causa da semelhança entre as ideias desses cientistas, a hipótese que eles defendiam também ficou conhecida como hipótese de Oparin-Haldane.

Cris Alencar/ID/BR

↑ Representação artística das condições da Terra primitiva, conforme imaginada por Oparin. Note a presença de raios e água líquida. Com temperaturas elevadas, essas condições parecem ter sido fundamentais para o surgimento das moléculas precursoras das primeiras formas de vida. (Representação sem proporção de tamanho e distância; cores-fantasia.)

Segundo a hipótese de Oparin, esse ambiente favorecia a ocorrência de inúmeras reações químicas entre os componentes da atmosfera. A partir dessas reações, teriam surgido substâncias mais complexas, como açúcares, aminoácidos, ácidos graxos e nucleotídeos. Essas substâncias compõem os seres vivos que conhecemos hoje.

Ao realizar seus experimentos, Oparin observou que, quando proteínas estavam dispersas em uma solução, elas se associavam em estruturas com pequeno diâmetro. Ele chamou essas estruturas de **coacervados** e acreditava que elas teriam se formado nos oceanos primitivos. O primeiro ser vivo teria sido, então, um coacervado que tinha desenvolvido a capacidade de se reproduzir.

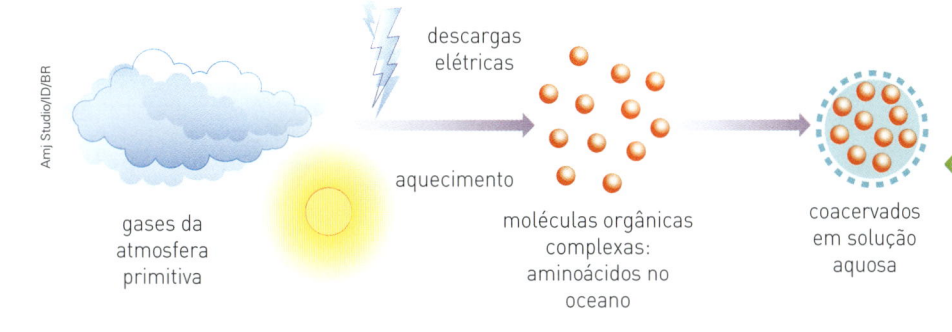

Amj Studio/ID/BR

gases da atmosfera primitiva

descargas elétricas

aquecimento

moléculas orgânicas complexas: aminoácidos no oceano

coacervados em solução aquosa

← De acordo com Oparin, os coacervados seriam formados a partir de moléculas orgânicas geradas por reações químicas entre os componentes da atmosfera primitiva. (Representação sem proporção de tamanho; cores-fantasia.)

O EXPERIMENTO DE MILLER E UREY

Em 1953, os cientistas estadunidenses Stanley Miller (1940-2007) e Harold Urey (1893-1981) elaboraram um experimento com base na hipótese de Oparin-Haldane. Eles construíram um aparelho que simulava as condições ambientais da Terra primitiva da forma como Oparin e Haldane imaginaram. Veja o esquema abaixo.

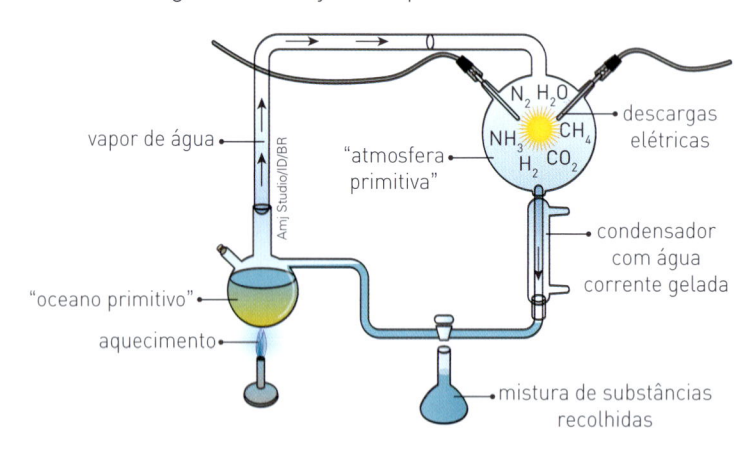

Esquema do experimento montado por Miller e Urey, no qual as condições da Terra primitiva imaginadas por Oparin e Haldane foram simuladas. O balão com água sendo aquecida representa os oceanos primitivos; e o balão com os gases representa a suposta atmosfera terrestre submetida a descargas elétricas, que simulam os raios. (Representação sem proporção de tamanho; cores-fantasia.)

Fonte de pesquisa: Peter H. Raven e outros. *Biology*. 10. ed. New York: McGraw-Hill, 2014. p. 64.

O experimento produziu moléculas orgânicas, entre elas aminoácidos, que são as unidades básicas das proteínas. Esse resultado foi considerado uma evidência favorável às ideias de Oparin e Haldane.

O EXPERIMENTO DE FOX

Pouco depois, em 1957, outro cientista estadunidense, Sidney Fox (1912-1998), realizou mais um experimento que ajudou a sustentar a hipótese de Oparin-Haldane.

Fox depositou uma mistura de aminoácidos sobre uma superfície aquecida, tentando simular as rochas da Terra primitiva, que provavelmente apresentavam altas temperaturas. Como resultado, formaram-se cadeias de aminoácidos, às quais ele chamou de proteinoides.

Em outro experimento, Fox aqueceu os proteinoides em água e notou que eles formavam pequenas esferas, que ele chamou de microesferas. Algumas características dessas estruturas, como o formato e a capacidade de se dividir, levaram Fox a especular que elas poderiam representar um estágio anterior à formação das primeiras células.

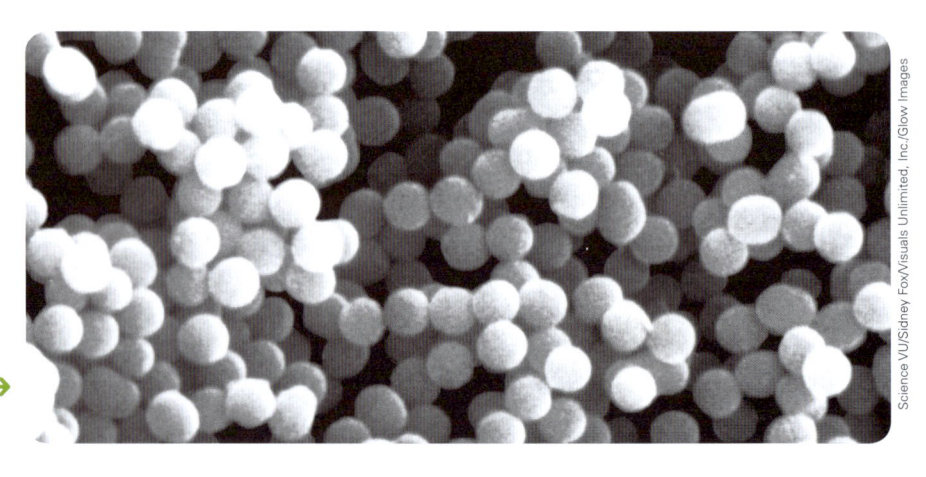

As microesferas que Fox obteve em seus experimentos são semelhantes às células mais simples conhecidas atualmente.

A HIPÓTESE DO MUNDO DE RNA

O RNA (ácido ribonucleico) é uma molécula envolvida na coordenação de algumas atividades celulares e na produção de proteínas. Mas, para que o RNA possa realizar essas funções, determinadas enzimas são necessárias. Por isso, a questão de quem surgiu primeiro, o RNA ou as proteínas, vem sendo alvo de estudos científicos há muitos anos.

No início dos anos 1980, descobriu-se a ribozima, um tipo de RNA capaz de acelerar reações químicas e se autoduplicar. Essa descoberta fortaleceu a **hipótese do mundo de RNA**, que propõe que o RNA é a molécula primordial a partir da qual a vida surgiu. Veja o esquema a seguir.

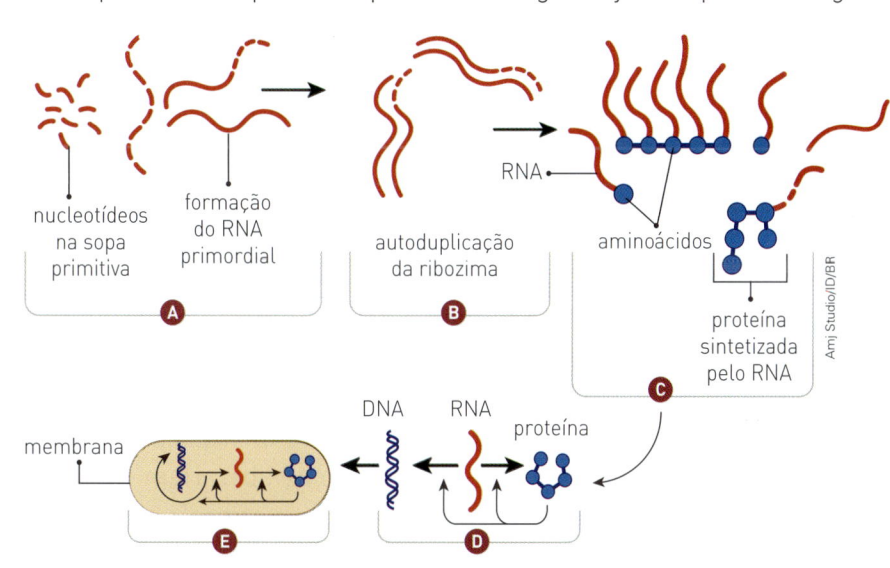

nucleotídeos na sopa primitiva

formação do RNA primordial

A

autoduplicação da ribozima

B

RNA

aminoácidos

proteína sintetizada pelo RNA

C

membrana

DNA   RNA   proteína

E

D

Amj Studio/ID/BR

← Esquema da hipótese do mundo de RNA. De acordo com essa hipótese, o próprio RNA deveria ter se formado abiogenicamente, nas condições da Terra primitiva **(A)**; essa molécula teria a capacidade de se autoduplicar, sem a participação de outras enzimas **(B)**; com base no RNA, teriam surgido DNA **(D)** e proteínas **(C, D)**; com o tempo, seria formada uma célula primitiva **(E)**. (Representação sem proporção de tamanho; cores-fantasia.)

Fonte de pesquisa: James D. Watson e outros. *Biologia molecular do gene*. Porto Alegre: Artmed, 2015. p. 606.

A HIPÓTESE DA PANSPERMIA

Alguns cientistas defendem a ideia de que as moléculas precursoras das primeiras formas de vida ou, até mesmo, os primeiros seres vivos vieram do espaço. Trata-se da **hipótese da panspermia**.

Os defensores dessa hipótese baseiam-se, entre outras evidências, na descoberta de matéria orgânica em corpos celestes, tais como meteoritos e asteroides. Esses achados acabaram por alavancar um novo campo de estudos, a **exobiologia** ou **astrobiologia**, que busca investigar a existência de seres vivos em outros lugares do Universo.

largura: 3,7 km

EUROPEAN SPACE AGENCY/ROSETTA/OSIRIS TEAM/SPL/Latinstock

← Foto do cometa 67P/Churyumov-Gerasimenko, no qual foram descobertas moléculas orgânicas como a glicina, aminoácido encontrado nos seres vivos. Descobertas como essa são utilizadas como argumentos pelos defensores da hipótese da panspermia.

AS HIPÓTESES HETEROTRÓFICA E AUTOTRÓFICA

Uma das questões sobre os primeiros seres vivos que a ciência procura responder é: De que maneira eles obtinham energia? Há duas hipóteses básicas que se propõem a responder a essa pergunta: a hipótese heterotrófica e a hipótese autotrófica.

A HIPÓTESE HETEROTRÓFICA

De acordo com a **hipótese heterotrófica**, os primeiros seres vivos não conseguiriam produzir o próprio alimento. Essa hipótese se baseia na ideia de que os processos de produção de matéria orgânica, como a fotossíntese, são bastante complexos e dificilmente teriam se desenvolvido nos primeiros seres vivos.

Dessa forma, o alimento necessário à manutenção das primeiras formas de vida seria formado pela matéria orgânica disponível nos oceanos primitivos. Essa matéria orgânica seria formada constantemente por reações químicas favorecidas pelas condições ambientais.

De acordo com essa hipótese, a energia seria extraída das moléculas orgânicas por meio da fermentação. O aumento da concentração de CO_2 na atmosfera, liberado pela fermentação, teria favorecido o surgimento de organismos capazes de aproveitar a energia luminosa e o gás carbônico para produzir sua própria matéria orgânica: os seres autótrofos fotossintetizantes. Esses organismos liberariam O_2 para a atmosfera, e o aumento da concentração de O_2 na atmosfera teria permitido o surgimento dos organismos aeróbios.

A HIPÓTESE AUTOTRÓFICA

A hipótese heterotrófica foi a mais aceita durante muito tempo, até que, na década de 1970, foram descobertos, em fendas vulcânicas marinhas, organismos unicelulares vivendo em temperaturas elevadas,

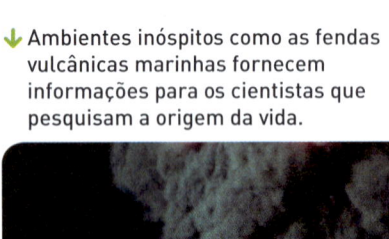

↓ **Ambientes inóspitos como as fendas vulcânicas marinhas fornecem informações para os cientistas que pesquisam a origem da vida.**

que podem ser superiores a 80 °C. Essas fendas são um ambiente bastante inóspito, provavelmente parecido com a Terra primitiva. Esses organismos, conhecidos como **arqueas**, são autótrofos quimiossintetizantes.

Os críticos da hipótese heterotrófica argumentavam que a quantidade de matéria orgânica formada espontaneamente seria incapaz de alimentar as primeiras populações de seres vivos. Com a descoberta das arqueas, a **hipótese autotrófica**, segundo a qual os primeiros seres vivos seriam capazes de produzir seu próprio alimento, ganhou força na comunidade científica.

Atualmente, os defensores da hipótese autotrófica consideram que os primeiros seres vivos eram autótrofos fermentadores. Ao longo do tempo, teriam surgido, na sequência, os autótrofos fotossintetizadores, os heterótrofos fermentadores e os heterótrofos aeróbios.

Woods Hole Oceanographic Institution/Visuals Unlimited, Inc./Glow Images

ATIVIDADES

RETOMAR E COMPREENDER

1. O mito de Ngewane foi criado pelos Ticuna para explicar a origem dos animais.

    a) O que é um mito?

    b) Que outro mito sobre a origem dos seres vivos você conhece? Relate-o brevemente.

2. Escolha a alternativa que apresenta a ideia básica sobre a origem da vida, compartilhada pelas principais hipóteses estudadas neste capítulo.

    a) Os seres vivos surgiram de forma abrupta.

    b) Os seres vivos surgiram graças ao aparecimento das moléculas de RNA.

    c) Os seres vivos surgiram, por evolução química, a partir de moléculas precursoras formadas por reações químicas espontâneas.

    d) Os primeiros seres vivos necessariamente deveriam ser autótrofos.

    e) Os primeiros seres vivos necessariamente deveriam ser heterótrofos.

3. No caderno, relacione as hipóteses a seguir com as definições apresentadas na sequência.

    A. Hipótese do mundo de RNA

    B. Hipótese de Oparin-Haldane

    C. Hipótese heterotrófica

    D. Hipótese autotrófica

    E. Hipótese da panspermia

    I. De acordo com essa hipótese, a matéria orgânica e até mesmo os primeiros seres vivos vieram do espaço.

    II. Os coacervados foram os precursores das primeiras formas de vida.

    III. Essa hipótese ganhou força após a descoberta das ribozimas.

    IV. Como os primeiros seres vivos devem ter sido muito simples, eles não teriam capacidade de produzir o próprio alimento.

    V. A matéria orgânica produzida espontaneamente provavelmente não seria suficiente para alimentar os primeiros seres vivos.

4. Os experimentos de Fox e de Miller e Urey forneceram evidências favoráveis à hipótese da evolução química para a origem dos seres vivos.

    • Você concorda com essa afirmação? Justifique.

APLICAR

5. Leia o texto a seguir e faça o que se pede.

Vida em lua de Saturno?

[...] durante uma de suas órbitas ao redor de Enceladus [uma das luas de Saturno], a sonda espacial Cassini (fortuitamente) passou através de um imenso jato de vapor de água lançada ao espaço e realizou uma série de leituras. Os resultados foram enviados à Terra e revelaram que o material continha diversas partículas e H_2, isto é, hidrogênio molecular.

Os cientistas acreditam que o H_2 seja resultado de reações hidrotermais entre rochas quentes e a água que se encontra sob a camada de gelo da superfície. Segundo explicaram, aqui no nosso planeta, é exatamente esse processo que fornece energia aos ecossistemas que se formam nas proximidades de fontes hidrotermais. Por aqui, os organismos que se desenvolvem nesses locais consomem o hidrogênio como alimento e liberam o metano. E adivinhe só: os pesquisadores também detectaram metano em Enceladus!

[...] No jato lançado pela superfície de Enceladus, a sonda detectou água, gelo, silicatos, sais e grandes quantidades de dióxido de carbono. Tomando a Terra como referência mais uma vez, o hidrogênio molecular e o CO_2 são fundamentais para que um processo chamado metagênese — que consiste em uma reação que permite que micróbios possam sobreviver em ambientes subterrâneos sem luz — possa acontecer. [...]

Maria Luciana Rincón. NASA anuncia que lua de Saturno poderia abrigar formas de vida. Tecmundo. 13 abr. 2017. Disponível em: <https://www.tecmundo.com.br/exploracao-espacial/115846-nasa-anuncia-lua-saturno-abrigar-formas-vida.htm>. Acesso em: 16 jul. 2017.

a) A qual hipótese sobre a origem da vida podem ser associados os organismos que realizam metagênese e vivem em ambientes subterrâneos sem luz?

b) Alguns cientistas acreditam que a vida na Terra teve origem em outras regiões do Universo. Elabore uma hipótese que explique como eventuais microrganismos existentes em Enceladus poderiam ter dado origem à vida na Terra.

IDEIAS SOBRE A EVOLUÇÃO DOS SERES VIVOS

Por muito tempo perdurou o pensamento de que os seres vivos não mudavam. Contudo, a ideia de que os organismos se transformavam foi se desenvolvendo, muito graças ao trabalho de cientistas como Lamarck, Darwin e Wallace.

IDEIAS FIXISTAS

A **evolução biológica** é o processo em que os organismos se modificam ao longo do tempo. Esse conceito é bastante recente na história da humanidade. Para o filósofo grego Aristóteles, por exemplo, os seres vivos eram fixos, isto é, não mudavam ao longo do tempo. Esse ponto de vista, conhecido como **fixismo**, foi bastante aceito até o século XIX.

Outra ideia muito aceita até alguns séculos era que o mundo estava organizado de acordo com uma escala, em que todos os seres – não apenas os seres vivos – obedeciam a uma organização com crescentes graus de complexidade ou de perfeição. Essa ideia é conhecida como a **grande cadeia do ser**. Para Aristóteles e muitos estudiosos que vieram antes e depois dele, todas as coisas do mundo estavam ligadas entre si por essa escala.

Durante a Idade Média, a influência da Igreja católica na Europa fez com que as ideias de Aristóteles fossem adotadas e adaptadas. Assim, o mundo teria sido criado por Deus, que o teria organizado de acordo com um plano no qual cada ser tem uma função predefinida. Os seres vivos teriam sido criados da forma como os conhecemos, ou seja, nunca haviam mudado. É nesse cenário que surgem as ideias de que as espécies de seres vivos se modificam ao longo do tempo, chamadas **transformismo** ou **evolucionismo**.

↓ De acordo com a ideia da grande cadeia do ser, todos os seres teriam sido criados da forma como os conhecemos, e estariam organizados em níveis de hierarquia. Assim, os seres humanos seriam superiores aos animais, que seriam superiores às plantas e, estas, aos minerais.

Sašo Cičko/Cigoja/Moment RF/Getty Images

IDEIAS EVOLUCIONISTAS

No século XVIII, com o estudo dos fósseis, surgiram algumas ideias novas, como a ideia de que as espécies podem ser extintas. Os estudos de anatomia comparada com base nos fósseis e a ideia de que a Terra poderia ser mais antiga do que se imaginava tiveram um papel importante para o desenvolvimento das ideias evolucionistas.

AS IDEIAS DE LAMARCK

Um dos primeiros estudiosos a propor uma teoria evolucionista foi o naturalista francês Jean Baptiste Pierre Antoine de Monet, cavaleiro de **Lamarck** (1744-1829).

Para Lamarck, organismos muito simples se originariam por geração espontânea, a partir de matéria inanimada. As mudanças nos seres vivos ocorreriam de forma inevitável, sempre aumentando a complexidade do organismo. Essas mudanças não ocorreriam ao acaso, mas de forma direcionada e regular.

Além disso, Lamarck acreditava que mudanças no organismo ocorreriam como resposta às necessidades impostas pelo ambiente. Essas necessidades demandariam mudança de comportamento do ser vivo. Dessa forma, por exemplo, o uso frequente de um determinado órgão faria com que ele se desenvolvesse e aumentasse de tamanho. Já a falta de uso (desuso) teria o efeito contrário, atrofiando o órgão. Esse princípio ficou conhecido como **lei do uso e do desuso**.

Lamarck também compartilhava uma ideia, bastante aceita em sua época, conhecida como **lei da herança dos caracteres adquiridos**. Segundo essa lei, a característica adquirida pelo uso ou desuso de uma parte do corpo poderia ser passada às gerações seguintes.

Atualmente, as ideias de Lamarck não são aceitas. No entanto, elas foram revolucionárias naquela época, dominada por ideias criacionistas e fixistas. As ideias de Lamarck marcaram, em alguma medida, uma nova forma de entender a história da vida no planeta Terra.

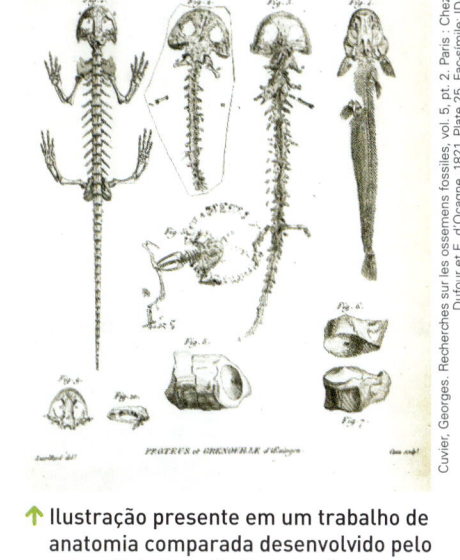

Cuvier, Georges. Recherches sur les ossemens fossiles, vol. 5, pt. 2. Paris.: Chez G. Dufour et E. d'Ocagne, 1821. Plate 25. Fac-símile. ID/BR

↑ Ilustração presente em um trabalho de anatomia comparada desenvolvido pelo naturalista francês Georges Cuvier (1769-1832). Nele, Cuvier compara fósseis e ossos de salamandra, de um sapo e de um peixe.

LIVRO ABERTO

A fascinante aventura da vida: a evolução dos seres vivos, de Suzana Facchini Granato e Neide Simões de Mattos. São Paulo: Atual, 2011.

A obra aborda a evolução dos seres vivos e as experiências que levaram os cientistas às hipóteses mais prováveis para explicar como ocorre a evolução.

comprimento: 75 cm

Jaap van der Velden/Alamy/Fotoarena

comprimento: 25 cm

João Prudente/Pulsar Imagens

comprimento: 90 cm

Juergen Ritterbach/Alamy/Fotoarena

← Para Lamarck, as aves aquáticas, como os atobás (*Sula leucogaster*; **A**), acabaram adquirindo as membranas entre os dedos ao esticarem seus dedos durante a natação. No caso do sabiá (*Turdus rufiventris*; **B**), o hábito de pousar em galhos teria feito com que seus dedos se recurvassem. O hábito da garça (*Casmerodius albus*; **C**) de pescar à beira d'água teria levado ao alongamento de seu pescoço.

A EVOLUÇÃO BIOLÓGICA SEGUNDO DARWIN

Charles Robert Darwin (1809-1882) foi um dos mais importantes estudiosos da história ocidental. A sua teoria da evolução representou um marco na forma de entender e interpretar os fenômenos do mundo vivo. Além disso, as ideias de Darwin modificaram a forma de o ser humano enxergar a si mesmo, uma vez que ele passou a entender que é apenas mais uma espécie entre as milhares de espécies de seres vivos.

Entre os anos de 1831 e 1836, Darwin fez uma viagem a bordo do navio da Marinha Real Britânica HMS Beagle. A finalidade da viagem era realizar estudos cartográficos da costa sul-americana.

Trajeto da viagem feita pelo HMS Beagle

João Miguel A. Moreira/ID/BR

↑ Note que Darwin, durante o percurso, esteve no Brasil, visitando a Bahia e o Rio de Janeiro.

Fonte de pesquisa: Cleveland P. Hickman; Larry S. Roberts Jr.; Allan Larson. *Integrated principles of Zoology*. 11. ed. Boston: McGraw Hill, 2001. p. 107.

ornitólogo: estudioso das aves.

Ao longo do percurso, Darwin acabou exercendo o papel de naturalista ao coletar muitos espécimes e fazer um estudo bem detalhado das regiões visitadas. A partir das observações feitas nessa viagem, Darwin formulou suas ideias acerca da evolução dos seres vivos.

O arquipélago de Galápagos, localizado no litoral do Equador, foi um dos locais visitados pelo HMS Beagle. Como em todos os lugares por onde passou, Darwin fez observações e coletou exemplares de animais e vegetais de Galápagos.

Ao retornar à Inglaterra, em 1836, Darwin enviou as aves coletadas ao <u>ornitólogo</u> John Gould (1804-1881), que examinou cada exemplar. As observações que fez nas ilhas, e os estudos feitos por Gould, levaram Darwin a perceber que, em certos grupos de pássaros, a forma dos bicos variava de acordo com o tipo de alimento disponível na ilha que habitavam. Assim, Darwin entendeu que as espécies variavam não apenas de acordo com o tempo, como mostravam os fósseis, mas também de acordo com o ambiente em que viviam.

frutos · sementes · cactos · insetos

Cris Alencar/ID/BR

↑ Os tentilhões foram algumas das aves observadas por Darwin em Galápagos. O bico dessas aves são adaptados a diferentes tipos de alimentos, como frutos, sementes, cactos e insetos. (Representação sem proporção de tamanho; cores-fantasia.)

A seleção natural

Influenciado pelo livro *Ensaio sobre o princípio da população*, do inglês Thomas Malthus (1766-1834), Darwin concluiu que, quando não há alimento suficiente para um grupo de seres vivos, instala-se uma **competição** entre os indivíduos pela sobrevivência.

Mas como obter alimentos? Como vencer a competição? Segundo Darwin, os indivíduos mais aptos para obter os recursos do ambiente, ou seja, os que caçam melhor, escapam com mais frequência de seus predadores, conseguem localizar os alimentos com mais facilidade, entre outras características, conseguiriam sobreviver por mais tempo. Ocorreria a sobrevivência dos mais aptos, uma **seleção natural**.

Assim, a existência da **variabilidade** entre os indivíduos de uma população é uma das características que constituem a base da teoria darwinista. Os indivíduos com variações que os tornem mais aptos têm mais chances de sobrevivência e deixam mais descendentes para os quais passam suas características. Ao longo das gerações, o acúmulo de variações poderia gerar novas espécies a partir de um grupo ancestral comum.

ALFRED WALLACE

Darwin iniciou a formulação de sua teoria durante sua viagem a bordo do Beagle. No entanto, por receio das reações que suas ideias poderiam causar, ele não chegou a divulgar sua teoria publicamente.

Então, em 1858, o naturalista **Alfred Russel Wallace** (1823-1913) enviou a Darwin um estudo com ideias muito próximas às dele. Assim, Darwin e Wallace concordaram que suas ideias fossem apresentadas em conjunto em uma reunião de cientistas em Londres.

Naquele momento não houve grande repercussão. Wallace prosseguiu seus estudos, enquanto Darwin foi convencido a escrever e publicar suas ideias. Assim, em 1859 foi publicada a primeira edição de *A origem das espécies*, em que Darwin explicava detalhadamente suas ideias sobre a evolução dos seres vivos.

A partir de então, a teoria de Darwin passou a ser uma das mais debatidas nos meios científicos e não científicos. Atualmente, ela é considerada a base da Biologia moderna, e o livro *A origem das espécies* é, até hoje, um dos mais vendidos no mundo.

↑ Charles R. Darwin **(A)** e Alfred R. Wallace **(B)**.

A INFLUÊNCIA DA SOCIEDADE NA CIÊNCIA

As ideias de Lamarck não tiveram grande repercussão na época, mas elas mostram mudanças no pensamento científico europeu no final do século XVIII, as quais se intensificaram ao longo do século seguinte.

A Europa e, em particular, a Inglaterra passavam por um período de intensas mudanças sociais, políticas e econômicas provocadas pela Revolução Industrial. Assim, as ideias de progresso e mudança tornaram-se cada vez mais comuns.

É nesse contexto que, de forma independente uma da outra, se desenvolveram as ideias evolucionistas de Charles Darwin e Alfred Wallace, o que reforça a hipótese de que o contexto cultural teve um papel fundamental na formulação das ideias sobre a evolução.

ADAPTAÇÕES

Uma **adaptação** pode ser definida como uma característica que torna o ser vivo adaptado ao ambiente onde ele vive. Estar adaptado significa estar apto a sobreviver e a se reproduzir, ou seja, possuir características hereditárias ajustadas ao ambiente - características estas que passaram pela seleção natural.

Algumas adaptações chamam a atenção, seja pelo aspecto que conferem ao ser vivo, seja pela estratégia de sobrevivência ou reprodução. Veja alguns exemplos a seguir.

RETOMAR

Veja **adaptações** e comente sobre as vantagens que essas características conferem aos seres vivos.

ADAPTAÇÕES

Camuflagem
A forma e/ou a coloração do ser vivo ajuda-o a se confundir com o ambiente.

← A lagartixa-satânica-cauda-de-folha tem coloração e forma semelhantes a das folhas secas; assim, a chance de predadores conseguirem vê-la diminui.

comprimento: 12 cm

Nick Garbutt/Nature PL/Fotoarena

Mimetismo
Um ser vivo de uma espécie se parece com outro de outra espécie.

← A borboleta-monarca tem gosto desagradável. A borboleta-vice-rei é muito parecida com a borboleta-monarca, mas não tem gosto desagradável. Assim, animais que evitam a borboleta-monarca tendem a evitar também a borboleta-vice-rei.

envergadura (borboleta-monarca, à esquerda): 7 cm

Phil Savoie/Nature PL/Fotoarena

Coloração aposemática
O ser vivo apresenta cores chamativas para indicar a um predador que ele é perigoso.

← As rãs do gênero *Dendrobates*, encontradas na floresta Amazônica, possuem toxinas na pele, que podem matar diversos seres vivos.

comprimento: 4 cm

Gerard Lacz/Minden/Fotoarena

A TEORIA SINTÉTICA DA EVOLUÇÃO

Na época de Darwin, a genética ainda não existia como campo de estudo. Dessa forma, Darwin não era capaz de explicar, com sua teoria, a origem das diferenças entre indivíduos da mesma espécie.

As lacunas da teoria de Darwin puderam ser preenchidas pela **teoria sintética da evolução** ou **neodarwinismo**. Em linhas gerais, a teoria sintética da evolução foi capaz de estabelecer a conexão entre os genes e o mecanismo da evolução por seleção natural.

De acordo com o neodarwinismo, fatores genéticos como as mutações e a recombinação gênica promovem a variabilidade entre organismos da mesma espécie. Essa variabilidade está sujeita à ação da seleção natural. Isso significa que são selecionados os seres vivos mais adaptados ao contexto ecológico em que vivem.

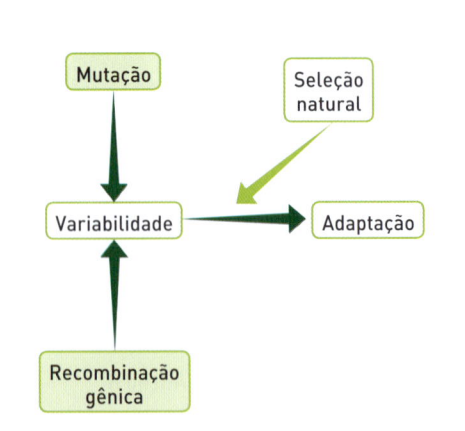

Mutação → Variabilidade
Seleção natural → Adaptação
Recombinação gênica → Variabilidade

RETOMAR E COMPREENDER

1. As afirmações abaixo apresentam pontos de vista distintos sobre a evolução dos seres vivos. Analise-as e identifique cada uma com um L, caso seja uma ideia lamarquista, com um D, se for associada às ideias de Darwin, ou com um F, se for uma ideia fixista.

   a) Os seres vivos estão organizados de acordo com uma hierarquia que obedece a uma progressão em graus de perfeição.

   b) A evolução sempre ocorre, pois os seres precisam se adaptar ao meio para poder sobreviver.

   c) Há uma variabilidade natural entre os indivíduos de uma dada espécie. Essas pequenas diferenças podem determinar a sobrevivência dos mais adaptados.

   d) De acordo com as necessidades impostas pelo ambiente, os seres vivos podem usar mais um órgão, que acaba por se desenvolver. Desse fenômeno decorre a evolução.

2. Que papel exerceram os fósseis encontrados pelos cientistas no desenvolvimento das ideias evolucionistas?

3. Apesar de Darwin reconhecer a variabilidade entre os indivíduos de uma mesma espécie, ele não era capaz de explicar de forma aprofundada a origem dessas variações. Atualmente, o darwinismo, aliado aos conhecimentos genéticos, pode ser observado na teoria denominada:

   a) darwinista.

   b) fixista.

   c) mendeliana.

   d) sintética da evolução.

   e) neolamarckismo.

4. As imagens a seguir ilustram estratégias de adaptação de diferentes animais.

Alan Blank/Avalon/Bruce Coleman

← Borboleta do gênero *Caligo*. As manchas das asas lembram os olhos de uma coruja.

largura: 12 cm

Alex Mustard/Nature PL/Fotoarena

→ O dragão-marinho (*Phycodurus eques*) apresenta expansões corporais que lembram algas.

comprimento: 30 cm

Design Pics Inc/Alamy/Fotoarena

← Essa serpente do gênero *Diadophis* apresenta cores chamativas.

comprimento: 35 cm

Matthijs Wetterauw/Alamy/Fotoarena

← A coloração desse sapo (*Bufo bufo*) é muito semelhante à coloração do solo.

comprimento: 7 cm

- Identifique cada uma das estratégias mostradas como mimetismo, camuflagem ou coloração aposemática.

APLICAR

5. Leia o texto e responda a questão a seguir.

   Certas reportagens veiculadas por jornais, revistas e portais costumam explicar o surgimento de bactérias super-resistentes como uma adaptação desses microrganismos ao uso indevido de antibióticos. De fato, as bactérias super-resistentes têm relação com esse uso indevido. Mas, para os biólogos, as linhagens super-resistentes não surgem porque as bactérias "criaram resistência" contra os antibióticos.

   - De que maneira a relação entre as bactérias super-resistentes e o uso inadequado de antibióticos pode ser explicada? Utilize em sua resposta elementos da teoria sintética da evolução.

A EVOLUÇÃO ACONTECE

A evolução dos seres vivos é considerada um fato científico. Neste capítulo, você conhecerá algumas evidências da evolução e um pouco da história da vida na Terra, em especial da evolução humana.

EVIDÊNCIAS DA EVOLUÇÃO DOS SERES VIVOS

Desde que Charles Darwin e Alfred Wallace apresentaram suas explicações para a evolução dos seres vivos, muitos cientistas passaram a buscar, na natureza, **evidências** para esse processo.

Hoje conhecemos muitas dessas evidências. Entre elas estão os fósseis, os órgãos homólogos, os órgãos análogos e os órgãos vestigiais.

FÓSSEIS

Os **fósseis** são vestígios deixados por organismos que viveram há muito tempo e que ficaram preservados em materiais como rochas ou âmbar. Esses vestígios podem ser partes do esqueleto, dentes, ovos, folhas, pegadas e até mesmo fezes.

Utilizando métodos de datação, é possível estimar a idade aproximada de um fóssil. Ao analisar fósseis encontrados no mundo inteiro e compará-los com outros fósseis e com espécies existentes atualmente, os cientistas podem propor hipóteses de relações de parentesco evolutivo entre as espécies. Podem indicar, também, a provável sequência de surgimento e de extinção de espécies.

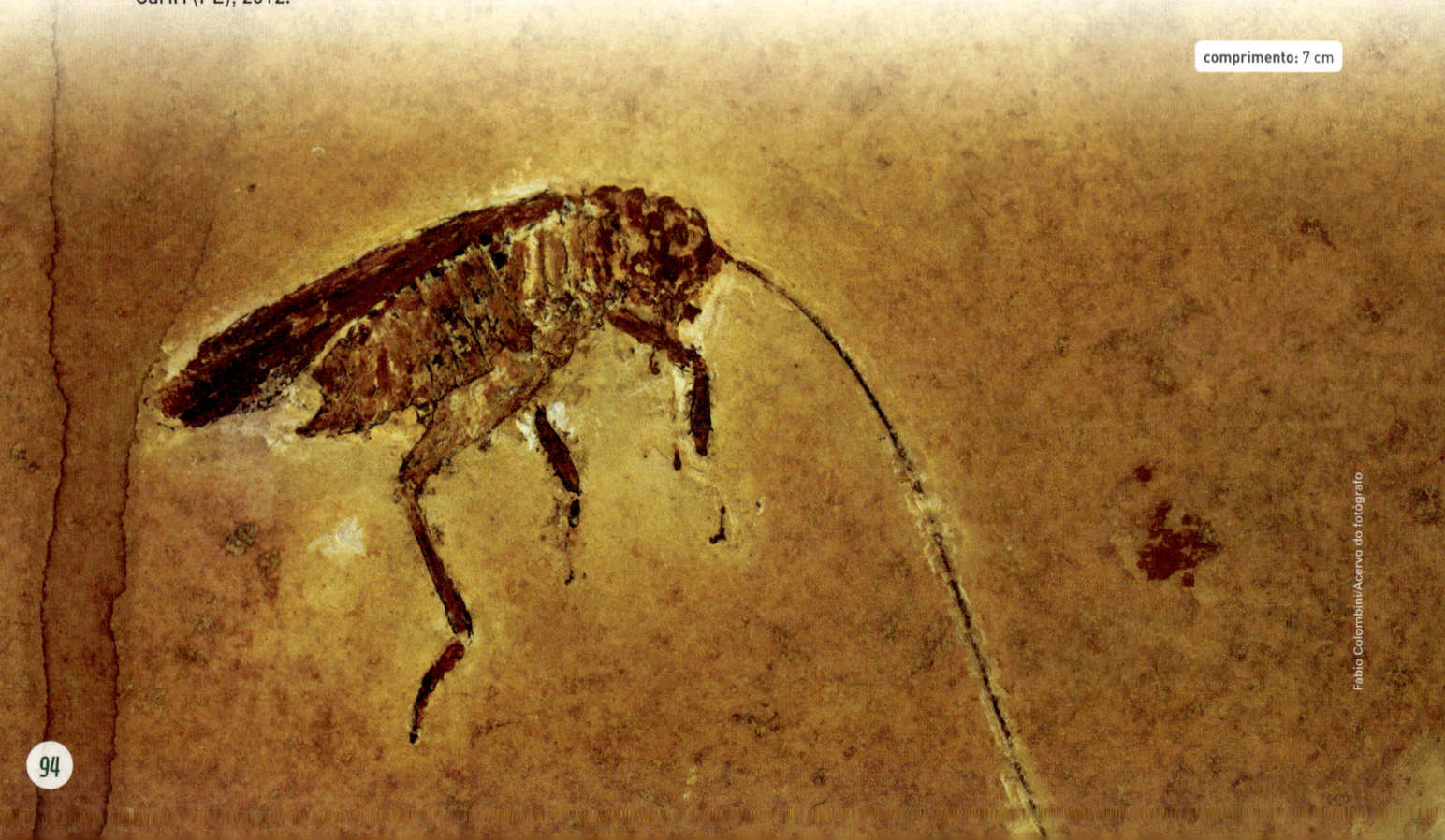

↓ **Fóssil de grilo**, de cerca de 110 milhões de anos, encontrado na Chapada do Araripe (PE). Santana do Cariri (PE), 2012.

comprimento: 7 cm

Fabio Colombini/Acervo do fotógrafo

ÓRGÃOS ANÁLOGOS

Os **órgãos análogos** são aqueles que não têm a mesma origem embrionária, mas exercem a mesma função em seres vivos de espécies diferentes. A origem desses órgãos é uma evidência de que a seleção natural atuou de forma semelhante em grupos diferentes de seres vivos, muitas vezes separados por milhões de anos.

Exemplos de órgãos análogos são as asas de insetos e aves, animais pouco aparentados evolutivamente, que exercem a mesma função básica: o voo.

ÓRGÃOS HOMÓLOGOS

Os **órgãos homólogos** são aqueles que, em diferentes espécies de seres vivos, apresentam a mesma origem embrionária. Isso significa que esses órgãos se desenvolvem a partir de regiões correspondentes nos embriões dessas espécies.

Em certos casos, os órgãos homólogos não apresentam a mesma função nos indivíduos adultos de cada espécie. Por exemplo, o braço de um ser humano, a perna de um cavalo, a asa de um morcego e a nadadeira de uma baleia são considerados órgãos homólogos.

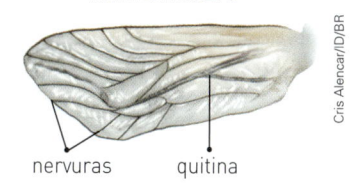

ASA DE INSETO

nervuras — quitina

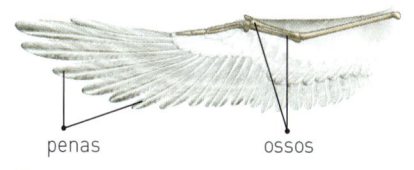

ASA DE AVE

penas — ossos

⬆ As asas dos insetos não têm ossos; as asas das aves apresentam, além de ossos, penas. (Representação sem proporção de tamanho; cores-fantasia.)

Fonte de pesquisa: Mark Ridley. *Evolução*. 3. ed. Porto Alegre: Artmed, 2008. p. 79-83.

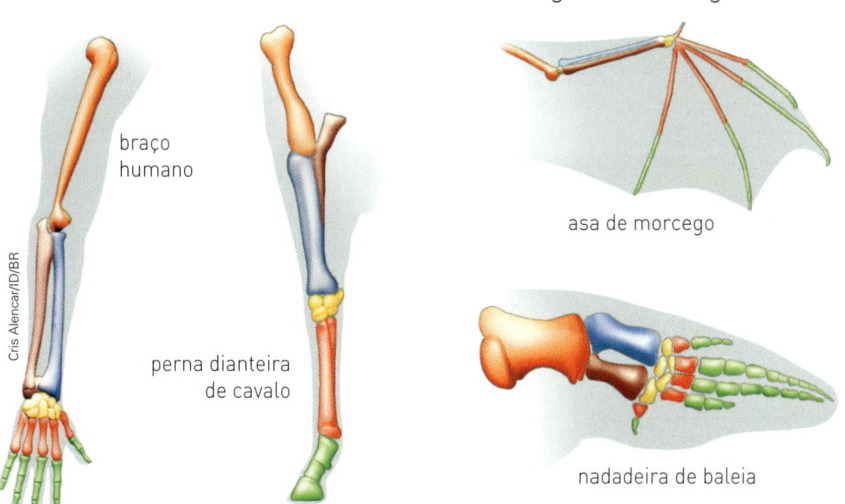

braço humano

perna dianteira de cavalo

asa de morcego

nadadeira de baleia

⬅ Membros anteriores de alguns mamíferos. A correspondência entre os ossos dos animais está representada com a mesma cor. (Representação sem proporção de tamanho; cores-fantasia.)

Fonte de pesquisa: Mark Ridley. *Evolução*. 3. ed. Porto Alegre: Artmed, 2006. p. 452.

Isso é uma evidência de que os ancestrais dessas espécies passaram por processos de seleção natural distintos, que modificaram de maneira diferente os órgãos de cada espécie. Indica também que essas espécies apresentam parentesco evolutivo próximo.

ÓRGÃOS VESTIGIAIS

Os **órgãos vestigiais** são aqueles que se encontram atrofiados ou sem função em uma determinada espécie, mas bem desenvolvidos e com função importante em outras espécies.

A membrana nictitante é um órgão vestigial atrofiado no ser humano. Nas aves, ela oferece proteção aos olhos durante o voo.

Os órgãos vestigiais são evidências da evolução porque mostram a ancestralidade comum entre diferentes espécies e a seleção natural atuando de formas diferentes em grupos diferentes de seres vivos.

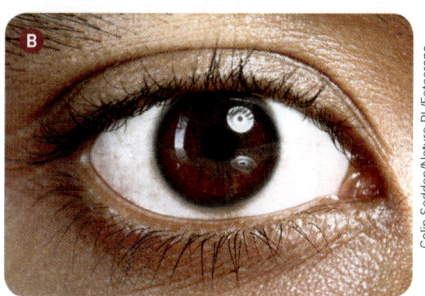

⬆ A membrana nictitante (**A**), importante para as aves por oferecer proteção aos olhos durante o voo, é apenas um vestígio no olho humano (**B**).

O TEMPO GEOLÓGICO

A idade da Terra é estimada em 4,6 bilhões de anos. As rochas mais antigas datam de 3,9 bilhões, aproximadamente a mesma idade dos vestígios fósseis conhecidos das primeiras formas de vida.

O **tempo geológico**, ou seja, o tempo iniciado com o surgimento da Terra, é comumente dividido em intervalos grandes de tempo, chamados de **éons geológicos**. Por sua vez, os éons são subdivididos em **eras geológicas**, e estas, em **períodos geológicos**. Por sua vez, os períodos são subdivididos em **épocas geológicas**. As divisões e subdivisões seguem um padrão de acordo com a presença de eventos marcantes.

O esquema abaixo apresenta os principais eventos biológicos ocorridos durante o tempo geológico.

ANALISAR

Interaja com o **tempo geológico** e identifique o íon em que ocorreu a diversificação da vida.

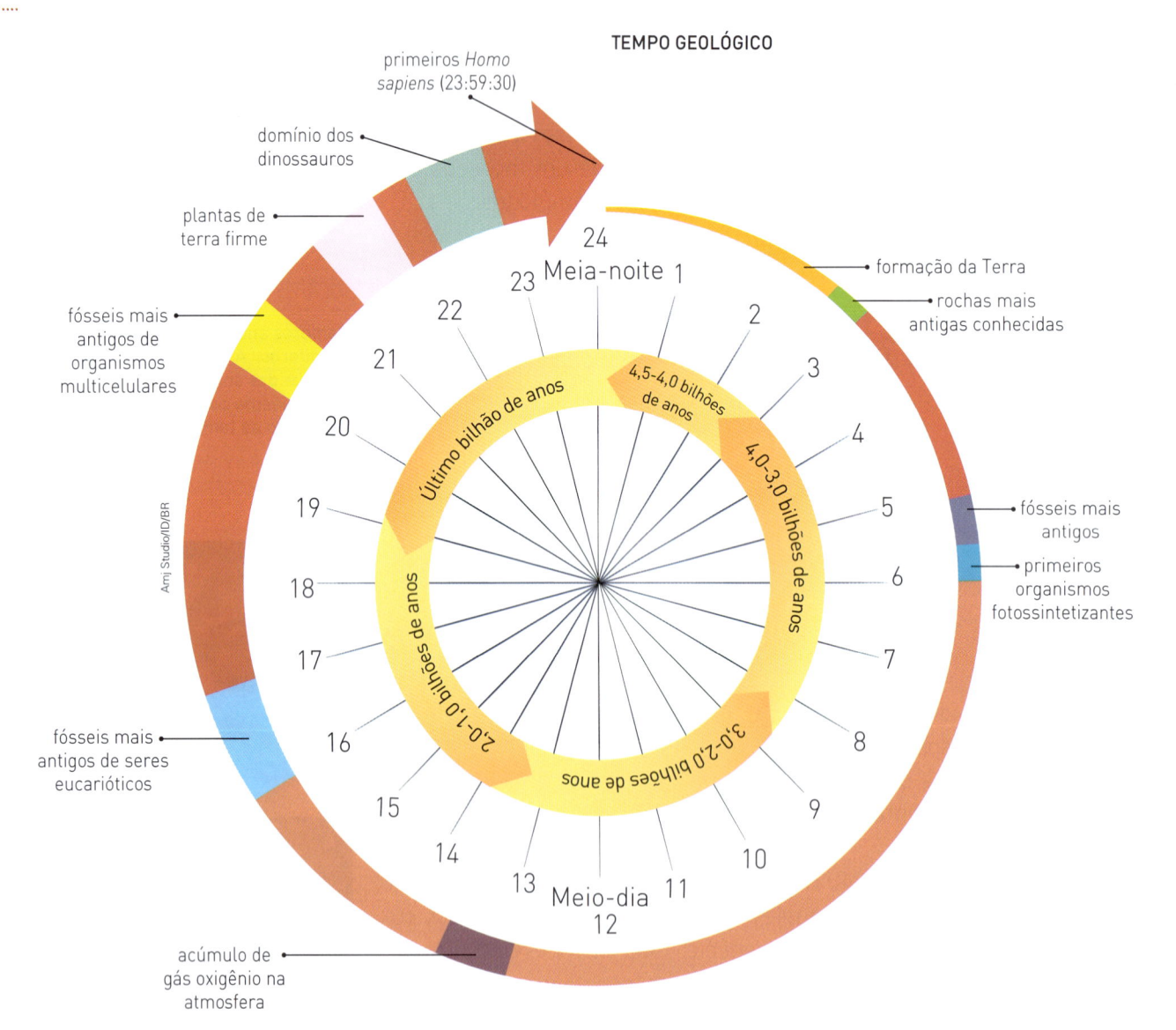

⬆ Esquema da história da vida na Terra comparada com um dia de 24 horas. Note que apenas pouco depois do meio-dia começa a haver acúmulo de O_2 na atmosfera, produzido pelos primeiros organismos fotossintetizantes. Os seres eucarióticos surgem somente por volta das 16 horas. Os organismos multicelulares e as plantas surgem à noite, e o ser humano aparece nos minutos finais do dia. (Representação sem proporção de tamanho e distância; cores-fantasia.)

Fonte de pesquisa: Jane B. Reece e outros. *Biologia de Campbell*. 10. ed. [s.l.]: Pearson, 2014.

A EVOLUÇÃO HUMANA

Os seres humanos são classificados como mamíferos primatas. Isso significa que nossa espécie apresenta um ancestral comum com todos os animais que possuem glândulas mamárias e que somos evolutivamente próximos dos macacos.

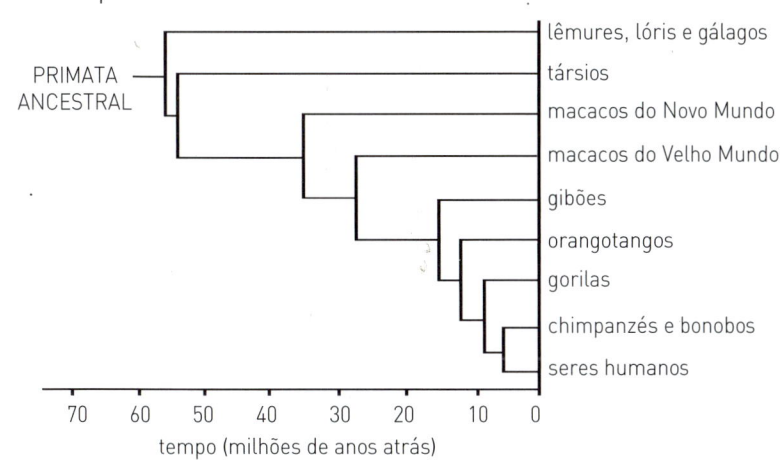

← Árvore filogenética que mostra as relações de parentesco entre os grupos de primatas (ordem à qual pertencem macacos e seres humanos). Note que a espécie humana e o chimpanzé compartilham um ancestral comum exclusivo.

Fonte de pesquisa: Jane B. Reece e outros. *Biologia de Campbell*. 10. ed. [s.l.]: Pearson, 2014. p. 740.

OS AUSTRALOPITECOS

Os **australopitecos** foram primatas considerados pelos cientistas como os prováveis ancestrais diretos dos seres humanos. Os fósseis mais antigos de australopitecos datam de 4 milhões de anos e foram encontrados na África.

Os paleontólogos acreditam que os australopitecos eram adaptados ao ambiente da savana. Eles eram **bípedes**, ou seja, tinham capacidade de andar de forma ereta.

O GÊNERO *HOMO*

Há cerca de 2,5 milhões de anos, na África, um novo grupo de hominídeos surgiu. Eles eram capazes de andar eretos, fabricar e utilizar ferramentas rudimentares e produzir fogo. Os cientistas classificam esses hominídeos como representantes do gênero *Homo*, do qual os seres humanos fazem parte.

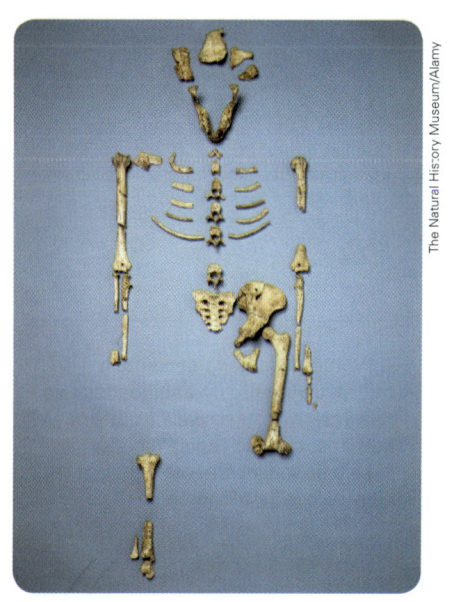

↑ O mais famoso australopiteco encontrado, da espécie *Australopithecus afarensis*, foi batizado de Lucy. Ela viveu há 3,2 milhões de anos.

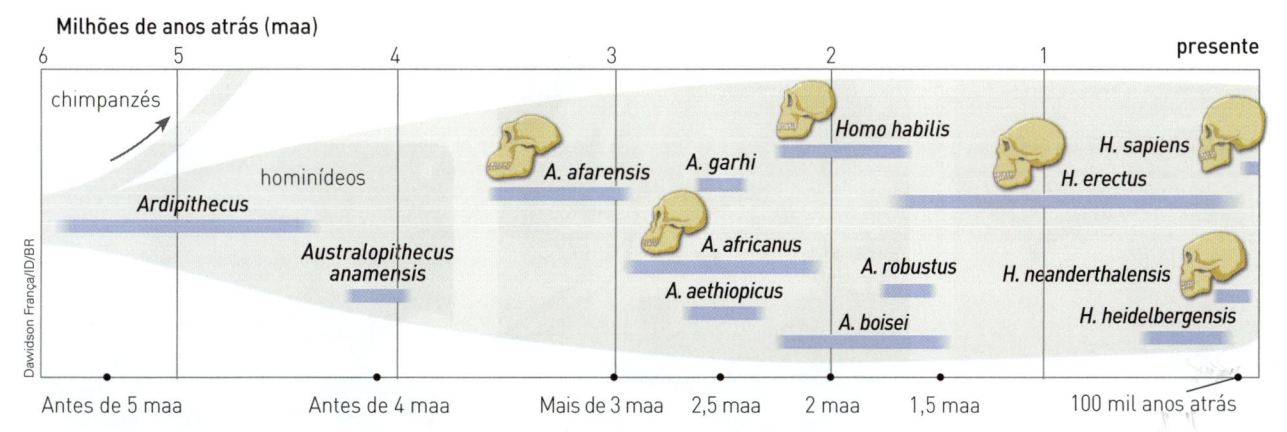

↑ Linha do tempo mostrando o período em que viveram diferentes espécies de hominídeos. (Representação sem proporção de tamanho; cores-fantasia.)

Fonte de pesquisa: University of California Museum of Paleontology (Museu de Paleontologia da Universidade da Califórnia). Understanding Evolution – Humanevolution. Disponível em: <http://evolution.berkeley.edu/evolibrary/article/0_0_0/humanevo_02>. Acesso em: 8 jul. 2017.

Prováveis rotas dos primeiros *Homo sapiens*

Fonte de pesquisa: Douglas J. Futuyma. *Biologia evolutiva*. 3. ed. Ribeirão Preto: Funpec-Editora, 2009. p. 737.

↓ A evolução humana permitiu o desenvolvimento de habilidades que são determinantes para a cultura humana, como o registro histórico **(A)** e o desenvolvimento artístico **(B)**, científico **(C)** e tecnológico **(D)**.

O SER HUMANO MODERNO

O *Homo sapiens*, espécie conhecida como **ser humano moderno**, surgiu na África provavelmente entre 200 mil e 150 mil anos, a partir da espécie ancestral *Homo ergaster*. Da África, o ser humano moderno teria migrado e colonizado outros continentes. Essa ideia é conhecida como **hipótese da origem única**.

Dos australopitecos ao *Homo sapiens* muitas adaptações certamente foram selecionadas pela natureza.

A postura bípede permitiu que as mãos ficassem livres, o que possibilitou o surgimento de habilidades como fabricar e manusear ferramentas. Essas habilidades aumentaram a chance de sobrevivência dos primeiros representantes do gênero *Homo*.

O aumento da capacidade cerebral também foi muito importante durante a evolução humana. Isso ocorreu graças ao aumento do volume craniano, que passou de 450 cm^3 nos australopitecos para 1 350 cm^3 no homem moderno.

Como consequência do aumento da capacidade cerebral, surgiu o uso da **linguagem simbólica** e a construção de uma **cultura**. Graças a essas duas características, o ser humano é capaz de registrar a própria história e produzir conhecimentos científicos, tecnologias e artes.

ATIVIDADES

RETOMAR E COMPREENDER

1. O que são órgãos vestigiais?

2. A nadadeira dos golfinhos e o braço dos seres humanos são adaptados para funções diferentes. No entanto, o estudo dos embriões desses animais mostra que essas estruturas têm uma mesma origem embrionária.

    a) Que nome se dá às estruturas que apresentam esse tipo de relação?

    b) Que evidência da evolução biológica esse tipo de estrutura fornece?

3. As fotos a seguir mostram um golfinho e um tubarão. Analise o formato do corpo desses animais e responda às perguntas.

comprimento: 2 m

↑ Golfinho (*Steno bredanensis*).

comprimento: 2 m

↑ Tubarão (*Carcharhinus amblyrhynchos*).

    a) Que semelhanças você percebe entre os corpos desses dois animais?

    b) Considerando o processo de evolução biológica, o que você acha que gerou a semelhança corporal nesses animais?

    c) Os tubarões são peixes e surgiram no planeta Terra muitos milhões de anos antes dos golfinhos, que são mamíferos. O parentesco evolutivo entre eles é relativamente pequeno. Considerando esse fato e as respostas que você deu aos itens **a** e **b**, como a estrutura corporal desses animais pode ser classificada, uma em relação à outra?

4. Explique por que a postura bípede foi importante para a evolução do gênero *Homo.*

APLICAR

5. Analise a imagem abaixo e faça o que se pede.

    a) Essa é uma representação correta da relação evolutiva entre o ser humano e os macacos? Justifique.

    b) Faça um esquema simples que mostre a relação evolutiva entre os humanos e os macacos, segundo as ideias evolutivas aceitas pela ciência.

6. A imagem abaixo mostra um esqueleto fóssil do pterossauro *Thalassodromeus sethi*. Ele foi descoberto em 2002 na Formação Santana, região do Nordeste brasileiro onde são feitas escavações em busca de vestígios de seres vivos extintos.

envergadura: 4,5 m

    a) O que são fósseis?

    b) Por que os fósseis são considerados uma evidência da evolução biológica?

    c) Faça uma pesquisa e responda: Quais são as relações de parentesco evolutivo entre esses pterossauros e os animais da atualidade?

Os seres humanos modernos tiveram filhos com os neandertais?

↑ Reconstrução de um homem de Neandertal.

Apesar de terem coexistido no tempo e na distribuição geográfica, ainda não há evidências de que os seres humanos modernos e os neandertais tenham habitado o mesmo lugar. Contudo, cientistas sugerem que a existência de fósseis com características híbridas poderiam significar que, ao sair da África, o ser humano teria se relacionado com formas arcaicas do gênero *Homo*.

Ainda que existam diferenças físicas entre o humano moderno e o neandertal (este tinha o corpo mais robusto e crânio achatado e longo, por exemplo), há indícios de que algumas práticas culturais de seres humanos modernos tenham sido assimiladas pelos neandertais. Esse panorama intriga os cientistas. Teriam os neandertais miscigenado com os humanos modernos?

Hipótese da origem única

[...]

Para investigar a possível contribuição dos neandertais ao nosso genoma, precisamos examinar as duas hipóteses concorrentes que buscam explicar o surgimento dos humanos modernos. A mais aceita, conhecida como hipótese da origem africana, sugere que os humanos modernos surgiram na África há cerca de 200 mil anos, passando pelo Oriente Médio há cerca de 100 mil anos, e atingindo a Eurásia há cerca de 40-50 mil anos. De acordo com essa teoria, os neandertais teriam um parentesco igualmente distante dos seres humanos modernos de todas as partes, uma vez que todos nós teríamos uma origem africana.

[...]

Mais de uma década de estudos do <u>DNAmt</u> neandertal [estabeleceu] que, para essa molécula, humanos e neandertais são claramente linhagens genéticas separadas, sem sinais de miscigenação. Essas sequências neandertais, analisadas conjuntamente, ficam totalmente fora do ramo da árvore filogenética que agrupa sequências humanas contemporâneas. Todos os humanos estudados possuem moléculas relativamente semelhantes umas às outras, e sempre bastante diferentes daquelas dos neandertais. E, o que é particularmente importante, nunca foi encontrado em qualquer humano uma molécula de DNAmt semelhante às dos neandertais. Em conjunto, esses achados causam um sério ceticismo diante da possibilidade de intercruzamentos de humanos modernos com neandertais.

Bárbara Domingues Bitarello e Diogo Meyer. Intercruzamento de humanos modernos com neandertais: novas perspectivas à luz da genética. *Revista da Biologia*. São Paulo. v. 6a, p. 6-9, 2011.

DNAmt: DNA mitocondrial.

Há, no entanto, outra hipótese científica para o surgimento dos humanos modernos: a hipótese da evolução multirregional.

Hipótese do multirregionalismo

[...]

A outra hipótese é a do multirregionalismo que sugere que uma rede de trocas alélicas propicia interconexões entre populações, as quais possibilitam tanto as mudanças evolutivas da espécie como um todo, como as diferenciações locais. De acordo com essa teoria, neandertais compartilhariam pedaços de seus genomas somente com os europeus, com os quais teriam tido contato e [se] reproduzido. Vê-se que compreender se houve ou não "mistura genética" entre humanos modernos e neandertais tem implicações para a compreensão de como nossa espécie se originou.

↑ Fósseis de crânios encontrados na França: à esquerda, crânio de um homem de Neandertal (22 cm de comprimento); à direita, um crânio de *Homo sapiens* (20 cm de comprimento).

O desafio de responder às questões sobre a relação entre humanos e neandertais recebeu uma imensa contribuição recente, por meio de um estudo que descreve o sequenciamento de uma boa parte do genoma de três neandertais encontrados na caverna Vindija (Croácia). A comparação dos genomas humano moderno e neandertal permitiu responder a várias perguntas, uma delas sendo o quão semelhantes eles são entre si. Ao comparar o genoma neandertal com o de cinco humanos modernos (um chinês Han, um francês, um africano San, um africano Yoruba e um indivíduo proveniente de Papua Nova Guiné) Green e colaboradores [...] estimaram que entre 1 e 4% do material genético de humanos modernos não-africanos é de origem neandertal. Como explicar tal semelhança? A hipótese mais plausível é que no passado recente humanos modernos não-africanos e neandertais tenham miscigenado. Os trechos muito semelhantes de seus genomas resultariam dessa troca de material genético.

[...]

Bárbara Domingues Bitarello e Diogo Meyer. Intercruzamento de humanos modernos com neandertais: novas perspectivas à luz da genética. *Revista da Biologia*. São Paulo. v. 6a, p. 6-9, 2011.

Em discussão

1. Nos textos, identifique argumentos favoráveis e contrários à hipótese da miscigenação entre neandertais e humanos modernos.

2. Na sua opinião, qual das hipóteses apresentadas é mais razoável? Por quê?

3. Após a leitura dos textos, como você responderia à pergunta-título desta seção? Por quê?

4. De acordo com os textos, é possível dizer que há consenso sobre a origem do ser humano moderno? O que esse exemplo pode dizer sobre o consenso em ciência?

RETOMAR E COMPREENDER

1. Associe as personagens históricas listadas a seguir com as frases de I a IV.

a) Lazzaro Spallanzani

b) John Needham

c) Francesco Redi

d) Louis Pasteur

I. Os resultados obtidos com seus experimentos, feitos com frascos com pescoço de cisne, fortaleceram a ideia de que todo ser vivo tem origem em outro ser vivo.

II. Seus experimentos foram motivados pela vontade de entender o desenvolvimento dos insetos e acabaram fornecendo evidências para a biogênese.

III. Esse naturalista refez os experimentos de John Needham com algumas variações, e os resultados fortaleceram a teoria da biogênese.

IV. Após aquecer caldos nutritivos, observou a presença de microrganismos, o que foi considerado por ele como evidência da geração espontânea.

2. Copie no caderno o esquema a seguir e complete-o com os conceitos e exemplos adequados.

APLICAR

3. O bagre-cego de Iporanga (*Pimelodella kronei*, imagem abaixo) vive em cavernas, não tem pigmentação e, muitas vezes, têm olhos atrofiados ou inexistentes.

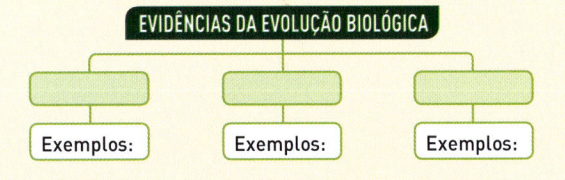

EVIDÊNCIAS DA EVOLUÇÃO BIOLÓGICA

Exemplos: | Exemplos: | Exemplos:

a) Como Lamarck explicaria a falta de pigmentação e a atrofia dos olhos nessa espécie?

b) Como essas características do bagre-cego seria explicada por Darwin?

comprimento: 15 cm

Jurandir Aguiar/PETAR

ANALISAR E VERIFICAR

4. Leia o texto e responda ao que se pede a seguir.

Há cerca de 530 milhões de anos, uma grande variedade de animais surgiu na Terra em um período relativamente curto, considerando o tempo geológico. Nesse período, conhecido como explosão cambriana, surgiram animais marinhos dos quais evoluiu a maioria das formas básicas de corpo que observamos nos grupos de animais atuais. Os fósseis desse período mostram animais aparentados com crustáceos e estrelas-do-mar, esponjas, moluscos, vermes e cordados.

John Sibbick/SPL/Latinstock

⬆ Interpretação artística da provável aparência de alguns organismos surgidos durante a explosão cambriana. (Representação sem proporção de tamanho; cores-fantasia.)

• Explique como os cientistas são capazes de fazer afirmações como essas e imaginar ambientes que existiram a tanto tempo.

5. Leia o texto e faça o que se pede a seguir.

Ideias de Darwin sobre primatas e humanos

Darwin via os humanos como outra forma de primata quando argumentava que: "Sem dúvida o homem, em comparação com a maioria dos membros de seu mesmo grupo, passou por uma quantidade extraordinária de modificação, principalmente em consequência de seu cérebro muito desenvolvido e posição ereta; no entanto, devemos ter em mente que ele (homem) é apenas uma das várias formas excepcionais de primatas".

Além disso, Darwin afirmou que: "Alguns naturalistas, por estarem profundamente impressionados com as capacidades mental e espiritual do homem, dividiram todo o mundo orgânico em três reinos: o Humano, o Animal e o Vegetal, dando, assim, para o homem um reino separado... mas ele pode se esforçar para mostrar, como eu tenho feito, que as faculdades mentais do homem e dos animais inferiores não diferem em tipo, embora imensamente em grau. Uma diferença de grau, por maior que seja, não nos justifica colocar o homem em um reino distinto [...]".

Catarina Casanova. Evolution, primates and Charles Darwin (Tradução nossa: Evolução, primatas e Charles Darwin). *Antropologia Portuguesa*, Coimbra, Centro de Investigação em Antropologia e Saúde (Cias), v. 26 e 27, p. 209-236, 2009-2010.

a) Qual sua opinião sobre as declarações de Darwin expressas nesse texto? Você concorda com elas? Justifique.

b) Cite duas características da espécie humana que a tornam distinta das demais espécies de seres vivos.

6. O esquema abaixo mostra as relações evolutivas entre alguns hominídeos, entre eles o ser humano. Além disso, mostra os valores em cm^3 do volume interno do crânio. Em geral, quanto maior o volume do crânio, maior o tamanho do encéfalo.

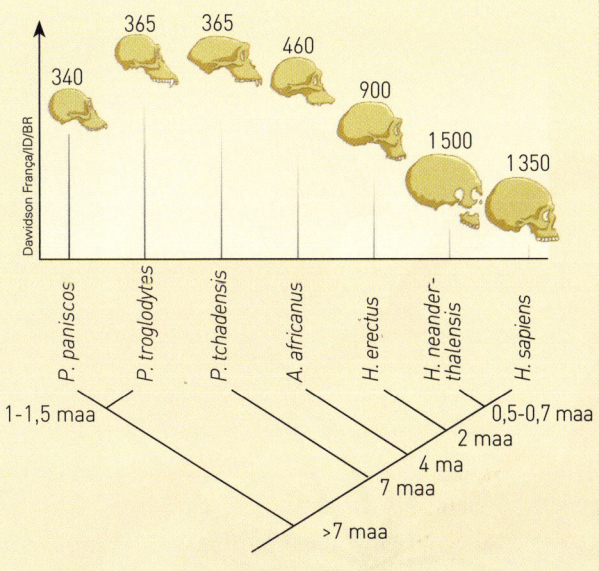

• Que relação podemos estabelecer entre o aumento do volume interno do crânio e a evolução dos hominídeos?

CRIAR

7. Leia o texto abaixo e responda às questões propostas.

[...] A teoria da evolução por seleção natural de Darwin satisfaz porque mostra-nos uma maneira pela qual a simplicidade poder-se-ia transformar em complexidade, como átomos desordenados poderiam se agrupar em padrões cada vez mais complexos, até que terminassem por fabricar pessoas. Darwin fornece uma solução, a única plausível até agora sugerida, para o problema profundo de nossa existência. [...]

Richard Dawkins. *O gene egoísta*. São Paulo: Itatiaia/Edusp, 1979. p. 33.

• O texto menciona que a teoria da evolução de Darwin poderia explicar o surgimento de moléculas mais complexas a partir de moléculas mais simples e, portanto, o surgimento da vida. Considerando o mecanismo da seleção natural, que qualidades a molécula precursora das primeiras formas de vida na Terra deveria apresentar para ser selecionada pelo ambiente?

8. Imagine um debate entre defensores da hipótese autotrófica e da hipótese heterotrófica. Redija um argumento de até cinco linhas que poderia ser lido, em um debate, por um defensor da hipótese autotrófica. Depois, redija um argumento para um defensor da hipótese heterotrófica.

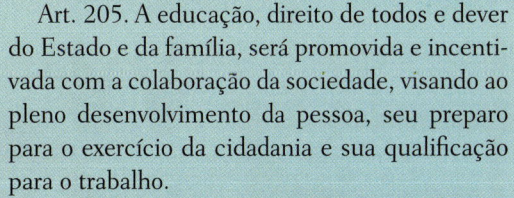

9. Na Constituição Federal de 1988 há o seguinte artigo:

Art. 205. A educação, direito de todos e dever do Estado e da família, será promovida e incentivada com a colaboração da sociedade, visando ao pleno desenvolvimento da pessoa, seu preparo para o exercício da cidadania e sua qualificação para o trabalho.

Brasil. Constituição da República Federativa do Brasil. Presidência da República. Disponível em: <http://www.planalto.gov.br/ccivil_03/constituicao/constituicao.htm>. Acesso em: 9 jul. 2017.

• Você acredita que conhecer a explicação da ciência para a evolução é importante para seu pleno desenvolvimento como pessoa e cidadão? Comente.

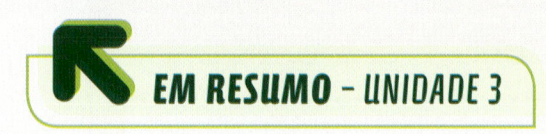

Ideias sobre a geração dos seres vivos

• A geração espontânea ou abiogênese é a ideia de que seres vivos podem surgir a partir de materiais não vivos.

• Biogênese é a ideia de que seres vivos só podem surgir a partir de outros seres vivos, por reprodução.

• Os experimentos de Redi, Needham, Spallanzani e Pasteur marcaram o debate entre os defensores da abiogênese e os da biogênese.

Origem da vida

• Ao contrário das explicações mitológicas, a ciência constrói explicações com base em evidências e indícios.

• A hipótese da evolução química da vida propõe que os primeiros seres vivos tiveram origem a partir de moléculas originadas nos oceanos primitivos.

• A hipótese mais aceita atualmente propõe que os primeiros seres vivos eram autótrofos.

Ideias sobre a evolução dos seres vivos

• A evolução biológica é a modificação das espécies ao longo do tempo.

• Darwin e Wallace propuseram que a evolução biológica acontece por ação da seleção natural.

• A teoria neodarwinista propõe que a variabilidade encontrada entre indivíduos da mesma espécie é resultado de mutações e recombinações genéticas.

A evolução acontece

• Fósseis, órgãos homólogos, órgãos análogos e órgãos vestigiais são evidências para considerar a evolução biológica um fato.

• O tempo geológico divide a existência da Terra em eventos relacionados aos seres vivos.

• A evolução dos hominídeos envolveu o surgimento e a extinção de diversas espécies.

• Atualmente, o *Homo sapiens* é a única espécie existente do gênero *Homo*.

COMPREENDER

Repasse os conceitos estudados nesta unidade.

CRIAR

Construa uma **rede de ideias** com o que você aprendeu nesta unidade.

Nelson Provazi/ID/BR

ECOLOGIA

A ecologia é a área da Biologia que estuda as interações entre os seres vivos e o ambiente em que vivem. Nesta unidade, você vai estudar o papel e as relações estabelecidas pelos organismos nos ambientes, a transmissão de matéria e energia nos sistemas ecológicos e o desenvolvimento sustentável.

CAPÍTULO 1
O estudo do meio

CAPÍTULO 2
Matéria e energia

CAPÍTULO 3
Desenvolvimento sustentável

PRIMEIRAS IDEIAS

1. Há mais espécies de seres vivos em florestas tropicais do que em florestas temperadas. Por que isso acontece?

2. Todos os animais continuariam a viver se as plantas deixassem de existir?

3. De onde vêm os materiais usados na produção dos equipamentos que você usa no dia a dia? Para onde vão os materiais descartados?

4. **RETOMAR** Recorde **conceitos importantes** para o estudo da unidade.

LEITURA DA IMAGEM

1. Observe a imagem. Que tipo de ambiente é esse?

2. Quantas espécies de plantas você acredita que existam na área da foto? Por quê?

3. Que relações essas plantas provavelmente estabelecem entre si, com outros seres vivos e com o ambiente? Comente.

4. De que maneira a conservação de uma floresta pode contribuir para sociedades mais pacíficas?

5. **COMPREENDER** Compare as condições do ambiente na copa das árvores e no **interior da floresta**.

1 O ESTUDO DO MEIO

Um organismo não sobrevive sem interagir com outros indivíduos da população à qual pertence e com o ambiente, assim como uma comunidade não existe sem a circulação de materiais e de energia.

A ORIGEM DA ECOLOGIA

A palavra **ecologia** é relativamente recente. Foi proposta pelo biólogo alemão Ernest Haeckel (1834-1919) em 1866, mas o estudo sobre a abundância e a distribuição dos organismos no ambiente e a forma como eles interagem é bem mais antigo. Há muito tempo, os seres humanos vêm procurando, por exemplo, conhecer espécies nocivas e benéficas para si, identificar a distribuição dos alimentos que caçavam ou coletavam e manejar alimentos cultivados.

Muitos pensadores também desenvolveram ideias e descreveram princípios ecológicos muito antes dessa palavra existir. Aristóteles (384 a.C.-322 a.C.), por exemplo, publicou *Historia animalium*, uma obra que trata de temas como o comportamento e o hábitat de aves, a influência da sazonalidade na reprodução, os hábitos alimentares, etc.

No início, o enfoque das abordagens ecológicas era mais descritivo e raramente apresentava uma análise experimental mais planejada. Após o termo ecologia ter sido proposto, essa área do conhecimento ainda levou algumas décadas até se estabelecer como um ramo da ciência.

Desde então, muitas outras áreas do conhecimento, como a Geografia e a estatística, têm contribuído para o desenvolvimento da ecologia. Essa integração fica evidente quando se considera que, muitas vezes, o ser humano interfere na estrutura e na função dos ecossistemas por questões econômicas e sociais, o que gera problemas ambientais, como a poluição e o desmatamento.

↓ **Esquema de uma floresta tropical, ambiente de grande biodiversidade. É possível perceber três estratos da vegetação: o herbáceo, o arbustivo e o dossel. (Representação sem proporção de distância; cores-fantasia.)**

Fonte de pesquisa: Aziz Ab'Saber. *Ecossistemas do Brasil*. São Paulo: Metalivros, 2006.

O estrato herbáceo é formado por plantas de pequeno porte que vivem próximas ao solo. Como a luminosidade é baixa no interior da mata, essas plantas costumam ter folhas maiores, que apresentam maior superfície de captação de luz.

NICHO ECOLÓGICO

As condições ambientais e os recursos necessários ao modo de vida de cada espécie representam o seu **nicho ecológico**. Entre as condições ambientais do nicho, estão fatores como a umidade relativa, o fluxo de água, o pH e a salinidade. Os recursos correspondem à água, aos nutrientes, ao tipo de alimento, etc.

É importante notar que o nicho não se refere apenas ao local em que cada espécie vive. Ele também corresponde à função que o organismo exerce no meio, ou seja, como ele se alimenta, quem são seus predadores, como se comporta, etc.

Espécies diferentes que possuem muitos elementos semelhantes com relação ao nicho de cada uma tendem a competir pelos recursos do meio, que são limitados.

HÁBITAT

O local em que uma espécie pode ser encontrada é o **hábitat**. Esse é um dos aspectos que determinam o nicho ecológico de uma espécie.

A floresta tropical, por exemplo, é o hábitat de uma grande diversidade de seres vivos. No entanto, cada espécie tem um nicho ecológico particular, como pode ser visto no esquema, em que se compara o papel desempenhado pela palmeira-juçara e pelas bromélias.

O estrato superior da floresta é chamado de dossel. Nessa área há grande incidência de luz solar e, por isso, as plantas que alcançam esse estrato têm folhas com maior resistência à luz.

Fabio Eugenio/ID/BR

As bromélias são plantas epífitas, ou seja, plantas que utilizam outras como suporte para se desenvolver. Elas têm as folhas espiraladas, com uma abertura na parte central da base das folhas que coleta e armazena água e restos orgânicos. Esses tanques abrigam sapos e outros anfíbios, insetos aquáticos, aranhas, além de pequenos invertebrados e microrganismos.

A palmeira-juçara (*Euterpe edulis*) e as demais espécies arbóreas que se encontram sombreadas pelas árvores mais altas, pertencem ao estrato arbustivo da floresta. Ela é considerada uma espécie-chave, pois frutifica nos períodos em que há maior escassez de alimento e faz parte da composição alimentar de cerca de setenta espécies, entre as quais estão herbívoros invertebrados e vertebrados, como tucanos, sabiás, gambás, tatus e esquilos.

ORGANISMO

Existem várias definições de espécie em Biologia. Um dos conceitos mais utilizados, o conceito biológico de espécie, diz, em linhas gerais, que **espécie** é o conjunto de indivíduos que podem se reproduzir entre si e gerar descendentes férteis.

Há milhões de espécies no planeta. Cada um dos indivíduos dessas espécies, ou seja, cada um dos seres vivos, é um **organismo**.

POPULAÇÃO

População é um conjunto de organismos da mesma espécie que habita uma mesma área geográfica em um dado momento.

Um dos focos do estudo das populações é a compreensão do seu tamanho e de como essa quantidade varia no tempo em decorrência de um conjunto de fatores ambientais (bióticos e abióticos). Esse campo de estudo é chamado de **dinâmica de populações**.

O ESTUDO DAS POPULAÇÕES

O tamanho de uma população pode ser estimado calculando-se a sua **densidade**, ou seja, o número de indivíduos por certa unidade de área ou de volume. Estimar a abundância das espécies possibilita estabelecer comparações, como verificar se uma população está crescendo ou diminuindo. A palmeira-juçara, por exemplo, ocorre em densidades que variam de 100 a 500 indivíduos por hectare, em áreas preservadas de Mata Atlântica. Devido à exploração do palmito, estimativas em outras áreas da mata mostram que essa espécie se encontra extinta em certos locais ou com populações bastante reduzidas.

Um dos fatores que determinam o crescimento populacional é o modo de reprodução das espécies. Há espécies que tendem a produzir grande quantidade de descendentes, em geral, com pouco investimento em nutrientes em cada uma das proles. Esses organismos são favorecidos em ambientes onde podem explorar novos recursos, tais como ambientes temporários.

Por outro lado, há espécies que investem grande parte de sua energia no crescimento e no cuidado com a prole, como muitos mamíferos. Elas apresentam tempo de vida mais longo e geram um número de descendentes reduzido, em geral, de tamanho corporal maior. Esses organismos costumam sobreviver em hábitats já colonizados, em que há intensa competição pelos recursos limitados do meio.

A abundância de indivíduos também depende de fatores ambientais e das relações ecológicas que uma população estabelece com as outras. Assim, o aumento populacional é limitado pela mortalidade dos indivíduos e por fatores como a disponibilidade de alimento, de espaço físico, de locais para reprodução, de competidores e de predadores. Outro fator importante são as condições ambientais, como temperatura, umidade, incidência de luz, disponibilidade de água, etc.

Cesar Diniz/Pulsar Imagens

altura: 7 m

⬆ As plantas pioneiras, como a embaúba (*Cecropia* sp.), apresentam grande produção de sementes. Em geral, essas sementes são pequenas e com pouca reserva energética. Além disso, têm um ciclo de vida curto, com necessidade de luz solar direta para germinar.

Luiz Claudio Marigo/Naturepl/Fotoarena

altura: 40 m

⬆ Dois jequitibás-rosa (*Cariniana legalis*). Essa árvore é considerada a maior árvore da Mata Atlântica. Trata-se de uma espécie com desenvolvimento lento e que cresce em ambientes com baixa disponibilidade de luz. Ela produz sementes com muita reserva energética e tem um ciclo de vida longo.

Fatores que interferem na densidade populacional

Alguns fatores são importantes para compreender as variações de tamanho de uma população. Os que contribuem para o aumento das populações são a **taxa de natalidade** e a **taxa de imigração**, e os fatores que contribuem para sua redução são a **taxa de mortalidade** e a **taxa de emigração**.

A taxa de natalidade é o número de indivíduos que nascem por unidade de tempo, enquanto a taxa de mortalidade estima o número de indivíduos que morrem em um intervalo de tempo. As taxas de emigração e imigração indicam o deslocamento de indivíduos, respectivamente, para fora e para dentro da área geográfica, por unidade de tempo. Essas taxas sofrem influência de fatores bióticos e abióticos do meio e a interação entre elas determina as variações no crescimento das populações.

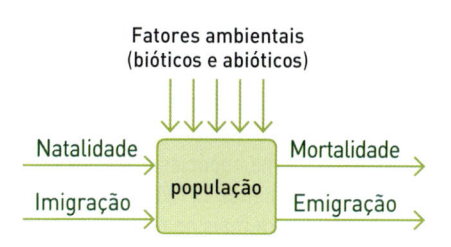

EQUILÍBRIO PRESA-PREDADOR

Muitas populações apresentam um padrão de variação que oscila periodicamente entre números altos e baixos de indivíduos. A regularidade de alguns ciclos populacionais pode indicar um tipo de interação que ocorre entre predadores e suas presas.

No início do século XX, uma companhia britânica que comercializava peles de lince desde o final do século XVIII obteve dados sobre o tamanho das populações de lince e de sua presa, a lebre-da-neve. Quando foram representados graficamente, esses dados mostraram picos de abundância seguidos por rápidos declínios no número de indivíduos de ambas as espécies, com as flutuações da população de lebre-da-neve antecipando as flutuações da população de lince. As relações cíclicas evidenciaram uma interação predador-presa.

■ Variações na abundância de linces e lebres-da-neve

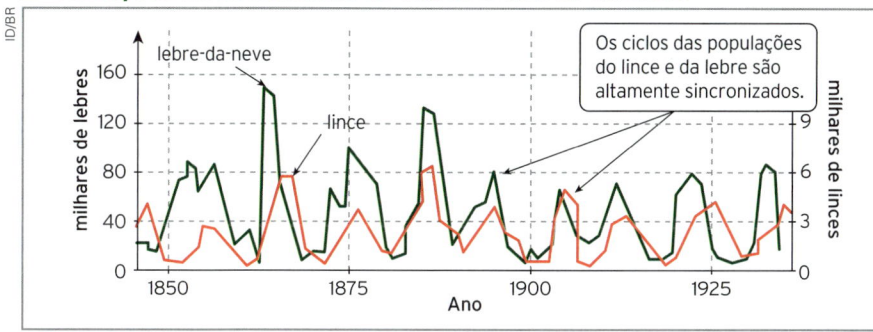

← Observe que uma população abundante de lebres-da-neve indica que os linces têm grande oferta de alimento e, por isso, sua população cresce. Porém, o crescimento da população de predadores determina que a população de presas tende a diminuir, até se tornar pequena. Assim, com a redução na disponibilidade de alimento, a abundância da população de linces cai e gera uma menor pressão sobre a população de lebres-da-neve, que volta a crescer. Essas oscilações conjuntas na abundância se repetem e determinam ciclos populacionais constantes e interdependentes.

Robert E. Ricklefs. *A economia da natureza*. 6. ed. Rio de Janeiro: Guanabara Koogan, 2013. p. 269.

Note como, em estudos em escalas temporais, um único resultado pode não ser suficiente para demonstrar o que está ocorrendo. Por exemplo, se o estudo do monitoramento das populações de lebres-da-neve e linces fosse realizado durante um único ano, os dados poderiam revelar apenas que a densidade populacional de uma espécie estava decrescendo. Nesse caso, os pesquisadores poderiam cogitar a falta de algum recurso ou de um fator limitante, a presença de um predador, um padrão de reprodução diferenciado, entre várias possibilidades. Para observar o equilíbrio presa-predador na população, o estudo teve de ser realizado durante vários anos.

COMUNIDADE

Comunidade é um conjunto de populações que habitam uma mesma área geográfica em um dado momento.

A ecologia procura entender as interações que ocorrem entre os organismos das diferentes populações para tentar explicar o funcionamento e a estrutura das comunidades.

Uma das formas de verificação da estrutura de uma comunidade é estimar sua **riqueza** de espécies, ou seja, o número de espécies presentes em um local. Com esses dados, por exemplo, sabe-se que o número de espécies é muito maior nas regiões tropicais do planeta do que em áreas temperadas.

Outro aspecto observado nas comunidades é que poucas espécies apresentam um grande número de indivíduos e são consideradas **dominantes**, enquanto a maior parte das espécies apresentam poucos indivíduos e são consideradas espécies **raras**. A diversidade de espécies também é maior em locais que apresentam maior variedade de hábitats e vegetação mais heterogênea. Por exemplo, considerando uma área de campo e uma área de floresta, a diversidade aumenta consideravelmente do campo para a floresta.

Cesar Diniz/Pulsar Imagens

Aspecto da Caatinga, em Floresta (PE), 2016. A Caatinga está localizada em parte da Região Nordeste do Brasil, nas áreas onde as chuvas não são frequentes e abundantes. Sua vegetação com portes variados favorece a riqueza desse bioma.

As condições climáticas, assim como as demais condições ambientais, interferem na estrutura das comunidades. A inclinação do eixo da Terra combinada com o movimento de rotação, por exemplo, gera diferentes padrões de precipitação e de incidência de radiação solar no planeta. Esses fatores definem climas locais, tais como climas secos, úmidos, frios e quentes. Em uma escala menor, há variações do relevo, do solo e de outras condições físicas que, em conjunto com o clima, interferem na composição e na distribuição das espécies.

Os organismos ainda estabelecem relações entre si que podem ser vantajosas, neutras ou desvantajosas. Um parasita, por exemplo, obtém vantagem ao se alimentar do hospedeiro, que enfraquece e fica debilitado. A multiplicidade de relações entre os indivíduos também interfere na estrutura das comunidades.

ECOSSISTEMA

O ecólogo Arthur Tansley (1871-1955) foi o primeiro cientista a propor o termo ecossistema, em 1935. Embora a ideia de considerar os fatores abióticos do meio não fosse nova, a contribuição de sua proposta foi integrar o meio abiótico às comunidades de seres vivos e considerá-lo a unidade fundamental da organização ecológica.

Em ecologia, o termo **ecossistema** é usado para considerar os fatores bióticos (seres vivos e suas relações) em interação com os fatores abióticos (solo, água, nutrientes, energia, temperatura, etc.). O ecossistema é a base para o estudo da transmissão de energia e do ciclo de nutrientes que ocorrem dentro desses sistemas biológicos.

As dimensões de um ecossistema podem variar consideravelmente. Uma floresta, uma árvore e um lago podem ser considerados ecossistemas. Mesmo uma poça de água, que possui uma existência limitada a um curto período de tempo, pode ser assim considerada.

É possível considerar o Cerrado como exemplo de um ecossistema de grande dimensão, que está localizado na região central do Brasil. Muitos fatores locais afetam a distribuição da comunidade biológica que vive ali, tais como o clima, a fertilidade e o pH do solo, a disponibilidade de água, o relevo, a latitude, a frequência de fogo e fatores antrópicos. Com isso, forma-se uma grande diversidade de hábitats típicos, que englobam formações florestais, formações savânicas e formações campestres, entre as quais estão as veredas, que ocorrem próximas de nascentes.

LIVRO ABERTO

Buriti, de Rubens Matuck. São Paulo: Peirópolis, 2013.
O livro apresenta os cadernos de viagem do artista plástico Rubens Matuck, que aborda de maneira abrangente a maior palmeira brasileira, o buriti, e o seu ecossistema, a vereda.

savânico: que tem características próprias das savanas, como áreas com árvores e arbustos espalhados sobre um estrato de gramíneas, sem a formação de um dossel contínuo.

Vereda no município de Cavalcante (GO), 2016. A vereda é um ecossistema. Ela pode ser dividida da seguinte forma: área da borda, com solo mais seco, onde podem ocorrer pequenas árvores; área do meio, com solo medianamente úmido, onde predominam herbáceas; e área de fundo, saturada com água, onde os buritis são a espécie mais abundante.

Andre Dib/Pulsar Imagens

Diagrama de perfil da vegetação do bairro

Você já reparou na diversidade de espécies de plantas que existe na sua casa, no bairro onde mora ou em uma praça local? Você reparou se há espécies mais abundantes e outras mais raras? Para ajudar a responder a essas perguntas, você vai realizar um **estudo de campo** e elaborar um **diagrama de perfil de vegetação**.

Material

- rolo de barbante
- tesoura
- gravetos e outros pedaços de madeira que possam ser usados como estacas
- fita métrica ou trena
- papel milimetrado
- caderno para anotações
- lápis e borracha
- caneta hidrográfica

Como fazer

1. Sob orientação do professor, organizem-se em grupos com cerca de cinco alunos.
2. Escolham uma praça ou uma área verde próxima à escola e programem um dia para fazer uma visita ao local com um adulto responsável.
3. Em grupo, vocês devem escolher uma área verde para realizar o estudo. É importante que essa área permita a circulação de pessoas e que apresente árvores, além de uma variedade de plantas de diferentes alturas.
4. O diagrama de perfil é um método de estudo utilizado para ilustrar a distribuição das espécies de árvores (ou da vegetação de baixo porte) e para representar a distribuição das plantas em estratos. Para fazer uma representação esquemática do tipo diagrama de perfil, cada grupo deve adotar os seguintes procedimentos:
   a. Separem cerca de 13 metros de barbante e, com auxílio da fita métrica ou trena e da caneta hidrográfica, façam uma marcação no barbante a cada 1 metro.

⬇ Representação de uma parcela. (Cores-fantasia.)

Fabio Eugenio/ID/BR

b. Em seguida, estiquem e posicionem o barbante formando um retângulo com lados de 5 m × 1 m, paralelo ao chão, na área de vegetação escolhida para ser representada. Essa área delimitada é denominada de parcela. Prendam as extremidades do barbante utilizando as estacas.

c. Em um papel milimetrado, tracem duas linhas, uma horizontal e outra vertical, como os eixos de um gráfico. Em seguida, estabeleçam uma escala no eixo horizontal para representar as marcações de 1 metro feitas no barbante (parcela). No eixo vertical, estabeleçam uma escala com intervalos regulares para representar a altura da vegetação. Notem que ela será estimada, por isso procurem estabelecer parâmetros comparativos que possam ajudar a representar a altura e a largura de cada vegetal, de maneira proporcional. Se necessário, ajustem a escala para valores que melhor representem a realidade.

d. Com lápis, representem as espécies que ficaram delimitadas pelo barbante. Para começar, escolham a planta mais alta e localizem sua posição na parcela. Procurem representar o diâmetro do tronco, a altura total, a forma, os limites inferior e superior da copa. Em seguida, para estimar e representar a altura e a distância dos demais indivíduos, utilizem esse primeiro desenho como referência, além das marcações indicadas no barbante. É importante que o diagrama de perfil apresente a forma geral dos vegetais e evidencie a distribuição e a dimensão da vegetação de maneira proporcional, mas os desenhos não precisam ser realistas. Usem formas básicas na representação, como no exemplo ao lado.

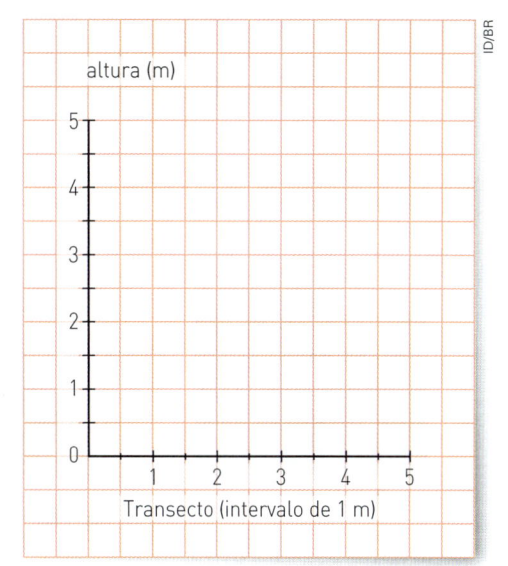

↑ Exemplo de gráfico, que deve ser feito em papel milimetrado.

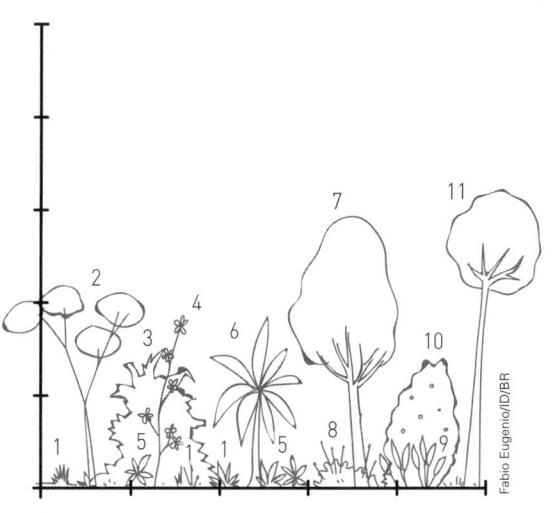

↑ Exemplo de diagrama de perfil. Os números indicam as diferentes espécies.

Para concluir

1. Observe o diagrama de perfil que vocês elaboraram e respondam:

   a) Quantas espécies foram representadas no perfil?

   b) Há espécies que apresentaram mais de um indivíduo?

   c) É possível identificar diferentes estratos na vegetação? Descrevam-nos.

2. Quais são as diferenças entre o perfil que vocês elaboraram e o perfil esperado para uma área de floresta?

3. O que vocês notaram em relação à diversidade de espécies de plantas e à importância delas no ambiente em que estão?

ATIVIDADES

RETOMAR E COMPREENDER

1. O que é comunidade? E ecossistema?

APLICAR

2. Observe um exemplo da relação entre a diversidade de espécies de aves e a transformação do hábitat.

↑ Transformações ocorridas em uma floresta ao longo dos anos. (Representação sem proporção de tamanho; cores-fantasia.)

a) O que aconteceu com a riqueza de espécies de aves e de plantas nesse ambiente ao longo do tempo?

b) Explique as causas para o que você respondeu no item anterior.

c) Em sua opinião, os dados necessários para a montagem da representação anterior podem ter sido obtidos por um especialista em ecologia? Justifique.

3. Leia o texto abaixo e responda às perguntas a seguir.

Uma floresta abriga uma grande diversidade de habitantes, do estrato herbáceo, próximo ao chão, até o estrato superior, na copa das árvores, passando pelo sub-bosque e seus estratos intermediários. Considere que uma espécie de ave **A** usa o estrato herbáceo para fazer seu ninho, e outra espécie **B** utiliza os estratos mais altos do dossel, e que ambas se alimentam do mesmo fruto. Os ovos da ave **A** servem de alimento para lagartos, roedores e serpentes que vivem no solo, e os ovos da ave **B** servem de alimento para macacos e outras aves que habitam o dossel.

a) Pode-se afirmar que as aves **A** e **B** pertencem ao mesmo hábitat?

b) Que aspectos do nicho ecológico essas espécies compartilham? E quais aspectos do nicho são distintos?

4. Considere quatro populações de seres vivos, em que a população 3 se alimenta da população 2, que, por sua vez, se alimenta exclusivamente da população 1. A população 4 se alimenta da população 2 e da população 1, como mostra o esquema a seguir.

- O que deve ocorrer com essas populações caso a população 2 desapareça do ambiente?

5. As espécies de abelhas *Apis mellifera* e *Trigona* sp. foram observadas em um ambiente contendo três plantas, em destaque no quadro abaixo, em que foram registradas com um X apenas aquelas abelhas que tiveram acesso às estruturas florais contendo pólen. Observe o quadro e faça o que se pede.

PLANTA/ABELHA	OBSERVAÇÕES											
Agave sisalana	1	2	3	4	5	6	7	8	9	10	11	12
Apis mellifera	X	X	X	X	X	X	X	X	X	X	X	X
Trigona sp.	X	X		X		X	X	X		X	X	X
Planta ornamental	1	2	3	4	5	6	7	8	9	10	11	12
Apis mellifera												
Trigona sp.	X	X	X	X	X		X	X	X	X	X	
Moringa sp.	1	2	3	4	5	6	7	8	9	10	11	12
Apis mellifera	X	X	X	X	X	X	X	X	X	X	X	
Trigona sp.												

Fonte de pesquisa: Daniela Dias Silva Reis. Ecologia para todos, 26 fev. 2013. Universidade Estadual de Feira de Santana.

a) Identifique as plantas visitadas por *Apis mellifera* e por *Trigona* sp.

b) Em relação à polinização, pode-se afirmar que essas espécies apresentam um mesmo nicho ecológico? Explique.

c) Qual das plantas consideradas nesse estudo poderia gerar uma situação de competição, se apenas ela fosse ofertada às duas espécies de abelhas?

6. Observe os dados obtidos para uma mesma área, no momento **1**, e após alguns meses, no momento **2**. Considere que os símbolos iguais indicados na área quadrangular, que possui 1 m^2, representam uma mesma espécie.

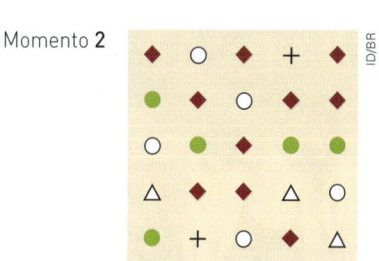

Momento **1**   Momento **2**

a) Identifique as espécies presentes na área do quadrado e calcule a densidade de cada uma delas, tanto no momento **1** quanto no momento **2**.

b) O que aconteceu com o tamanho de cada população após alguns meses?

c) Que fatores podem influenciar na variação do tamanho das populações?

A biosfera é formada pelo conjunto de ecossistemas interconectados. A ecologia estuda os fluxos de matéria e de energia que ocorrem nesses ambientes e os fatores que os modificam.

MATÉRIA E ENERGIA NOS SISTEMAS ECOLÓGICOS

O Sol é a fonte de energia que mantém a maioria dos ecossistemas terrestres. Por meio do processo de fotossíntese, uma parte da energia solar é convertida em ligações de moléculas orgânicas, que constituem fonte de matéria-prima e de energia para os seres vivos. Tais compostos orgânicos, feitos à base de carbono, são alguns dos **nutrientes** que os seres vivos necessitam para crescer, se reproduzir e se desenvolver. Eles podem armazenar a energia necessária para processos vitais.

No entanto, o suprimento de energia solar e outros recursos nem sempre é estável, podendo variar ao longo do tempo. Períodos de inverno, estações com muita ou pouca chuva e alterações ambientais, de modo geral, podem dificultar a incorporação de energia solar e matéria aos ecossistemas. Alterações como essas afetam toda a rede de alimentação de um ecossistema. Por isso, muitas vezes, os seres vivos possuem diferentes estratégias para se alimentar e sobreviver dentro das dinâmicas dos ambientes.

Muitas espécies de aves, por exemplo, realizam movimentos migratórios anuais. Nos períodos de escassez, as aves se deslocam para locais distantes onde há maior oferta de alimento ou condições favoráveis à sua reprodução. Passado certo período, elas retornam ao ponto de origem.

⬇ **O tuiuiú é uma ave que pode chegar a 1,60 m de altura. Em busca de áreas com maior oferta de alimentos, essa e outras aves viajam milhares de quilômetros, chegando a se deslocar de um hemisfério a outro. Essas aves são conhecidas como aves migratórias.**

Andre Dib/Pulsar Imagens

PRODUTORES, CONSUMIDORES E DECOMPOSITORES

Do ponto de vista trófico (*trophos* = alimento), um ecossistema apresenta dois tipos de seres vivos: o **autótrofo**, capaz de sintetizar os compostos orgânicos a partir da energia química ou luminosa, e assim suprir suas necessidades energéticas; e o **heterótrofo**, que precisa obter o alimento, que fornece a energia e a matéria-prima necessárias à sua manutenção, pois, ao contrário dos produtores, os heterótrofos não são capazes de produzir o próprio alimento.

altura: 1,5 m

← O capim-rabo-de-burro (*Andropogon bicornis*) é um exemplo de ser autótrofo. Certas espécies de aves migratórias são grandes consumidores das sementes de capins nativos do Pantanal.

▶ RETOMAR
Veja **organismos no ecossistema** e classifique os seres vivos em produtores, consumidores ou decompositores.

De acordo com seu papel no ecossistema, os seres vivos podem ser classificados como:

- **Produtores** – são os seres autótrofos, como as plantas e as algas, que, por meio da fotossíntese, produzem o próprio alimento.

- **Consumidores** – são os seres heterótrofos, que utilizam o alimento produzido pelos autótrofos para sobreviver. Os heterótrofos podem obter a matéria e a energia de que necessitam diretamente dos produtores (sendo classificados como **consumidores primários**), ou indiretamente, pela ingestão de outros organismos heterótrofos (sendo classificados em **consumidores secundários**, **terciários**, e assim por diante).

- **Decompositores** – constituem um grupo de seres heterótrofos representado por bactérias e fungos. Os decompositores degradam a matéria orgânica presente no meio, absorvendo os nutrientes necessários à vida, como os compostos nitrogenados. Os nutrientes não capturados ficam disponibilizados para a utilização dos produtores.

altura: 70 cm

↑ O colhereiro (*Ajaia ajaja*) é uma ave migratória que vive no Pantanal durante um período do ano. Ele se alimenta de peixes herbívoros, crustáceos e moluscos e pode ser considerado um consumidor secundário.

RELAÇÕES ALIMENTARES

Os seres vivos de um ecossistema produzem o próprio alimento ou se alimentam de materiais gerados por outros seres vivos. Ao delimitar-se uma sequência de relações alimentares, na qual uma espécie de planta serve de alimento para uma espécie de herbívoro, que, por sua vez, serve de alimento para uma espécie de carnívoro, e assim sucessivamente, identifica-se uma **cadeia alimentar**.

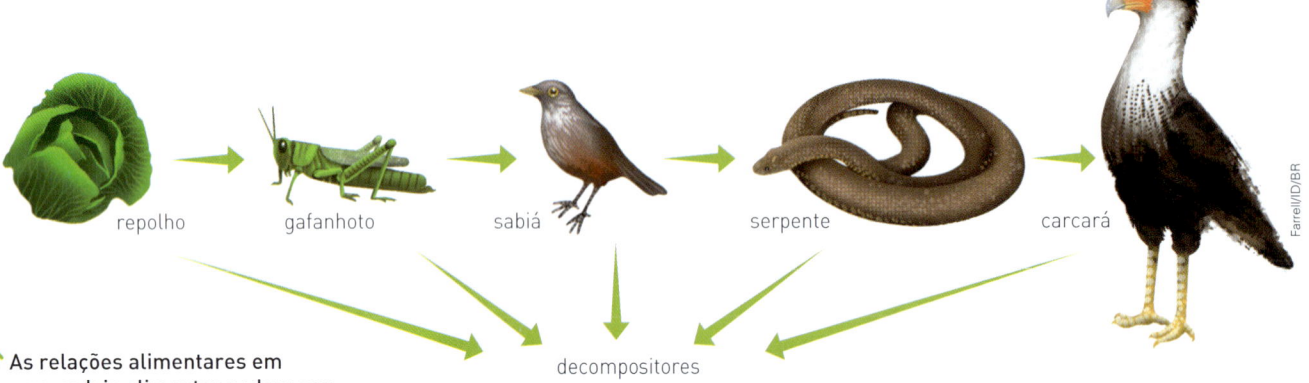

repolho → gafanhoto → sabiá → serpente → carcará

decompositores

↑ As relações alimentares em uma cadeia alimentar podem ser representadas graficamente por meio de setas, que apontam a direção do fluxo de matéria e energia, ou seja, estão direcionadas para o ser vivo que consome o alimento. Note, por exemplo, a seta que parte do repolho e aponta para o gafanhoto, indicando que parte da matéria e da energia contida no repolho passa para esse animal. O mesmo ocorre com os demais organismos representados, inclusive com os decompositores. Quando o organismo de um elo da cadeia morre, parte de sua matéria é transferida para os seres decompositores. (Representação sem proporção de tamanho; cores-fantasia.)

Em geral, os ecossistemas apresentam muitas cadeias alimentares que se conectam e se cruzam, formando uma complexa rede de transferência de matéria e energia, chamada **teia alimentar**.

É possível encontrar em teias alimentares muitas espécies de insetos se alimentando de muitos tipos de plantas, aves consumindo diferentes insetos, assim como cobras se alimentando tanto de roedores quanto de aves.

O conjunto de seres vivos que ocupa a mesma posição em uma cadeia constitui um **nível trófico** ou nível alimentar. Mas, como nos ecossistemas pode haver múltiplas relações alimentares, os seres vivos podem ocupar diferentes níveis tróficos, dependendo da cadeia alimentar considerada.

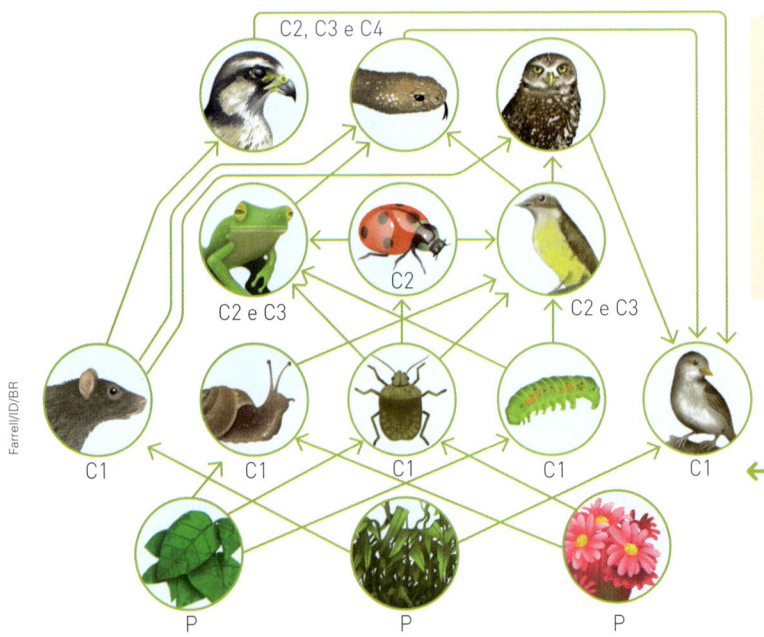

C2, C3 e C4

C2 e C3

C2

C2 e C3

C1 C1 C1 C1 C1

P P P

- Todos os produtores (P) compreendem o primeiro nível trófico de uma comunidade.
- Todos os consumidores primários (C1), ou herbívoros, ocupam o segundo nível trófico.
- Os consumidores secundários (C2), ou carnívoros, ocupam o terceiro nível trófico.
- Os consumidores terciários (C3) e quaternários (C4), também considerados carnívoros, ocupam os quarto e quinto níveis tróficos, respectivamente.

← Esquema de teia alimentar. Perceba que alguns animais podem ser considerados consumidores secundários, terciários ou quaternários, dependendo da relação estabelecida nas diferentes cadeias alimentares. (Representação sem proporção de tamanho; cores-fantasia.)

FLUXO DE ENERGIA

A matéria orgânica que compõe os seres vivos corresponde à sua **biomassa**. Ao degradar a matéria orgânica presente nos alimentos por meio da respiração celular, os seres vivos obtêm a energia que utilizam para realizar suas atividades vitais. No entanto, nesse processo, parte dessa energia se dissipa no meio na forma de calor.

Os produtores usam uma parte de sua biomassa para obtenção de energia e outra parte constitui o próprio corpo do ser vivo, que fica disponível para os seres heterótrofos.

Os consumidores primários, por sua vez, ingerem a biomassa disponibilizada pelos produtores. Do alimento consumido, uma parte não é aproveitada e é eliminada na forma de dejetos, e uma parcela considerável é convertida em energia para o desempenho das atividades vitais. Novamente, apenas uma parcela da biomassa dos alimentos é incorporada nos tecidos dos consumidores primários e fica disponibilizada para o nível trófico seguinte.

Observa-se, assim, que a quantidade de energia diminui à medida que passa pelos níveis tróficos. Como ela não pode ser reaproveitada, esse fluxo é unidirecional. Ele tem início com os produtores, passa pelos consumidores e termina nos decompositores.

PIRÂMIDE DE ENERGIA

Cada um dos níveis tróficos de uma cadeia alimentar pode ser representado de maneira gráfica, por meio de barras na posição horizontal e centralizadas, formando uma pirâmide.

Uma representação é a **pirâmide de energia**. Ela representa a quantidade de energia disponível em cada nível trófico por unidade de área e de tempo. Essa pirâmide nunca aparece de maneira invertida e costuma ser a mais utilizada pelos cientistas.

perda de energia

perda de energia

50 kcal/m²/ano — consumidores secundários

700 kcal/m²/ano — consumidores primários

4000 kcal/m²/ano — produtores

Farrell/ID/BR

← Representação de uma pirâmide de energia na cadeia alimentar formada por planta → gafanhoto → sapo. (Representação sem proporção de tamanho; cores-fantasia.)

CICLO DA MATÉRIA

Os elementos que compõem a matéria orgânica também estão em constante circulação no planeta Terra. Esses elementos estão presentes na atmosfera – como o carbono presente no gás carbônico –, nas rochas da litosfera – como o cálcio presente no carbonato de cálcio e o potássio presente no feldspato – ou ainda na hidrosfera – como o hidrogênio e o oxigênio, que compõem a água.

Ao serem assimilados pelos seres vivos, os elementos ficam incorporados à sua biomassa. Quando a biomassa é decomposta, por sua vez, esses elementos podem voltar a circular por outros componentes do ambiente. Dessa forma, os nutrientes podem passar de uma cadeia alimentar para outra ou integrar o ambiente.

Alguns elementos, como o carbono, o oxigênio, o nitrogênio e o hidrogênio, são necessários em grande quantidade, enquanto outros, como o ferro e o magnésio, são requeridos em quantidades menores. A constante troca de materiais entre os componentes bióticos e abióticos da biosfera faz parte do **ciclo da matéria**.

Enquanto a energia se dissipa no ambiente e não pode ser reutilizada, a matéria pode ser continuamente reciclada. Ela não apresenta um fluxo unidirecional, seu caminho é cíclico.

CICLO DO OXIGÊNIO

Além de compor diversas substâncias, o elemento oxigênio compõe o gás oxigênio (O_2), um dos gases mais abundantes da atmosfera. A proporção de gás oxigênio na atmosfera está em torno de 21% e sua manutenção depende de processos relacionados aos seres vivos, como a respiração e a fotossíntese. O esquema abaixo representa o **ciclo do oxigênio**.

↓ **Esquema do ciclo do oxigênio. (Representação sem proporção de tamanho e distância; cores-fantasia.)**

Fontes de pesquisa dos ciclos: Jane B. Reece. *Biologia de Campbell*. 10 ed. Porto Alegre: Artmed, 2015. p. 1243-1246; Christian Lévêque. *Ecology*: from ecosystem do biosphere. [S.I.]: Science Publishers, 2003. p. 326.

Liberação de O_2
Moléculas de água são utilizadas na fotossíntese. Elas são decompostas e liberam gás oxigênio, enquanto o hidrogênio liberado é usado na formação das moléculas orgânicas.

$O_3 \longleftrightarrow O_2$

Camada de ozônio
A radiação ultravioleta curta provoca a quebra das moléculas de O_2 nas camadas mais altas da atmosfera (entre 20 km e 40 km de altitude). Esses átomos reagem com outras moléculas de oxigênio e podem formar moléculas de ozônio (O_3), que formam a camada de ozônio. No choque entre as moléculas, o ozônio pode se tornar gás oxigênio.

Assimilação
O gás oxigênio atmosférico (ou dissolvido na água) é captado pelos seres vivos para ser utilizado na respiração. Nesse processo, o oxigênio combina-se com o hidrogênio e origina moléculas de água.

Farrell/ID/BR

CICLO DO CARBONO

O carbono pode ser encontrado na água, na terra e na atmosfera. O dióxido de carbono (CO_2), por exemplo, encontra-se na atmosfera e na hidrosfera em baixa proporção (aproximadamente 0,03%), mas é um componente importante nos ecossistemas. Veja o **ciclo do carbono**.

↓ Esquema do ciclo do carbono. (Representação sem proporção de tamanho e distância; cores-fantasia.)

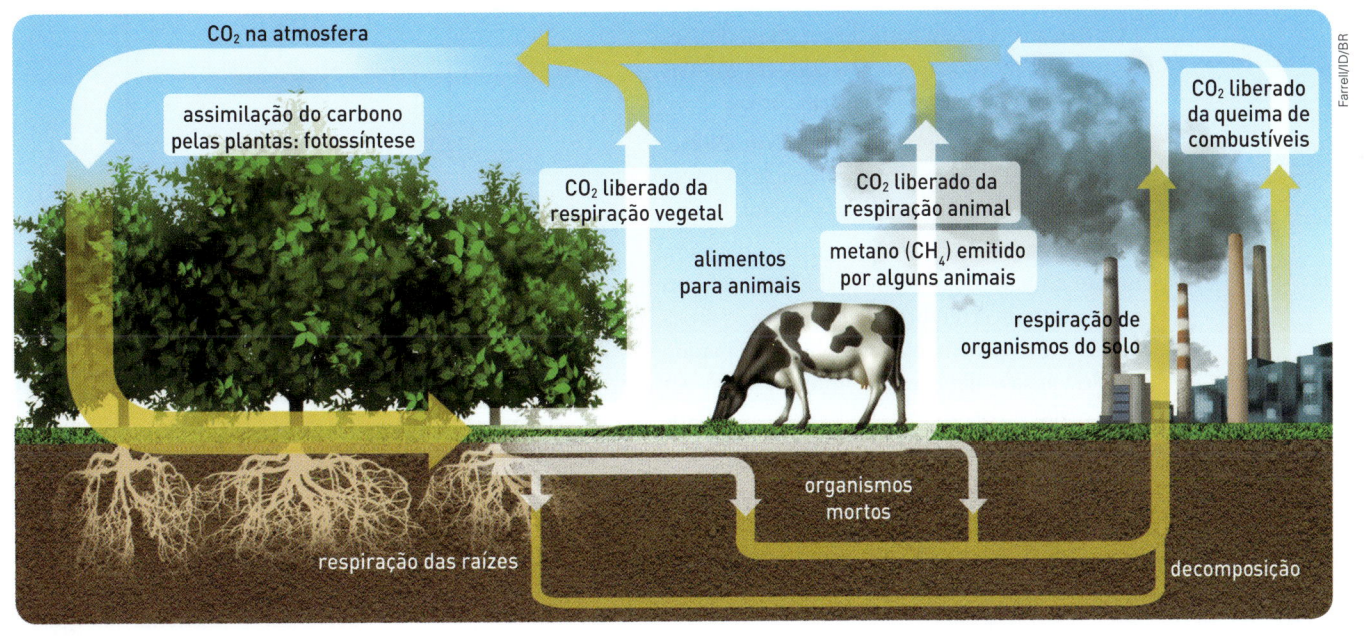

CICLO DO NITROGÊNIO

O nitrogênio é utilizado pelos seres vivos para a síntese de moléculas orgânicas complexas, como aminoácidos, proteínas e nucleotídeos. A principal fonte de nitrogênio é a atmosfera, onde ele ocorre na forma de gás nitrogênio (N_2) e corresponde a cerca de 79% do volume do ar.

↓ O ciclo do nitrogênio ilustra a importância de bactérias e fungos na ciclagem da matéria, porque as plantas e os animais só conseguem utilizar esse elemento depois que ele é transformado em amônia. (Representação sem proporção de tamanho e distância; cores-fantasia.)

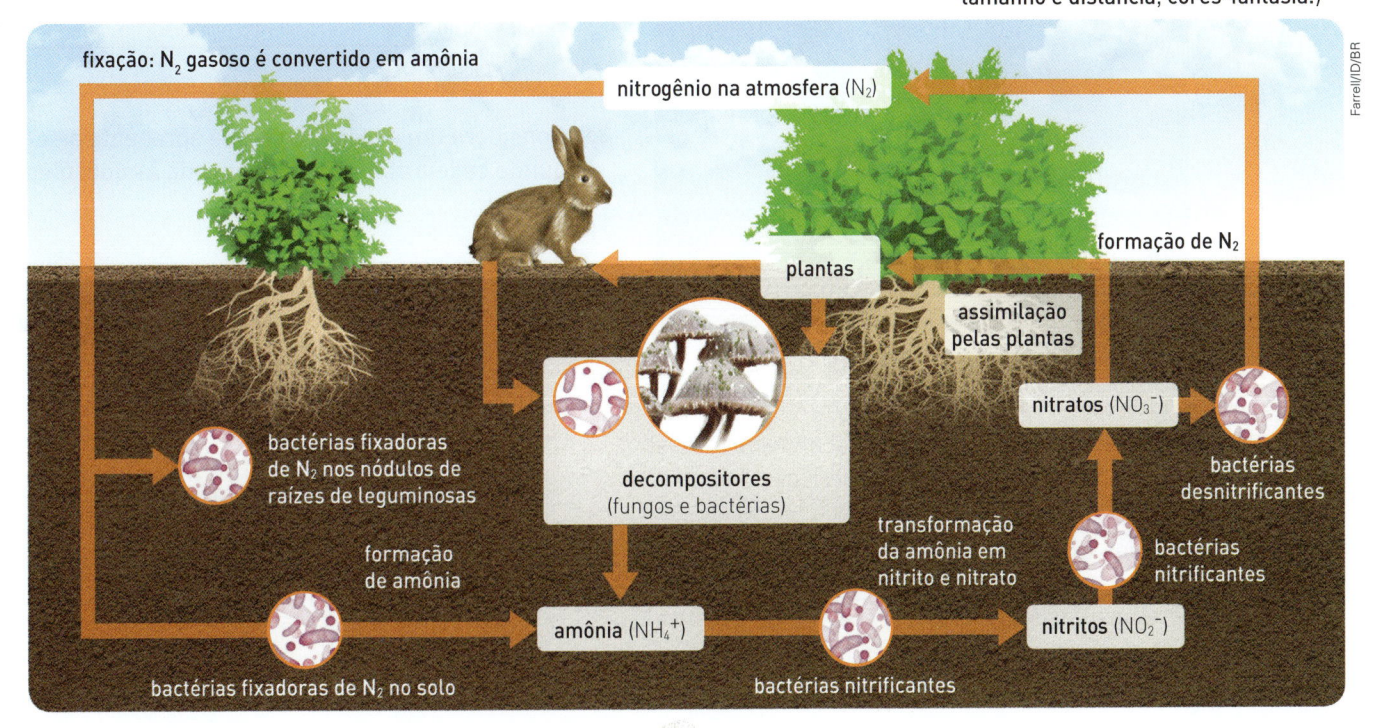

RETOMAR E COMPREENDER

1. Leia o texto e responda às questões a seguir.

Os maçaricos fazem parte de um grupo de aves que realizam movimentos migratórios em grandes grupos, e que envolvem longos percursos.

Eles se reproduzem no hemisfério Norte. Quando chega o momento da migração, eles se deslocam pelo litoral da América do Sul.

Algumas espécies de maçaricos chegam, durante a migração, à planície do Pantanal, em geral a partir de setembro. Eles utilizam as áreas úmidas e corpos d'água como ponto de parada para descanso e alimentação, antes de seguirem até as regiões mais ao sul, como Argentina, Uruguai e Terra do Fogo.

Outras espécies passam todo o período de invernada no Pantanal, alimentando-se e armazenando reservas de gordura para seu regresso ao hemisfério Norte, em março.

Fonte de pesquisa: Alessandro P. Nunes; Walfrido M. Tomas. *Aves migratórias e nômades ocorrentes no Pantanal*. Corumbá: Embrapa Pantanal, 2008. Disponível em: <www.cpap. embrapa.br/publicacoes/online/Livro033.pdf>. Acesso em: 15 jul. 2017.

altura: 25 cm

↑ **Maçarico-grande-de-perna-amarela** (*Tringa melanoleuca*).

a) Por que muitos seres vivos abandonam seus hábitats em determinados períodos do ano e migram para locais distantes?

b) Qual a importância para as aves, como o maçarico-grande-de-perna-amarela, de se alimentar e armazenar reservas de gordura antes de retornar para o hemisfério Norte?

2. Observe a seguinte relação alimentar em um ecossistema aquático:

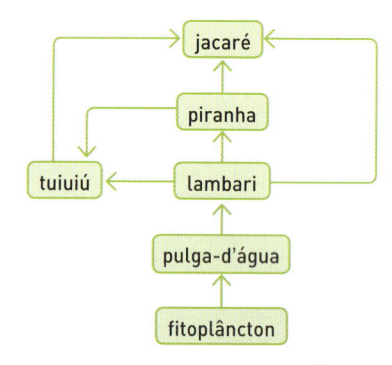

a) Selecione uma cadeia alimentar e represente-a no caderno.

b) Faça no caderno um quadro, como o modelo abaixo, e complete-o com o papel de cada ser vivo na teia alimentar, conforme indicado no exemplo.

	Hábito alimentar	Grau de consumo	Nível trófico (NT)
Fitoplâncton			1º NT
Pulga-d'água			
Lambari	carnívoro		
Tuiuiú		consumidor terciário e quaternário	4º e 5º NT
Piranha			
Jacaré			

3. Considere um ecossistema que apresenta a seguinte cadeia alimentar e responda às questões a seguir.

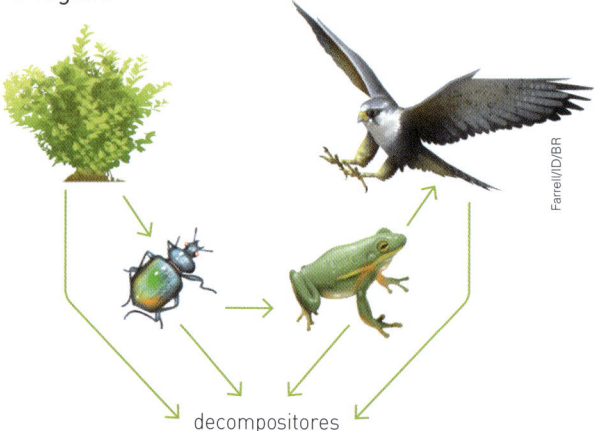

decompositores

a) Os animais continuariam a existir se todas as plantas desse ecossistema morressem?

b) O que ocorreria se não houvesse seres decompositores em um ecossistema?

APLICAR

4. Leia o texto a seguir e, depois, faça o que se pede.

A população de araras-azuis (*Anodorhynchus hyacinthinus*) que ocorre no Pantanal se alimenta, prioritariamente, das sementes de uma palmeira muito abundante nesse bioma, o acuri (*Attalea phalerata*). É comum as araras-azuis também se alimentarem dos itens no solo, onde ocorre a predação dessas sementes por larvas de besouros do gênero *Pachymerus* sp. Tais larvas são três vezes mais proteicas que as sementes e, segundo cientistas, fazem parte da dieta das araras.

comprimento: 90 cm

↑ Araras-azuis (*Anodorhynchus hyacinthinus*) comendo sementes de acuri (*Attalea phalerata*).

a) Represente as duas cadeias alimentares citadas no texto.

b) Identifique o nível trófico que as araras ocupam em cada uma das cadeias alimentares.

c) Estudos indicam que as araras-azuis passam por déficit proteico durante o período de muda de penas e de reprodução, quando elas põem ovos. Qual a vantagem para as araras em se alimentar das larvas dos besouros (presentes nas sementes de acuri que caem no chão) nesses períodos?

d) Devido a sua dieta, as araras são consideradas especialistas alimentares. O que você acha que isso significa?

5. Leia o texto a seguir e, depois, responda às questões.

Algumas espécies de bromélia extraem nitrogênio diretamente da ureia liberada na urina de pererecas, que usam a água empoçada para se abrigar e depositar seus ovos. Acredita-se que a base das folhas dessas bromélias funciona como raiz, absorvendo água e nutrientes, e as pontas funcionam como folhas propriamente ditas, onde acontece a maior parte da fotossíntese. O mesmo ocorre com algumas aranhas, cujas fezes também são fonte de nitrogênio para determinadas espécies de bromélias. Outros estudos mostram ainda que algumas espécies de formiga fazem seus ninhos em meio às raízes das bromélias, ou se abrigam em suas folhas e, por meio de seus excrementos e de restos alimentares, fornecem para a planta boa parte do nitrogênio de que ela necessita para produzir proteínas e crescer.

a) De modo geral, como as plantas absorvem o nitrogênio usado na síntese de moléculas como as proteínas? E como ele é obtido por essas bromélias?

b) Como o nitrogênio absorvido pelas plantas é obtido por animais? E como ele retorna ao ambiente?

c) Qual a importância do nitrogênio tanto para as bromélias quanto para os demais seres vivos?

6. Considere a seguinte situação:

Calculou-se que, em condições adequadas, uma determinada área pode produzir soja em quantidade suficiente para alimentar 22 pessoas durante um ano. No entanto, se a soja produzida nessa mesma área for utilizada para a criação de gado, a carne produzida é suficiente para alimentar apenas uma pessoa no mesmo período.

a) No caderno, represente a cadeia alimentar abaixo em uma pirâmide de energia.

soja → gado → ser humano

b) Por que uma mesma área destinada à plantação de soja é capaz de alimentar um número maior de pessoas em relação à mesma área destinada à criação de gado para alimentação humana?

DESENVOLVIMENTO SUSTENTÁVEL

As atividades humanas estão ameaçando a capacidade de o planeta sustentar os diversos ecossistemas existentes. Nesse sentido, a ecologia é importante para uma melhor compreensão de como os sistemas naturais funcionam e como reagem às perturbações causadas por nós, seres humanos.

O USO DOS RECURSOS NATURAIS

Desenvolvimento sustentável é o desenvolvimento capaz de suprir as necessidades da geração atual sem esgotar os recursos naturais. Esse termo foi mencionado pela primeira vez no documento da Organização das Nações Unidas (ONU) conhecido como relatório *Nosso futuro comum*, em 1983. Esse documento representou um dos principais marcos no reconhecimento da necessidade de políticas e ações voltadas para a sustentabilidade. Mas o que isso quer dizer?

Com o crescimento econômico e o consequente aumento na demanda por recursos naturais, percebeu-se que as necessidades das atuais e futuras gerações não serão supridas se não houver transformações significativas no ritmo de consumo de recursos naturais e de produção de bens nas sociedades.

O desenvolvimento não pode se manter com os recursos naturais se deteriorando na velocidade atual, assim como o meio ambiente não será preservado se os danos ambientais não forem minimizados. Diante disso, a sociedade começa a se preocupar e propor ações, com os seguintes objetivos: proteção da atmosfera; combate ao desmatamento, à perda de solo e à desertificação; prevenção da poluição da água; gestão segura dos resíduos; e implementação de leis e normas que atendam a esses fins.

↓ A maneira como exploramos um rio pode determinar se ele continuará estável e, portanto, sendo fonte de diversos recursos ou se, depois de algum tempo, ele estará degradado, podendo não ser usado nem por seres humanos nem por animais e plantas que dele dependeriam. (Representação sem proporção de tamanho e distância; cores-fantasia.)

A agricultura
A irrigação é responsável por cerca de 72% do consumo de água no Brasil. Estima-se que boa parte dessa água seja desperdiçada devido ao consumo inadequado e à falta de equipamentos que otimizem seu uso. Ecossistemas aquáticos e reservas subterrâneas podem ser afetados pelas ações humanas. Rios e lençóis freáticos correm o risco de secar com o consumo excessivo da água aliado à falta de chuvas e de se degradarem devido à contaminação pelo uso de fertilizantes e pesticidas.

O USO RACIONAL DA ÁGUA

A água é um recurso essencial, seja como componente dos seres vivos, como meio de vida para inúmeras espécies, como elemento regulador do clima ou como fator de produção de bens de consumo.

O Brasil concentra grande parte da água doce da Terra, pois possui extensas bacias hidrográficas, como a do São Francisco, a do Paraná e a Amazônica, além de uma considerável parcela do aquífero Guarani, um dos maiores mananciais de água subterrânea do planeta. Ainda assim, boa parte de sua população não tem acesso à água de qualidade, e a má gestão do recurso em diversas atividades pode comprometer sua disponibilidade. Além disso, dados recentes apontam que o **uso da água** tem crescido a uma proporção muito maior do que o crescimento populacional e alertam para a tendência de grande elevação do gasto até 2050, o que poderá comprometer ainda mais a disponibilidade desse recurso em um futuro próximo.

Veja na imagem algumas atividades que consomem grande quantidade de água e situações que podem comprometer sua qualidade.

Fabio Eugenio/ID/BR

A atividade industrial
As indústrias utilizam água como matéria-prima para fabricar produtos e também em processos de limpeza ou de resfriamento de máquinas. Quando é usada nos sistemas de refrigeração, muitas vezes a água é devolvida aquecida para os corpos d'água, o que provoca o aumento da temperatura desses corpos, diminuindo a concentração de oxigênio dissolvido na água e, consequentemente, causando a morte de vários organismos. Quando é usada para limpeza, caso não seja tratada, a água é lançada como esgoto com poluentes que possuem efeito tóxico e que podem gerar impactos negativos nos ecossistemas.

Os esgotos domésticos
No Brasil, uma parte do esgoto doméstico ainda é despejada em rios e córregos sem nenhum tratamento prévio. Além de contribuir para a proliferação de doenças, essa descarga contém alta quantidade de matéria orgânica, cujo processo de decomposição acarreta a queda da quantidade de oxigênio dissolvido na água e pode provocar a morte de muitos organismos. A grande concentração de nutrientes, como o nitrogênio e o fósforo, estimula a proliferação excessiva de algas, o que também pode causar desequilíbrios nos ecossistemas aquáticos.

OS RECURSOS DOS BIOMAS BRASILEIROS

Bioma é uma região de grandes dimensões e com condições climáticas similares que, com fatores como o relevo e o tipo de solo, definem um padrão de vegetação. Ainda que esse padrão apresente variações, há plantas mais abundantes, assim como animais típicos. Em geral, os biomas apresentam comunidades estáveis e que se encontram em equilíbrio ecológico, um estado em que as relações estabelecidas nesse ecossistema mantêm suas populações constantes.

Há milhares de anos, grupos humanos viviam dispersos pelos biomas, fazendo uso de seus recursos naturais sem causar impactos drásticos. No entanto, desde a chegada dos europeus à América, por volta do ano de 1500, a pressão populacional e as atividades econômicas impuseram um intenso processo de transformação nos biomas do continente americano, o que gerou desequilíbrios ambientais.

BIOMAS EM DESEQUILÍBRIO

Atualmente, todos os biomas brasileiros estão ameaçados pelas atividades humanas que alteram a vegetação e o solo, descaracterizando esses biomas e seus ecossistemas.

■ **Cobertura vegetal original do Brasil e sua situação atual**

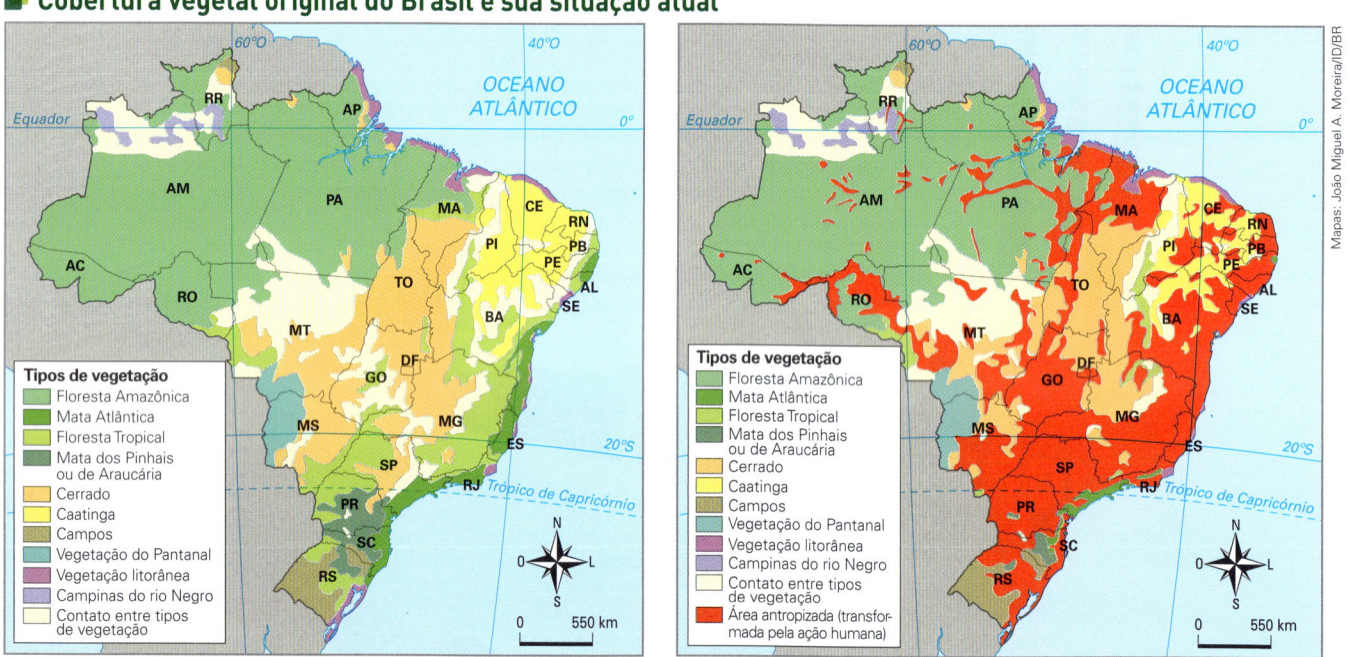

Mapas: João Miguel A. Moreira/ID/BR

Fonte de pesquisa: Graça M. L. Ferreira. *Moderno atlas geográfico*: visualização cartográfica Marcello Martinelli. São Paulo: Moderna, 2016. p. 58.

↑ **Perceba o quanto a cobertura vegetal original (mapa à esquerda) dos ambientes brasileiros foi modificada pela ação do ser humano (regiões em vermelho, no mapa à direita).**

Mata Atlântica

O desmatamento da Mata Atlântica teve início com a exploração do pau-brasil e prosseguiu em ciclos: da cana-de-açúcar, do ouro, da produção de carvão vegetal, da extração de madeira, da plantação de cafezais, de pastagens, da produção de papel e celulose, da construção de rodovias e barragens e da intensa urbanização. Atualmente, a Mata Atlântica está reduzida a cerca de 12,5% de sua extensão original, e a fragmentação das áreas florestais que restaram contribuiu para a extinção de muitas espécies de seres vivos.

Floresta Amazônica

A ocupação da floresta Amazônica, em diferentes períodos, foi motivada principalmente pela exploração de recursos, como a borracha, a madeira, a soja e os minérios, e pela pecuária.

Atualmente, a extração inadequada de madeira, as áreas em expansão destinadas ao mercado de soja e de carne, além de grandes obras de infraestrutura – como hidrelétricas –, a grilagem de terras, o garimpo e a expansão dos assentamentos humanos constituem grandes ameaças à floresta.

Cerrado

O processo de ocupação do Cerrado foi movido pelo interesse por ouro e pedras preciosas. A atividade garimpeira contaminou com mercúrio alguns rios e contribuiu para seu assoreamento, assim como a mineração causou o desgaste e a erosão dos solos.

Hoje, as principais ameaças à biodiversidade do Cerrado são a monocultura intensiva de grãos, como a soja, e a pecuária extensiva, que, juntas, já contribuíram para a destruição de grande parte do bioma.

Pantanal

A ocupação do Pantanal também foi estimulada pela descoberta de ouro e de importantes riquezas minerais. Atualmente, a pecuária é a principal atividade econômica da região. Ocorre também uma expansão desordenada da agropecuária, com a utilização de pesadas cargas de agroquímicos, assim como a caça e a pesca indiscriminada. O conjunto dessas atividades é responsável pela contaminação do ambiente e por grandes transformações na paisagem.

Caatinga

Por volta do século XVI, a região que corresponde à Caatinga começou a ser utilizada para criação de gado. De lá para cá, esse bioma vem sofrendo as pressões da expansão da fronteira agrícola no país, com grandes áreas ocupadas por plantações de soja, milho e algodão, além da exploração de lenha e carvão vegetal.

Pampa

A pecuária extensiva nos campos nativos do Pampa é uma das principais atividades econômicas da região. A introdução e expansão de monoculturas e pastagens com espécies exóticas têm levado à acelerada degradação do bioma.

A falta de cobertura e diversidade vegetal, relacionada à monocultura, causa mudanças na estrutura do solo, reduzindo sua produtividade e favorecendo o surgimento de pragas, ervas daninhas, etc. Espécies exóticas que competem com espécies nativas também contribuem para gerar desequilíbrios nos ecossistemas.

JUSTIÇA E PAZ PARA OS POVOS INDÍGENAS

A ocupação de territórios por empreendimentos comerciais e agropecuários tem gerado grandes conflitos com os povos indígenas. A perda de seus territórios implica, muitas vezes, um cenário de escassez para os grupos indígenas, pois as áreas que restam para seu uso não são suficientes para manter suas populações.

Muitas etnias que vivem na região do Cerrado se organizaram e criaram o movimento Mopic (Mobilização dos Povos Indígenas do Cerrado), com a finalidade de garantir a segurança territorial das aldeias indígenas, impedir o avanço da agropecuária, do desmatamento e da poluição dos rios, e outras transformações que comprometem sua sobrevivência.

Na Caatinga, muitos povos também se organizaram e criaram o Apoinme (Articulação dos Povos e Organizações Indígenas do Nordeste, Minas Gerais e Espírito Santo), com objetivos semelhantes.

- Converse com os colegas sobre a importância de garantir a demarcação de Terras Indígenas. Como é possível estabelecer a paz entre grupos com diferentes interesses?

espécie exótica: espécie que se encontra fora de sua área de distribuição natural.

SISTEMAS AGROFLORESTAIS (SAFS)

Muitos pesquisadores acreditam que sistemas agroflorestais são uma alternativa mais sustentável aos sistemas de monocultura. Eles combinam, de maneira simultânea ou em sequência, a produção de cultivos agrícolas com plantações de árvores frutíferas e florestais e a presença de animais, apresentando estrutura mais próxima a de uma floresta, inclusive em relação à diversidade de espécies.

Uma variedade de minérios é usada na produção de aparelhos celulares. O tântalo é um minério usado nas baterias, o tungstênio serve para fazer os celulares vibrarem, o estanho é usado na solda de circuitos, e o ouro melhora a conectividade na fiação desses equipamentos.

O CONSUMO E O IMPACTO AMBIENTAL

As sociedades atuais são consideradas **sociedades de consumo**, pois as pessoas adquirem produtos de maneira muito acentuada. Da mesma forma, nos últimos séculos, especialmente nas últimas décadas, os meios de produção se desenvolveram intensamente.

As indústrias podem ser classificadas em três tipos: as de **bens de produção**, relacionadas com a extração de matéria-prima, que produzem energia ou produtos para outras indústrias; as de **bens de capital**, responsáveis por transformar o que é produzido na indústria de bens de produção em máquinas e ferramentas para serem usadas nas indústrias de bens de consumo; e, por fim, as de **bens de consumo**, responsáveis por fabricar o produto final, os chamados bens de consumo, que são vendidos diretamente aos consumidores.

OS IMPACTOS DA CADEIA DE PRODUÇÃO

Podemos usar o exemplo da mineração para ilustrar como os bens que consumimos estão implicados em uma cadeia de produção que gera impactos ambientais significativos. Os minérios são usados em vários produtos, desde aparelhos celulares e veículos até tintas e cosméticos. São extraídos da natureza pelas indústrias de bens de produção por meio da mineração. Essa atividade modifica intensamente a paisagem, tanto ao extrair os minérios quanto ao descartar uma grande quantidade de rejeitos, causando a poluição da água, do solo e do ar.

Ao longo do processo de produção, a mineração também consome grandes quantidades de água, que geram uma série de impactos nos rios e em outros ecossistemas aquáticos, como o aumento da turbidez da água, alteração do pH, contaminação por óleos e metais pesados, redução do oxigênio dissolvido, assoreamento, etc.

Além dos impactos ambientais, deve-se estar atento a impactos sociais de uma atividade econômica. Grande parte dos minérios usados na produção de bens é extraída de áreas localizadas em países subdesenvolvidos, nas quais, muitas vezes, é empregada mão de obra barata, sem o uso de equipamentos de segurança, com ocorrência de trabalho análogo ao escravo ou de exploração de mão de obra infantil.

O DESENVOLVIMENTO DOS PAÍSES E O IMPACTO AMBIENTAL

O desmatamento se concentra principalmente em países em desenvolvimento para suprir as demandas internacionais por matéria-prima. Já o uso intensivo de combustíveis fósseis é mais significativo nas sociedades industriais, principais responsáveis pelas mudanças climáticas, que afeta todos os países, inclusive os menos industrializados.

Da mesma forma, o desenvolvimento promoveu melhorias significativas na qualidade de vida das pessoas, apesar de muitas delas ainda não terem acesso nem a recursos básicos, como água e alimento.

Área de mineração em Tapira, Minas Gerais, 2016. A mineração pode modificar drasticamente a paisagem, gerando diversos impactos ambientais e alterando permanentemente a região.

AÇÕES DE SUSTENTABILIDADE

Na sociedade atual, há muitos valores se fortalecendo e se consolidando sob os princípios da sustentabilidade. Veja alguns a seguir.

PRODUÇÃO SUSTENTÁVEL

A **produção sustentável** consiste na incorporação das melhores alternativas no ciclo de vida de produtos e de serviços, a fim de minimizar impactos ambientais e sociais. Os sistemas produtivos devem, por exemplo, investir em tecnologia para aumentar a eficiência de uso de matéria-prima, energia, água e insumos; usar recursos renováveis, de extração menos danosa e que possam ser reciclados; reduzir a emissão de poluentes; investir nas condições de trabalho dos funcionários.

↑ Usina eólica em Camocim (CE), 2015. São consideradas energia limpa as fontes que apresentam baixos impactos ambientais. O Brasil tem ocupado uma posição de destaque em energia eólica, considerada uma fonte de energia limpa. Essa energia é gerada a partir de grandes hélices presas em um pilar, que captam a energia mecânica produzida pelos ventos para transformá-la em energia elétrica.

← Água de reúso é aquela que já foi usada e depois passou por um tratamento para ser utilizada novamente em certas atividades, economizando a água captada de mananciais. No reúso, a água pode ser usada em processos como limpeza de pátios, lavagem de peças, em torres de resfriamento, etc. São Paulo (SP), 2015.

CONSUMO SUSTENTÁVEL

Produtos considerados duráveis, como celulares, automóveis e eletrônicos em geral, são continuamente trocados, pois há uma pressão de consumo para que as pessoas se mantenham "atualizadas". Muitos produtos apresentam a chamada obsolescência programada, ou seja, em um período curto de tempo deixam de funcionar e precisam ser repostos. Diante disso, os consumidores têm um papel muito importante no processo de implementação da sustentabilidade.

O **consumo sustentável** requer consumidores que comprem apenas o realmente necessário e que aproveitem a vida útil dos produtos ao máximo. Eles devem priorizar os produtos que utilizaram menos recursos naturais em sua produção e que são facilmente reaproveitados ou reciclados. Consumir de maneira sustentável depende de escolhas conscientes e responsáveis, compreendendo que cada ação tem consequências ambientais e sociais.

RETOMAR E COMPREENDER

1. O que é desenvolvimento sustentável?

2. Como deveria ser o consumo em uma perspectiva de desenvolvimento sustentável?

3. Quais atividades humanas representam as principais ameaças aos biomas brasileiros?

APLICAR

4. Leia o texto e responda às questões a seguir.

O maior desastre ambiental da mineração brasileira ocorreu em Mariana (MG), em 2015, após o rompimento da barragem de uma mineradora, que provocou uma série de impactos negativos no ambiente. O rompimento da barragem liberou rejeitos que eram formados, principalmente, por óxido de ferro, água e lama, e que foram parar nos rios. A lama formou uma espécie de cobertura, que atingiu as regiões próximas à barragem e chegou até o oceano, passando por outros estados além de Minas Gerais.

↑ **Lama na região próxima à barragem que rompeu no município de Mariana (MG), 2015.**

a) Cite ao menos um aspecto da atividade mineradora que puderam ser observados nesse caso.

b) Que impactos negativos nos ecossistemas você supõe que esse acidente provocou?

5. Leia o texto a seguir e responda às questões.

Manejo do açaí

O açaizeiro (*Euterpe* sp.), palmeira típica da Amazônia, de cujos frutos se obtém um "vinho" – como é chamado a polpa do açaí diluída em água –, que é tradicional na cultura dos povos dessa região, fazendo parte da dieta básica de algumas populações locais, atualmente se tornou "a fruta da moda" nas grandes capitais do sudeste brasileiro (Rio, São Paulo, Belo Horizonte), onde o "vinho", ou suco de açaí, vem sendo muito consumido como energético pelos adeptos da vida natural que cultuam a boa forma física do corpo. [...]

[...]

Com essa "açaímania" e a nova legislação vigente, que limita a exploração extrativista, abrem-se perspectivas de uso mais racional desse recurso natural, estabelecendo um incentivo a mais para a atividade de produção agrícola sustentável na região, com o cultivo dessa preciosa palmeira, e de outras que produzem palmito de boa qualidade, como a pupunha por exemplo, que apresenta potencial muito bom para o incremento dessa atividade agroindustrial. [...]

↑ **Palmeira de açaí com frutos.**

George Duarte Ribeiro. Açaí-solteiro, açaí-do-amazonas (*Euterpe precatoria*), uma boa opção de exploração agrícola em Rondônia. Ambiente Brasil. Disponível em: <http://ambientes.ambientebrasil.com.br/agropecuario/artigo_agropecuario/acai-solteiro,_acai-do-amazonas_(euterpe_precatoria),_uma_boa_opcao_de_exploracao_agricola_em_rondonia.html>. Acesso em: 15 jul. 2017.

a) O que significa fazer uma "produção agrícola sustentável" do açaí?

b) O texto menciona que o açaí é muito consumido nas grandes capitais e em outras cidades do Brasil. Como os consumidores de açaí podem contribuir com a produção sustentável desse recurso alimentar?

c) A palmeira do açaí, oriunda da floresta Amazônica, está sendo plantada em áreas da Mata Atlântica e tem tomado o lugar originalmente ocupado pelo palmito-juçara, que ocorre espontaneamente nessas matas litorâneas. É possível aplicar as definições de espécie nativa e de espécie exótica para essas palmeiras? Explique.

Conflitos pela água

O Brasil detém pouco mais de 10% das reservas de água potável do mundo. Porém, um relatório realizado em 2013 pela Comissão Pastoral da Terra registra que o país apresenta um conflito por água a cada quatro dias.

ANALISAR

Identifique os locais no mundo onde há **disputa pela água**.

Conflitos pela água batem recorde no país

Em meio à forte seca que atinge há meses diferentes estados do país, o número de conflitos rurais por água bateu recorde no ano passado [2016].

Foram registrados 127 conflitos, com 42,8 mil famílias envolvidas, número também recorde, segundo dados da CPT (Comissão Pastoral da Terra) [...].

[...]

"Nossas bases [para a pesquisa de campo] estão na área rural do país. Mas é notável que, desde 2014, a atual seca passou a causar conflitos também na área urbana", disse o pesquisador Roberto Malvezzi, da Pastoral da Terra.

[...]

Malvezzi ainda acredita que a questão da água poderá causar mais disputas entre estados do país. A mais recente discussão nesse sentido foi sobre a transposição de água da bacia do rio Paraíba do Sul e os reservatórios do Cantareira, com meses de embates entre os governadores de SP, Rio e Minas Gerais.

Já no interior do país, as disputas envolvem desde casos de contaminação de recursos hídricos à invasão de terras para acesso a rios e lagos, passando pela apropriação de açudes públicos.

"Há vezes em que um fazendeiro desvia o curso de um rio para que ele abasteça sua propriedade, por exemplo", conta Malvezzi.

[...]

Outra disputa comum listada pela pesquisa da CPT é a construção de represas e barragens em locais habitados. Segundo Malvezzi, esse tipo de conflito é o que atinge um maior número de famílias, devido ao tamanho da área das represas.

[...]

Número de conflitos pela água no Brasil

Fonte de pesquisa: Comissão Pastoral da Terra (CPT).

Fabrício Lobel. Conflitos pela água batem recorde no país. *Folha de S.Paulo*, 16 mar. 2015. Cotidiano. Disponível em: <www1.folha.uol.com.br/cotidiano/2015/03/1603417-conflitos-pela-agua-batem-recorde-no-pais.shtml>. Acesso em: 15 jul. 2017.

Para refletir

1. Por que haver disputas por água no Brasil parece uma situação contraditória?

2. De que maneira o acesso à água pode ser garantido para toda a população brasileira de forma justa, inclusiva e pacífica, agora e no futuro? Converse com os colegas sobre essa questão.

ATIVIDADES INTEGRADAS

RETOMAR E COMPREENDER

1. Observe a cadeia alimentar representada abaixo e faça o que se pede.

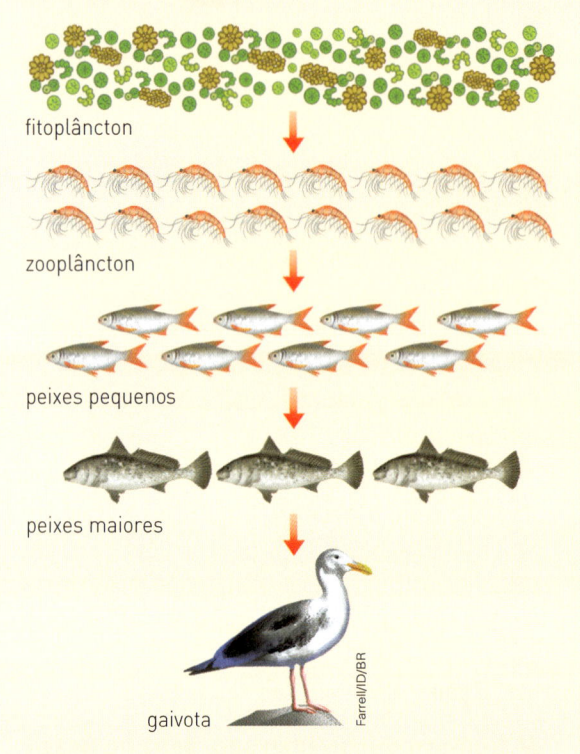

fitoplâncton

zooplâncton

peixes pequenos

peixes maiores

gaivota

Farrell/ID/BR

a) Transforme essa representação em uma pirâmide de energia.

b) Considerando o fluxo de matéria e energia, explique por que o número de indivíduos tende a diminuir em cada nível trófico.

2. O esquema abaixo representa as relações de equilíbrio presa-predador. Faça no caderno um esquema semelhante e complete-o com os termos **diminuição da população de predadores**, **diminuição da população de presas** e/ou **aumento da população de predadores**.

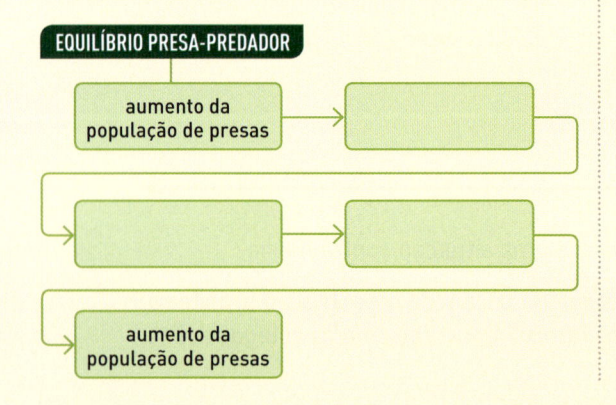

EQUILÍBRIO PRESA-PREDADOR

aumento da população de presas

aumento da população de presas

APLICAR

3. Leia sobre um estudo feito com saúvas na floresta Amazônica e na Mata Atlântica. Depois, responda às questões a seguir.

Um estudo da Universidade Federal de Pernambuco (UFPE), em parceria com pesquisadores da Universidade de Kaiserslautern, na Alemanha, demonstrou que, em fragmentos de mata e em bordas de grandes áreas da Mata Atlântica localizada na Região Nordeste, a densidade de colônias de saúva é cerca de 20 vezes maior do que nas áreas conservadas da floresta Amazônica. A pesquisa concluiu também que plantas pioneiras crescem mais rapidamente nas bordas de matas sem incorporar as defesas naturais contra predadores, representando maior oferta de alimentos.

a) O que significa dizer que houve um aumento na densidade das formigas?

b) Como o processo de fragmentação da Mata Atlântica pode ter contribuído para o aumento na densidade de saúvas?

c) A perda de floresta atinge predadores das saúvas, como tatus, tamanduás e algumas aves, cujas populações vêm diminuindo com o tempo. Quais consequências isso pode apresentar para a população das saúvas?

4. Com base nas informações abaixo sobre a jubarte, responda às questões que seguem.

Durante o verão, a jubarte se dirige às águas polares dos oceanos para se alimentar e, durante o inverno, segue para águas tropicais e subtropicais para acasalar e dar à luz. Fêmeas com filhotes são sempre os últimos animais a chegar às áreas de alimentação, pois os filhotes precisam aumentar sua camada de gordura alimentando-se do leite (que contém cerca de 40% de gordura) de suas mães.

Algumas jubartes se agrupam e mergulham de modo sincronizado sob os cardumes e eliminam ar enquanto estão submersas, formando uma "cortina de bolhas" que cerca e prende cardumes de *krill* ou de pequenos peixes. Logo em seguida, elas sobem em direção à superfície com a boca aberta e as pregas ventrais expandidas, preenchendo a cavidade bucal com alimento e água.

a) Qual o hábitat da jubarte?

b) As jubartes podem ser consideradas animais migratórios? Justifique.

c) Por que os filhotes precisam aumentar sua camada de gordura antes de migrarem para as áreas de alimentação?

d) Se fôssemos inserir a jubarte na teia alimentar abaixo, ela ocuparia quais níveis tróficos?

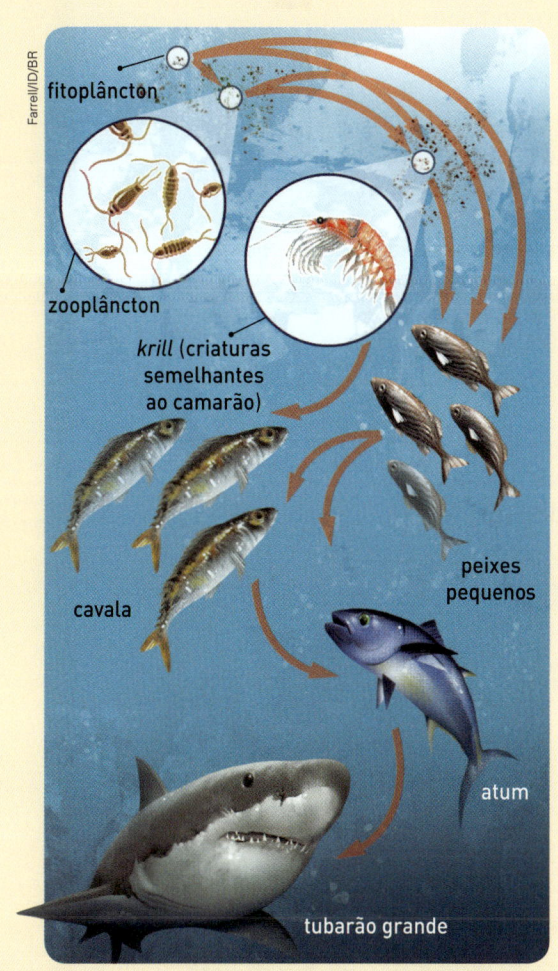

ANALISAR E VERIFICAR

5. Leia o texto abaixo e responda às questões.

Atualmente, grande parte da demanda mundial de energia é suprida por combustíveis fósseis, tais como petróleo, gás natural e carvão, que liberam gás carbônico e água quando queimados. Isso representa um grande problema, pois tais recursos não são renováveis, já que se originam da decomposição de organismos animais e vegetais durante milhares de anos em camadas profundas do solo ou do fundo do mar. Seu uso é responsável pelo aumento da concentração de gás carbônico na atmosfera, intensificando o efeito estufa e contribuindo para o aquecimento global, além de a combustão incompleta desses combustíveis liberar monóxido de carbono (gás tóxico) e impurezas que poluem a atmosfera.

Os biocombustíveis surgiram como uma alternativa de fonte de energia renovável e mais limpa. Eles são produzidos à base de plantas, como milho, cereais, cana-de-açúcar, beterraba, etc., que se renovam em pouquíssimo tempo – se comparado ao período necessário para a reposição de combustíveis fósseis – e absorvem o dióxido de carbono da atmosfera enquanto crescem e se desenvolvem. A produção de biocombustíveis, no entanto, requer grandes áreas de terra e, em geral, são obtidos da prática de monocultura.

Com essas informações e, se preciso, as de outras fontes de pesquisa, responda:

a) O biocombustível é uma alternativa de fonte de energia que atende aos princípios de desenvolvimento sustentável? Por quê?

b) Quais seriam as desvantagens do uso desse recurso?

CRIAR

6. O açaí, a juçara e o buriti são espécies de palmeiras nativas do Brasil. Elas podem ter diversos usos para os seres humanos. Forme um grupo com os colegas e realize uma pesquisa sobre essas e outras palmeiras nativas:

• identifiquem a área ou bioma onde ocorrem;

• apresentem suas características e seus usos;

• verifiquem os impactos que a sua exploração tem gerado ao ambiente;

• façam um guia de campo com essas informações e imagens e compartilhem com a turma.

7. As ações humanas podem gerar impactos no ambiente, os quais, por sua vez, podem ser fonte de conflitos. A adoção de políticas públicas voltadas para a sustentabilidade pode contribuir para uma sociedade mais pacífica? Comente.

EM RESUMO – UNIDADE 4

O estudo do meio
- A ecologia estuda as relações entre os seres vivos e o meio.
- O hábitat de um indivíduo é o lugar onde ele vive. O nicho de um indivíduo é o seu papel ecológico.
- Organismo é cada um dos indivíduos de uma espécie. Comunidade é o conjunto de populações de determinada região.
- O estudo das populações avalia a densidade populacional e as taxas de natalidade, de mortalidade, de imigração e de emigração.
- Ecossistema é um conjunto formado pelas interações entre componentes bióticos e componentes abióticos de um ambiente.

Matéria e energia
- Organismos que produzem seu próprio alimento são chamados de produtores ou autótrofos. Organismos que se alimentam de outras fontes são consumidores ou heterótrofos. Os decompositores são consumidores que degradam a matéria orgânica, disponibilizando parte dela no meio.
- As relações alimentares entre os seres vivos estabelecem cadeias e teias alimentares. A quantidade de energia diminui ao longo dos níveis tróficos.
- A matéria pode ser constantemente reciclada nos ecossistemas, por meio de diferentes ciclos, como os presentes na cadeia alimentar e nos ciclos do oxigênio, do carbono e do nitrogênio.

Desenvolvimento sustentável
- Desenvolvimento sustentável é o desenvolvimento capaz de suprir as necessidades da geração atual sem esgotar os recursos naturais.
- Desmatamento, expansão da agropecuária e introdução de espécies exóticas são exemplos de ameaças aos ecossistemas.
- A produção de bens de consumo requer o uso de energia, água e matérias-primas, que são obtidas dos biomas. Essa produção gera diversos impactos ambientais.
- A produção e o consumo sustentáveis são aquelas que não comprometem as gerações futuras.

COMPREENDER

Repasse os conceitos estudados nesta unidade.

CRIAR

Construa uma **rede de ideias** com o que você aprendeu nesta unidade.

Nelson Provazi/ID/BR

DE OLHO NO ENEM

Questão 1

Terapia gênica

Terapia gênica é o tratamento baseado na introdução de genes sadios com uso de técnicas de DNA recombinante. O primeiro teste clínico bem-sucedido dessa técnica foi divulgado em 1990. Em que pese a ocorrência, em certos estudos clínicos, de efeitos adversos, alguns dos quais graves, laboratórios de pesquisa e empresas vêm continuamente desenvolvendo novos materiais e procedimentos mais seguros e eficazes. Embora ainda em estágio experimental, progressos recentes indicam oportunidades crescentes de investimento pela indústria, bem como justificam a expectativa de que, em alguns casos, essa tecnologia poderá chegar à prática clínica dentro de poucos anos.

[...]

Rafael Linden. Terapia gênica: o que é, o que não é e o que será. *Estudos avançados*, São Paulo, v. 24, n. 70, p. 69. 2010. Disponível em: <http://www.scielo.br/scielo.php?script=sci_arttext&pid=S0103-40142010000300004>. Acesso em: 23 maio 2017.

A terapia gênica é um conjunto de técnicas que age em:

a) proteínas.

b) lipídios.

c) ácidos nucleicos.

d) glicídios.

e) polipeptídeos.

Questão 2

É comum encontrar dietas que recomendam o corte total do consumo de gorduras (lipídios) para favorecer o emagrecimento. Uma falha nessa recomendação é que, ao segui-la:

a) não há como o corpo conseguir energia suficiente.

b) nutrientes necessários para manter a saúde deixarão de ser ingeridos.

c) os elementos inorgânicos de que o corpo necessita deixarão de ser ingeridos.

d) a síntese de glicogênio será prejudicada.

e) é impossível emagrecer.

Questão 3

O microscópio eletrônico de transmissão é um dos mais potentes e interessantes instrumentos de investigação científica. Ele pode gerar imagens aumentadas em milhares de vezes, conseguindo mostrar estruturas que não são invisíveis ao microscópio óptico. Para conseguir observar uma amostra ao microscópio eletrônico de transmissão, ela deve ser fixada, ou seja, envolvida por uma matriz similar a uma gelatina endurecida, e cortada em fatias muito finas. Todas as imagens são formadas em preto e branco, e depois são coloridas com o auxílio de um programa de computador.

O microscópio eletrônico de transmissão é indicado para visualizar:

a) a movimentação de um organismo ciliado.

b) a composição atômica de moléculas.

c) as cores de estruturas das folhas que atraem polinizadores.

d) a interação entre cordados.

e) os detalhes da estrutura da membrana das mitocôndrias.

Questão 4

O gráfico a seguir representa a quantidade de DNA durante um processo de divisão celular, que considera X a quantidade diploide de cromossomos em uma célula.

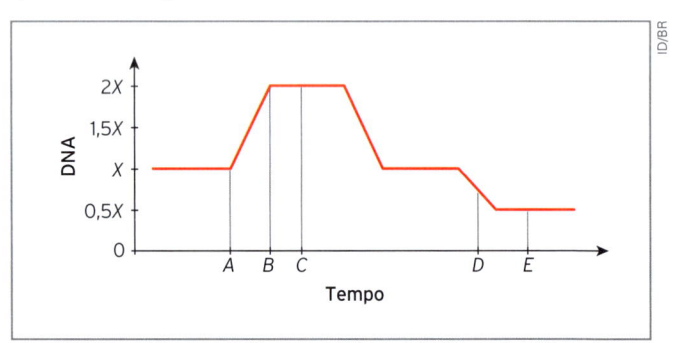

Com base no gráfico, podemos afirmar que:

a) ele representa a meiose.

b) a fase **A** equivale à intérfase.

c) a fase **B** equivale à telófase.

d) a fase **D** equivale à metáfase.

e) ele representa a divisão celular que ocorre na regeneração de tecidos.

Questão 5

A imagem a seguir mostra a cadeia de transporte de elétrons, etapa do processo de respiração celular no qual ocorre a produção do ATP, molécula que armazena energia nas células, e a produção de água a partir da molécula de gás oxigênio.

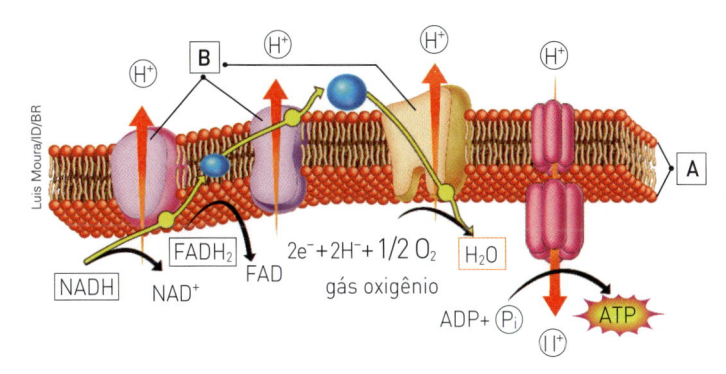

A partir da observação da cadeia de transporte de elétrons, podemos concluir que:

a) as estruturas indicadas em **B** são proteínas transportadoras.

b) esse processo ocorre na membrana celular, indicada pela letra **A**.

c) a organela na qual ocorre esse processo é encontrada em todos os seres vivos.

d) o processo descrito ocorre mesmo na ausência de oxigênio, porém, nesse caso, não ocorre a produção de água.

e) o processo descrito não ocorre na ausência de luz.

Questão 6

Os descendentes nem sempre apresentam as mesmas características de um dos pais. Nos seres humanos, por exemplo, um homem com o tipo sanguíneo **A** e uma mulher com o tipo sanguíneo **B** podem ter um filho com o tipo sanguíneo **AB**.

Nesse caso, a herança é determinada por:

a) recessividade.

b) codominância.

c) ausência de dominância.

d) influência de fatores ambientais.

e) epistasia.

Questão 7

O esquema a seguir mostra, de modo simplificado, os processos que levam à síntese de uma proteína.

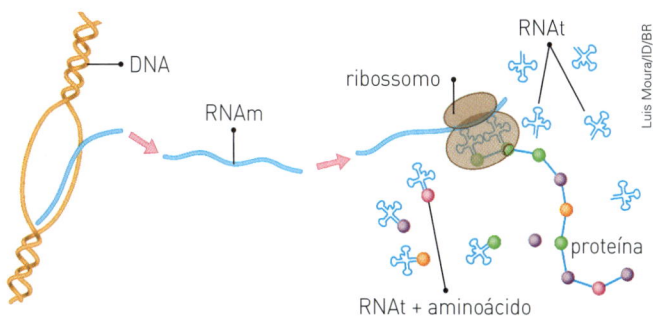

Com base no esquema, podemos afirmar que:

a) todo o DNA é transcrito em um único RNAm.

b) os ribossomos são os únicos responsáveis pela formação das proteínas.

c) a síntese proteica depende da interação entre o RNAm e os RNAt nos ribossomos.

d) as proteínas são formadas por sequências repetidas de um aminoácido.

e) o RNAt é destruído após liberar o aminoácido que transporta.

Questão 8

Analise o heredograma a seguir e assinale a alternativa correta.

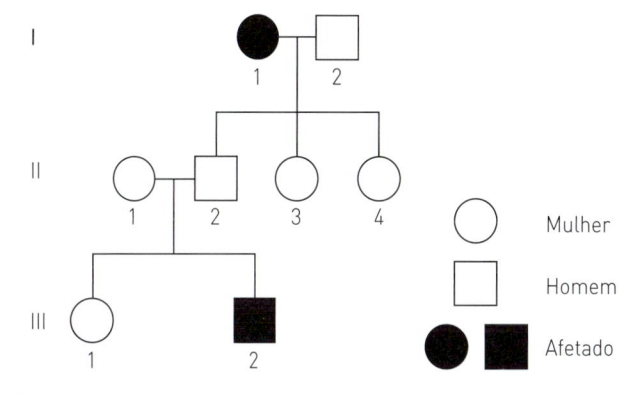

a) O indivíduo **I-1** é obrigatoriamente heterozigoto.

b) Os indivíduos **II-1** e **II-2** possuem genótipos diferentes.

c) Não é possível determinar os genótipos dos indivíduos **II-3** e **II-4**.

d) O indivíduo **III-2** é obrigatoriamente homozigoto para essa característica.

e) É possível determinar com certeza os genótipos de todos os indivíduos representados.

Perspectivas para novas aplicações da biotecnologia

Há estudos que poderão permitir, no futuro, que as plantas sejam usadas como biofábricas de medicamentos e vacinas. Já existem, em estágio avançado de pesquisa, plantas mais bem adaptadas a condições adversas de clima (resistência à seca) e solo (resistência à alta salinidade). Por conta dessas características, elas possibilitam menores perdas para a agricultura e possibilidades de cultivo onde antes não era possível. Além disso, em breve deverão estar disponíveis no mercado plantas com características diferenciadas, como maior teor de óleo, proteínas ou vitaminas, o que aumentará os benefícios oferecidos aos consumidores. Existe, ainda, o potencial da aplicação da biotecnologia em animais. Um exemplo já avaliado e aprovado pela Comissão Técnica Nacional de Biossegurança (CTNBio) no Brasil é o mosquito *Aedes aegypti* transgênico, que combate a proliferação do inseto transmissor de doenças como dengue, febre amarela, zika, febre chikungunya e encefalite do Nilo. Somente a fêmea do *Aedes* [*aegypti*] pica o ser humano e transmite esses vírus. O macho não é capaz de picar, então ele foi geneticamente modificado para gerar uma prole que não chega à fase adulta, na qual transmitiria as doenças. Outro destaque das aplicações da biotecnologia são especialistas e instituições nacionais e internacionais que pesquisam maneiras de reproduzir em laboratório a seda da teia de aranha, material mais resistente que o aço, cinco vezes mais flexível que o nylon, extremamente leve, biodegradável e biocompatível com o organismo humano. Seria impossível, porém, obter seda suficiente a partir da "criação" de aranhas. Reproduzir essa via metabólica por meio da biotecnologia pode incrementar diferentes indústrias, como a têxtil, médica, automobilística, de segurança e engenharia. [...]

Lúcia de Souza. Quais são as perspectivas para o desenvolvimento de novas aplicações da biotecnologia? Conselho de Informações Sobre Biotecnologia. Disponível em: <http://cib.org.br/faq/quais-sao-as-perspectivas-para-o-desenvolvimento-de-novas-aplicacoes-da-biotecnologia/>. Acesso em: 25 maio 2017.

9. O texto discorre sobre pesquisas com objetivo de criar plantas mais bem adaptadas a ambientes inóspitos, o que permitiria cultivar alimentos em regiões antes consideradas improdutivas.

Sobre a possibilidade de criar linhagens de plantas com características de interesse para o cultivo e o consumo humano, pode-se dizer que:

a) é decorrente dos recentes avanços da biotecnologia, como a manipulação genética.

b) é decorrente de técnicas que são realizadas há milhares de anos com base em cruzamentos de indivíduos selecionados, que deram origem a diversos cultivares consumidos até hoje.

c) é realizada por meio de técnicas que não alteram as características genéticas das plantas cultivadas, apenas seus fenótipos.

d) só pode ser realizada em laboratórios bem equipados, pois envolve a alteração do núcleo das células somáticas.

e) produz organismos que dependem exclusivamente da ação humana para se reproduzir, pois são completamente artificiais.

10. O desenvolvimento de machos transgênicos do *Aedes aegypti* pode causar:

a) o aumento do número de doentes, já que mais mosquitos serão liberados na natureza e poderão picar mais pessoas.

b) o aumento das populações de animais insetívoros, que terão mais alimento disponível.

c) a diminuição da população de insetos adultos, uma vez que diversos deles morrerão antes de chegar à fase adulta.

d) o fim de campanhas de combate ao mosquito, que se baseiam na destruição dos locais de reprodução e desenvolvimento das larvas.

e) o aumento do número de pessoas infectadas com as doenças transmitidas pelo *Aedes aegypti*, atendidas em hospitais, devido à queda das taxas das doenças.

Questão 11

Em um experimento, a mesma quantidade de amostras de caldos nutritivos idênticos foi colocada em dois frascos iguais, que foram aquecidos por 6 horas cada. Depois, os frascos foram resfriados até atingirem a temperatura ambiente. Em seguida, quebrou-se o pescoço de um dos frascos. Ao final se observou que, em um dos frascos, ocorreu contaminação por microrganismos e no outro não ocorreu.

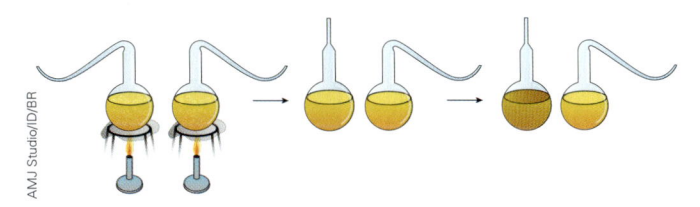

Assinale a alternativa que pode explicar esse resultado.

a) Os microrganismos de um dos frascos sobreviveram à fervura.

b) O pescoço curvo do frasco favorece a contaminação.

c) No frasco com o pescoço quebrado, os microrganismos foram transportados pelo ar até o caldo nutritivo.

d) O período de resfriamento dos frascos foi necessariamente diferente.

e) No frasco com o pescoço quebrado, os organismos foram gerados espontaneamente a partir do caldo nutritivo.

Questão 12

É comum ouvirmos que os seres humanos são os organismos mais evoluídos do planeta. Considerando a teoria da evolução biológica, essa interpretação está:

a) correta, pois os seres humanos são a espécie mais numerosa no planeta, o que prova seu sucesso evolutivo.

b) correta, pois os seres vivos apresentam uma escala de complexidade e os seres humanos estão no topo dessa escala.

c) incorreta, pois a teoria da evolução biológica se refere aos seres humanos como os organismos mais bem adaptados.

d) incorreta, pois todos os mamíferos são considerados mais bem adaptados do que os outros organismos.

e) incorreta, pois segundo a teoria da evolução biológica todos os seres vivos existentes estão adaptados aos seus respectivos ambientes e modos de vida. Assim não se pode falar que um ser é mais evoluído que outro.

Questão 13

Segundo Lamarck, as estruturas mais utilizadas pelos seres vivos tendem a se desenvolver e são transmitidas para seus descendentes, enquanto as estruturas menos utilizadas tendem a se reduzir e desaparecer. Lamarck chamou esse processo de lei do uso e desuso. Atualmente podemos afirmar que essa ideia está:

a) correta, pois foi formulada a partir de observações segundo as quais uma pessoa que faz exercícios físicos regularmente desenvolve sua musculatura e quando ela para de fazer exercícios essa musculatura atrofia.

b) correta, já que ela concorda com teorias formuladas posteriormente, como a segregação independente dos genes responsáveis por essas características.

c) incorreta, pois ela se refere apenas às características que podem ser transmitidas pelo material genético presente nos gametas, e não se refere às características fenotípicas.

d) incorreta, pois atualmente sabemos que, para que uma característica seja transmitida aos descendentes, ela deve estar presente no material genético dos gametas.

e) incorreta, uma vez que essa lei implicaria que as espécies sofrem modificações ao longo do tempo.

Questão 14

A evolução de uma espécie está relacionada a sua variabilidade genética: quanto mais seres distintos houver, isto é, quanto maior for a variabilidade da população, maior a chance de adaptação a diferentes ambientes. Sendo assim, as espécies com maior chance de adaptação em caso de haver uma mudança ambiental drástica são aquelas que apresentam:

a) reprodução assexuada.

b) reprodução sexuada e assexuada.

c) reprodução sexuada e altas taxas de mutação.

d) reprodução assexuada e meiose para formação de gametas.

e) reprodução sexuada e prole com pequeno número de descendentes.

Questão 15

O cladograma a seguir mostra a evolução das plantas. A partir dele, podemos afirmar que:

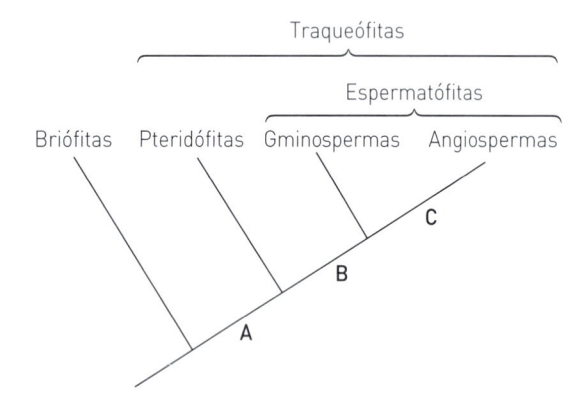

a) os grupos representados apresentam características em comum.

b) as briófitas são o grupo mais recente de plantas.

c) as angiospermas se originaram das gimnospermas.

d) o ponto **B** indica o aparecimento de vasos condutores.

e) o grupo das traqueófitas se refere a todas as plantas que apresentam reprodução com gametas.

Questão 16

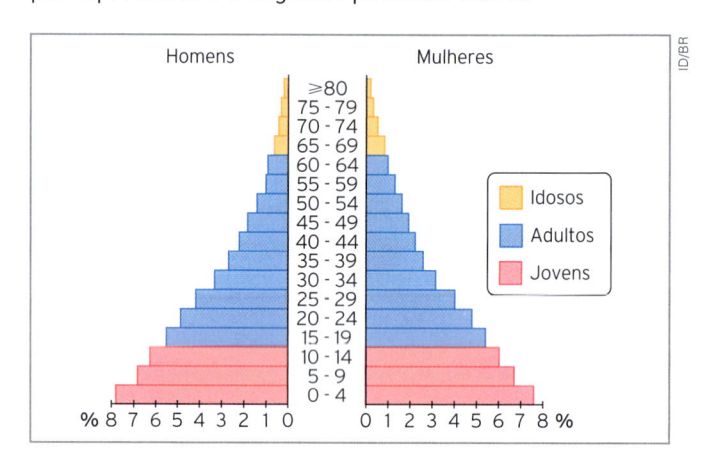

Sobre a pirâmide de energia acima, podemos afirmar que:

a) indica que os consumidores terciários consomem toda a energia disponível nos níveis tróficos abaixo deles.

b) representa a quantidade de energia disponível em cada nível trófico, por unidade de área e tempo.

c) demonstra que os produtores correspondem a muito menos energia do que os seres consumidores.

d) mostra o bom aproveitamento da energia na transferência de um nível trófico para outro.

e) representa a quantidade de matéria disponível em cada nível trófico, por unidade de área e tempo.

Questão 17

A pirâmide etária de um país mostra a porcentagem relativa da quantidade de pessoas de cada sexo, em cada faixa etária, em um determinado tempo. Imagine que um país apresentava a seguinte pirâmide etária:

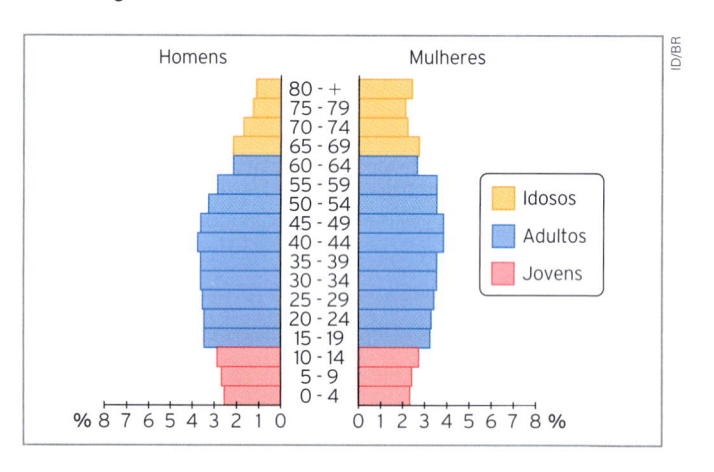

Após 20 anos, a pirâmide se modificou e assumiu a forma a seguir.

Podemos afirmar que nesses 20 anos:

a) a quantidade de nascimentos aumentou.

b) a expectativa de vida aumentou.

c) o país passou a ter melhores condições de saneamento básico.

d) a quantidade de nascimentos não se alterou.

e) a mortalidade infantil diminuiu.

Questão 18

Ciclo do carbono

plantas absorvem dióxido de carbono

dióxido de carbono na atmosfera

dióxido de carbono liberado na atmosfera durante a queima de combustíveis fósseis

animais expiram dióxido de carbono

usina termelétrica

oceanos absorvem dióxido de carbono

animais que emitem metano (CH_4)

plantas em decomposição e dejetos animais liberam carbono no solo

mar

camada de carvão mineral, petróleo ou gás natural

combustíveis fósseis são formados principalmente de carbono

Luís Moura/ID/BR

Após analisar o esquema que representa o ciclo do carbono, assinale a alternativa correta sobre os efeitos das atividades humanas nesse ciclo.

a) As atividades humanas aumentam a quantidade de carbono disponível na atmosfera.

b) As atividades humanas aceleram a formação de carvão mineral e petróleo.

c) As atividades humanas elevam a taxa de absorção de gás carbônico na fotossíntese.

d) As atividades humanas diminuem o número de animais que liberam gás carbônico.

e) As atividades humanas contribuem para aumentar a camada de carvão.

Questão 19

Assinale a proposta que está de acordo com a definição de desenvolvimento sustentável.

"O desenvolvimento que procura satisfazer as necessidades da geração atual, sem comprometer a capacidade das gerações futuras de satisfazerem as suas próprias necessidades", esta é a definição mais comum de desenvolvimento sustentável. Ela implica possibilitar às pessoas, agora e no futuro, atingirem um nível satisfatório de desenvolvimento social e econômico e de realização humana e cultural, fazendo, ao mesmo tempo, um uso razoável dos recursos da terra e preservando as espécies e os hábitats naturais. Em resumo, é o desenvolvimento que não esgota os recursos para o futuro.

[...]

O que é desenvolvimento sustentável. Dicionário Ambiental. *((o))eco*, Rio de Janeiro, 26 ago. 2014. Disponível em: <http://www.oeco.org.br/dicionario-ambiental/28588-o-que-e-desenvolvimento-sustentavel/>. Acesso em: 30 maio 2017.

a) Preservação total de todas as áreas que apresentam vegetação nativa.

b) Aumento da utilização de energia solar e eólica.

c) Isenção de impostos para a exploração de petróleo.

d) Proibição das atividades de mineração.

e) Eliminação das áreas de proteção ambiental.

Questão 20

A produção de energia nuclear apresenta alguns graves problemas. Um deles é o armazenamento de seus resíduos, que são altamente tóxicos e podem permanecer assim por milhares de anos. Uma das soluções utilizadas até o momento é enterrar o lixo nuclear em locais envoltos por uma espessa camada de concreto.

Podemos afirmar que esse tipo de armazenamento dos resíduos nucleares:

a) é seguro e não apresenta nenhum risco ambiental.

b) deve ser feito em regiões oceânicas, para manter o lixo distante das populações humanas.

c) se tornaria mais barato e viável se não fosse feita a estrutura de concreto, o que não alteraria sua segurança.

d) pode ser feito em qualquer região do planeta que fique próxima a usinas.

e) deve ser feito em uma região que seja longe dos corpos d'água, devido ao risco de vazamento.

Bibliografia

Ab'Sáber, A. N. *Os domínios de natureza no Brasil*: potencialidades paisagísticas. 5. ed. São Paulo: Ateliê Editorial, 2008.

Associação Brasileira de Filosofia e História da Biologia (ABFHiB). *Filosofia e História da Biologia 1*. Campinas: ABFHiB, 2006.

_____. *Filosofia e História da Biologia 2*. Campinas: ABFHiB, 2007.

Audesirk, T.; Audesirk, G. *Biology*: life on Earth. 7. ed. New Jersey: Prentice-Hall, 2004.

Barbault, R.; Moras, F. *Ecologia geral*: estrutura e funcionamento da biosfera. Rio de Janeiro: Vozes, 2011.

Brasil. Ministério da Educação. Secretaria de Educação Fundamental. *Parâmetros curriculares nacionais*: ciências naturais. 5ª a 8ª séries. Brasília: MEC/SEF, 1998.

Cain, M. C.; Bowman, W. D.; Hacker, S. D. *Ecologia*. São Paulo: Artmed, 2011.

Campbell, N. A. et al. *Biology*. 8. ed. California: The Benjamin-Cummings Company, Inc., 2010.

Carvalho, A. M. P. *Ensino de ciências*: unindo a pesquisa e a prática. São Paulo: Cengage Learning, 2004.

Castro, A. *Dicionário de ciências*: biologia e geologia. São Paulo: Porto, 2001.

Clarke, R.; King, J. *O atlas da água*. São Paulo: Publifolha, 2006.

Dias, G. F. *Educação ambiental*: princípios e práticas. 3. ed. São Paulo: Gaia, 2004.

Empresa Brasileira de Pesquisa Agropecuária (Embrapa). *Atlas do meio ambiente do Brasil*. Brasília: Terra Viva, 1996.

Harper, J. L.; Begon, M.; Townsend, C. R. *Fundamentos em ecologia*. 3. ed. São Paulo: Artmed, 2010.

Instituto Brasileiro de Geografia e Estatística (IBGE). *Atlas geográfico* escolar. 6. ed. Rio de Janeiro: IBGE, 2012.

Lovelock, J. Gaia: um modelo para a dinâmica planetária e celular. In: Thompson, W. I. (Org.). *Gaia*: uma teoria do conhecimento. 2. ed. São Paulo: Gaia, 2000.

Margulis, L.; Sagan, D. *O que é vida?* Rio de Janeiro: Jorge Zahar, 2002.

Mergulhão, M. C.; Vasaki, B. N. G. *Educando para a conservação da natureza*: sugestões de atividades em educação ambiental. 2. ed. São Paulo: Educ, 2002.

Odum, E. *Ecologia*. 2. ed. Rio de Janeiro: Guanabara Koogan, 2009.

Piaget, J. *Epistemologia genética*. 3. ed. São Paulo: Martins Fontes, 2007.

Primavesi, A. *Agricultura sustentável*: manual do produtor rural. São Paulo: Nobel, 1992.

Programa de Pós-Graduação em Educação Científica e Tecnológica da UFSC. *Alexandria – Revista de Educação em Ciência e Tecnologia*, Florianópolis, Programa de Pós-Graduação em Educação Científica e Tecnológica da UFSC, v. 1, n. 1, mar. 2008.

Programa de Pós-Graduação em Educação para a Ciência. *Ciência e Educação*, Bauru, Programa de Pós-Graduação em Educação para a Ciência. Faculdade de Ciências/Unesp, v. 13, n. 1 e 2, maio 2008.

Prost, A. *La Terre*: 50 expériences pour découvrir notre planète. Paris: Belin, 1999.

Raven, P. H.; Evert, R. F.; Eichhorn, S. E. *Biologia vegetal*. 7. ed. Rio de Janeiro: Guanabara Koogan, 2007.

Ricklefs, R. E. *A economia da natureza*. 6. ed. Rio de Janeiro: Guanabara Koogan, 2010.

Ridpath, I. *Guia ilustrado Zahar de astronomia*. Rio de Janeiro: Jorge Zahar, 2007.

Reece J. B. et al. *Biologia de Campbell*. 10 ed. Porto Alegre: Artmed, 2015.

Ronan, C. A. *História ilustrada da ciência*: das origens à Grécia. 2. ed. Rio de Janeiro: Jorge Zahar, 2001.